筑摩選書

澤村修治
Sawamura Shuji

ベストセラー全史【近代篇】

ベストセラー全史【近代篇】目次

ベストセラー全史【現代篇】　目次

Ⅰ　戦後二〇世紀

戦後二〇世紀の歴代ベストセラーリスト

凡例

(一)昭和のはじめは日中戦争・日米戦争などがあり、元年から二〇年八月までを「戦前」と表記するのは違和感もあるので、本書では「戦前戦中」と称することにした。戦後は語意の通りなので、これを用いている。また本書においては和暦を中心に西暦を付載的な表記とした。なお戦後を扱う別巻現代篇では西暦を中心に和暦を付載的としている。

(二)本書に登場するベストセラー作品の選定、およびそれらを整理したベストセラーリストの作成にさいしては、明治・大正・昭和戦前戦中期ごとに依拠資料が異なり、各期冒頭のリスト注記(※印)のなかでそれぞれ方針を示した。

(三)上記(二)については、筆者が国立国会図書館などに所蔵された実物を確認のうえ、訂正を加えたところがある。

(四)『ベストセラー全史』では入手検討しうる資料上の制約から、ベストセラーの判定や部数に関わるデータは時期区分ごとに異なり、そこから生じる以下の点に留意されたい。

※明治・大正・昭和戦前戦中期のベストセラーリスト(本書一三、一四三、二三七頁)は、注記で示した通り対象作の刊行年での記載を基本としており、また、部数順に並べているわけではない。一方、『出版指標年報』に基づく戦後二〇世紀・二一世紀のリスト(別巻現代篇収録)は、その年のベストセラーを売行き順(部数順)にランキング形式で掲載した。両者は掲示方法が異なっている。

(五)直接引用は〈 〉を用い、引用内の引用者注記は〔 〕で示した。引用に際しては、仮名遣いはそのままとしたが、新字体のある漢字は固有名を除きそれに改めた。固有名はそれぞれの一般的表記に従っている。また、読みやすさを考慮してルビを振ったところがある。なお、改行は/で示した。

(六)本文表記中、固有名の扱いは、上記(五)の引用ルールに準じている。

(七)地の文で、本来「ベストセラーズ」の表記が正しい場合でも「ベストセラー」を用いた箇所があるのは、煩雑さを避けるためであって、ご理解くだされば幸いである。

(八)本書に収録された書籍の題名、著者名の漢字は、当該書記載が旧字体であっても一般的表記に従うのを基本とし、時期を越えて流布されたかたちに従っている。

(九)各章末の注において、「前掲」表示は章ごとではなく、明治・大正・昭和戦前戦中と、時期区分ごとにおこなった。

(一〇)引用された書影は国立国会図書館など各種図書館、筆者の所蔵書を使ったほか、社史や各種研究書、目録、データベース等から用いた。

(一一)本書は日本近現代におけるベストセラーの史的叙述を目的としており、敬称は略させていただいた。引用中の表記に関しては、当代の人権意識からすれば不適切と考えられる表現も見えるが、歴史書であるというのを前提に一次資料の内容を精確に使用するほうを選択した。読者のご賢察を願う次第である。

ベストセラー全史【近代篇】

序

日本出版学会会長などを歴任した箕輪成男は、〈ある時代のひとつの社会で流通・流布した書籍は人々の心性の最も正確な表象〉だとの見方を示し、〈心性という目に見えないものを根拠なく想像するのでなく、有形の書物とそれに対して示された人々の意志、趣好、願望等を分析することはその時代その社会を理解する上でより大きな意味をもつ〉と述べている。[*1]然《さ》すれば、最も多く〈流通・流布〉したベストセラー書は〈心性〉を捉えるために重要な示唆に満ちているといえるはずだ。ベストセラーは同時代において、多く唐突な事態である。事前に判らなかったという意味で謎めいてさえあり、そのうえ活気に富み目を引くことから、時代の底流を告げるものとの印象が生まれやすい。もちろん、戦略的にベストセラーをつくり出す手法はあり本書および別巻現代篇でも数多く言及されるが、どれほどの仕掛けをもってしても、「やってみなければわからない」一面は大部数現象につきまとう。つくり手側の成功譚は後《あと》講釈か自慢話の類いというのは常識なのである。その意味で「事前に判らなかった」は大前提というべきであり、だからこそ事実の分析――ベストセラー群の把握と解釈は〈大きな意味をもつ〉のだ。

わが国でベストセラーの語がいつから使用されたかは、実のところ確定しがたい。とはいえ、一九四五年の敗戦以後だという見方は概ね共有されている。[*2]それより前の時代は「当たり本」

「好売行き書」などの語が使われていた。海外においても「ベストセラー」はそう古い用語とはいえず、マシューズ（M.M.Mathews）の『アメリカ語辞典』（A Dictionary of Americanisms on historical Principles. シカゴ大学出版局）によれば、一八九五年、雑誌『ブックマン』七月号にて“The best selling new book is Mr. Stockton's Adventures of Captain Horn.”とあるのを嚆矢《こうし》とする。一方で、『オクスフォード英語大辞典』など一九一二年説をとる説明も存在する。ちなみに、イギリス製であるこのオクスフォード辞書にしても、言葉自体はアメリカで登場したと記しており[*3]、巨大な大衆社会をいち早く成立させた国の産というのは充分肯ける話だろう。

とすれば、日本で戦後に使われ出した〝新しい〟語「ベストセラー」だが、生誕の地アメリカでさえそれからわずか五〇年ほど前の登場であって、出版の歴史の古さからいえば比較的最近の用語だというのは間違いない。もっとも本書および別巻では、流布した時代にかかわらず、「ベストセラー」表記を一般的名称として捉え、全体にわたって使用している。

ベストセラー現象に対しては、政治や経済の変化を前提に心理学や社会学などの知見も動員されて、その都度、考現学的論評がしばしばなされてきた。その一部は本書でも紹介されている。こうした誘惑をもたらすのは、ベストセラーが同時代の〈心性〉をあきらかにする大衆現象であり、しかも、経験則を反映した同時代の理解の枠組み（パラダイム）を大胆に越境していく大胆な動態、との見方がされやすい面を持つからだ。ただその一方で、パラダイムを超えるどころか、凡庸さこそベストセラーになる書の特徴だと言い切る極論も珍しくない。

これらもあって、ベストセラーについては、全部を説明している論評が意外に少ないといえる。

大方が大衆社会現象の素朴反映論の次元にとどまっているのは、ひとえに、生み出される理由の複雑さからであろう。著者や出版側の意図や販売流通に関わる戦略があり、そこに時代現象やつき・僥倖の類いなどの雑多な要因が絡んで、思わぬ結果を招いてしまうのはベストセラーの歴史に珍しくない。目を奪われる現象にしては、内実があまりに曖昧で、雑然とし、また浮動的な面が強いために、対象への着眼は全像の把握に至らないうちに論が尽きてしまう。ここにベストセラー現象を見ていくうえでの特有の難しさがある。

　個々の作を俎上に載せるにしてもこうした限界性があるわけで、踏破的に捉えるとなれば、すなわちベストセラーを全史として辿る作業は、ある程度分析的に見ていこうとすると、それは紛《まご》う余地なき難行である。とりわけ、数字の問題は頭を悩ます最たるものだ。ベストセラーといえば大部数合戦の戦績であるかのごとくだが、それにしては、何より重要な絶対数字の比較規準が、歴史的な文脈では説得的に示しにくく、アプローチするさいの壁になっている。ただそうも言っておられないのなら、どのあたりが妥当であるのか、簡便な物差しを一考しておくことは必要だろう。ベストセラー研究において本場はアメリカであり、古典的業績の一つにモット（Frank Luther Mott, 1886–1964）の『絶大なる人気――アメリカのベストセラー物語』（Golden Multitudes: The Story of Best Sellers in the United States, 1947）がある。モットはミズーリ大学の教授で、大著『アメリカの雑誌史』（A History of American Magazines）IとⅡにてピューリッツァー賞（歴史書部門）を受賞したジャーナリズム研究家として知られている。かれの『絶大なる人気』は三〇〇年にわたるベストセラー史を描くが、科学的アプローチを忘れずベストセラーの規準を設けており、それは「発刊以来一〇年間でアメリカ大陸全人口の一%に〔部数が〕達した書物」である（ただし聖書、教科書、料理書、参考書などは含まれない）[*4]。第一号は一六六二年の本、カルヴィン派神学者ミッチェル・ウィグレスワースの『運命の日』（The Day of Doom）であった。この基準を政府統計から日本にあてはめてみると、明治前半で三〇～四〇万、後半で四〇～五〇万、大正時代で五〇～六〇万、以後、昭和二〇年までは七〇万、戦後最初の一〇年間は八〇万、次の一〇年間は九〇万となり、一九六七年以降はミリオンセラー越えが「ベストセラー」だということになる。

ただしわが国の場合、テンポの速い近現代史の歩みのなかで、中等・高等教育の普及による読書人層の増加が絶え間なくあり、大正末から昭和初期にかけては文化の大衆化現象があらわれた。それらは「読者」の質とともに量を劇的に変えていく。政治経済史上も、大小の対外戦争に明け暮れた一季、不況下や出版統制下の時代を経て、総中流社会を迎えた戦後日本というように変転はめまぐるしい。こうした社会条件変遷の事例は、三〇〇年という長さを考えればアメリカにしても少なからず挙げられるとの議論はありうる。が、日本近現代一五〇年のほうがダイナミックであることは否めないのである。部数にまつわる曖昧さが横たわっている点も看過できない。これらを前提に、とりわけ本書近代篇の場合、モットの「物差し」は参考程度と考えるほうが適切である。実際本書では、その時期に評判となり多くに読まれたと諸資料から推定できる書物、というのをベストセラーの対象としている。

日本人は「本好き」といわれる国民性を持つとされ、それもあって厚い読者層に恵まれたわが国では、耳目を集めるベストセラー現象に事欠かない。ところが一方で、日本のベストセラー研究は充実しているとは言いがたい。もちろん、瀬沼茂樹、塩澤実信ほか先行研究者の労作はあるし、諸々の共同研究には重要な論考が存在している。しかしながら、全体としてベストセラー研究は進んでいないのは、そこに固有の難しさがいくつも横たわっているからだ。上記もしてきたが、追記していくとこうなる。

一つに、日本の出版界独特の商習慣の問題は見逃せない。明治期は出版社と取次店の取引は入銀制（普通正味より安い買切り制度）であって、買い取った方は返品できず売り尽くさないといけなかった。ゆえに定価販売ではなかったのである。一手販売や特約販売というかたちも広くおこなわれていた。特定の取次店が販売を独占して、買い占めることができたのだ。これを変えようという動きは明治期からあったが、大正時代に大変革が成し遂げられた。「返品つきの全国一律定価販売」、出版再販制の登場である。その経緯はわが国のベストセラー産出の歴史に決定的な影響を及ぼしており、くわしくは本書第四章で述べる。入銀制時代と再販制時代とで「ベストセラー」を同列に論じるのは無理が出てこよう。

そして、難題の最たるものは、前述もした通り部数の正確さの問題である。「〇〇部突破」「〇〇冊売れた」「〇〇版を数えた」といった類いの話は出版人や著者の手記、出版社の社史等に頻出するが、（一九四五年以前は）基本は自己申告にとどまる。「売れた」というのは、対象書籍の普及程度やさまざまなかたちでの影響が承認される範囲内で、一定程度推断できようが、具体的な数字となるとかなりの曖昧さがつきまとう。一貫した、正当的把握の方法がないのが実態なのである。とりわけ明治期はこの傾向が強い。一九四五年の敗戦以前の近代期では、第三者によって公査され、認証された数字は出版物にほとんど存在しないといってよい。雑誌については一九五二年のABC協会設立で事態は改められており、書籍の場合は、戦後になって出版科学研究所等の活動が状況の改善に大きな役割を果たしている。

ベストセラー現象を歴史的に扱う本書は、売れ行きを示す数字を紹介していく場合、公正度の高い先行研究や社史、手記や回想を選ぶように努めたが、上記の限界があるのは理解している。それもあって、とりわけ本書が扱う一九四五年以前においては、出版者側の申告数字やそれと深く関連する体験談だけに頼らず、取次販売関係者——彼らは売上げ実績の生データを日々把握しており、発信者たる作家や編集者よりも距離をもって実状を眺めている——の回顧や記録を、一方でなるべく重視するようにした。第一、「売れた」という現象を読み解くさいは、著者や編集者といった本のつくり手に着目すればそれでいいはずはなく、販売流通人の関わりも同じ比重で見ていかないと実態に近づけないはずである。それゆえにたとえば、博文館ものに関しては書店経営あがりで計数に詳しい大橋新太郎を厚く取りあげているし、中央公論社では出版部とともに営業部も経た実務家タイプの牧野武夫に着目し、そして東京堂—日配—日販と大手取次を経巡った松本昇平を、資料参照の点で比較的注目度高くした。また、大著『日本出版販売史』（橋本求著、講談社、一九六四年）は膨大な一次資料の提示とともに、座談会による販売関係者の証言収録に頁を費やしており、その部分を含めてこまめに参照している。

数字の紹介のさいは、第三者による客観数字が存在しないため、本書では代わりに、「どこに記載されていたものか」を絶えず明示することとした。未表示のものは筆者が実際の書物に当たり奥付等で確認した数字である。明治期では一〇〇〇部台の小さな数字しか示せない本もあるが、すべて文献の記述重視とした。なお、明治・大正期は出版をめぐる制度の違いがあり、異版別版の類いも多い。本書中に登場する明治・大正期の書物のなかには、後年までのさまざまなバージョンの総累計で「ベストセラー」の位置を得た本もある。初速の数だけしか登場せず、ベストセラーにしては物足りないと感じる本もあろうが、現代と単純比較することは難しい上述の点も考慮しつつ、当期の数字を見ていただければと思う。なお戦後を対象にした別巻現代篇においては、全国出版協会・出版科学研究所の『出版指標年報』が信頼度高く、そこでのデータを積極的に活用した。

出版業というのは奇妙な業態である。出版・新聞・映画・放送を四大マスコミとする規定は、戦後日本で長らく一般的であった。これに広告業を加える見方もなされるし、二一世紀ではIT産業の一部を独自の存在と捉える見方もありえるが、ひとまず上記四業で考えてみると、出版以外は資本規模の巨大な数社による事実上の寡占状態となって久しい。これに対して出版は中小どころか零細企業（社員一〇人以下は珍しくない）にあたる数千社が犇《ひし》めく世界であって、それはむしろ、言論の自由を形式的に保証するという意味で〈出版メディアの積極的な長所〉と見なされている。[*5] そうした出版の世界で働く者は、近代的な「文化の前衛」観念を抱きながら、一方で近世の職人的な意識を他業種より色濃く残している。この矛盾が矛盾のまま継続している世界だといえよう。「矛盾する」世界の渦中で生き抜く出版人は、独特の自立主義的発想を根底に据えている。

そこども関連するが、「売れる本」と「良い本」は違うという意識は出版関係者に存外根強いものがある。加えて、大部数出版への傾斜は読者の〈卑近な関心〉をそそり、その結果、〈良貨が悪貨によって駆逐される〉事態になりかねない、との懸念表明も時折目にする。[*6] これらがベストセラー現象を、それ自体として「素直に」検討の俎上に載せるという態度を阻んでいる面は否めない。ただしかし――筆者も本書を成すことで改めて確認できたことなのだが――、ベストセラーには、文学史上、あるいは思想史上有力な作品が珍しくなく、時代を超えて読み継がれる本も少なからず見出せる。この点は、本書掲載のリストを見てもらえれば判ることだ。その意味で、「売れる本」と「良い本」が違うというのは、半分はありうる話なのかもしれないが、半分は偏見だといえなくもないのである。それくらいのバランスでベストセラー現象を捉えるほうが適切と考えられ、本書はもちろんこうした認識に立っている。

(1) 箕輪成男『近代「出版者」の誕生――西欧文明の知的装置』出版ニュース社、二〇一一年、一二四頁。
(2) たとえば塩澤実信『定本 ベストセラー昭和史』三頁。
(3) 石川弘義「ベスト・セラー論」(清水幾太郎・城戸又一・南博・日高六郎編『講座 現代マス・コミュニケーション』3所収) 河出書房新社、一九六〇年、二二一頁。
(4) 同上書、二二三頁。
(5) 前掲『講座 現代マス・コミュニケーション』1、一九六一年、四八頁。
(6) 美作太郎「社会主義と出版文化」(『講座 現代ジャーナリズム』Ⅳ所収)、二六七頁。

I 明治期

明治の歴代ベストセラーリスト

※出口一雄 編著『出版を学ぶ人のために——出版ジャーナリズム文献綜覧 増補新版』附録のリスト（瀬沼茂樹『本の百年史』、出版ニュース社『出版年鑑』に多くを負って作られたと追記がある）を基本とし、橋本求『日本出版販売史』、大橋信夫編『東京堂百二十年史』、岩波書店 編『岩波書店百年〔刊行図書年譜〕』を参照して追補した。また、筆者が国立国会図書館などに所蔵された実物の奥付記載等を確認して、一部訂正を加えている。未表記は対象作がない年である。

※各年の掲載順は上記附録に従っており、部数の順ではない。

※明治期の出版物は異版、別版が多いが、正版の最初の刊行を挙げるのを基本としている。また数年にわたる刊行作は初編刊行の年で記した。

※作品はすべて本書第一、二、三章で取りあげられており、参照されたい。

慶応二年（一八六六）

福澤諭吉『西洋事情・初篇』尚古堂

明治三年（一八七〇）

内田正雄『輿地誌略』（〜一〇年）第一篇・大学南校　第二篇・文部省　第三篇・修静館　第四篇・修静館

サミュエル・スマイルズ著、中村敬太郎（正直、敬宇）訳『西国立志編』（〜四年）木平謙一郎

明治五年（一八七二）

福澤諭吉『学問のすゝめ』（〜九年）福澤諭吉

J・S・ミル著、中村敬太郎訳『自由之理』木平謙一郎

明治八年（一八七五）

福澤諭吉『文明論之概略』福澤諭吉

明治一〇年（一八七七）

田口卯吉『日本開化小史』（〜一五年）田口卯吉

明治一一年（一八七八）

ジュール・ヴェルヌ原著、川島忠之助訳『新説八十日間世界一周』（〜一三年）丸屋善七

リットン著、丹羽純一郎訳『花柳春話　初篇』（〜一二年）高橋源吾郎

明治一二年（一八七九）

仮名垣魯文『高橋阿伝夜叉譚』金松堂

明治一六年（一八八三）

矢野龍渓『経国美談』（〜一七年）報知新聞社

明治一七年（一八八四）

菊亭香水『世路日記』東京稗史出版社

明治一八年（一八八五）

東海散士『佳人之奇遇』（～三〇年）博文堂

坪内逍遙『当世書生気質』（～一九年）晩青堂

嵯峨正作 編『大日本人名辞書』（～一九年）経済雑誌社

明治一九年（一八八六）

末広鉄腸『雪中梅』博文堂

末広鉄腸『二十三年未来記』博文堂

天野為之『経済原論』冨山房

徳富猪一郎（蘇峰）『将来之日本』経済雑誌社

明治二〇年（一八八七）

末広鉄腸『雪中梅続編 花間鶯』（～二一年）金港堂

徳富猪一郎『新日本之青年』集成社

明治二三年（一八九〇）

宮崎湖処子『帰省』民友社

明治二四年（一八九一）

巌谷小波『こがね丸』博文館

バーネット夫人著、若松賤子訳『小公子』（前篇）女学雑誌社

村上浪六『三日月』春陽堂

二葉亭四迷『浮雲』（全篇）金港堂

明治二五年（一八九二）

福地源一郎（桜痴）『幕府衰亡論』民友社

明治二七年（一八九四）

志賀重昂『日本風景論』政教社

明治二八年（一八九五）

高山樗牛『滝口入道』春陽堂

明治二九年（一八九六）

森田思軒『十五少年』博文館
村上浪六『当世五人男』前・後（〜三〇年）青木嵩山堂
与謝野鉄幹『東西南北』明治書院
塩井雨江・大町桂月・武島羽衣『花紅葉』博文館
樋口一葉『通俗書簡文』博文館

明治三〇年（一八九七）

尾崎紅葉『多情多恨』春陽堂
バーネット夫人著、若松賤子訳、櫻井鷗村校訂『小公子』（全篇）博文館
樋口一葉『一葉全集』博文館

与謝野鉄幹『天地玄黄』明治書院
内村鑑三 訳編『愛吟』警醒社
村井弦斎『日の出島』(~三五年)春陽堂

明治三一年(一八九八)

尾崎紅葉『金色夜叉』(~四〇年)春陽堂

明治三二年(一八九九)

福澤諭吉『福翁自伝』時事新報社
土井晩翠『天地有情』博文館

明治三三年(一九〇〇)

徳冨蘆花『不如帰』民友社
徳冨蘆花『自然と人生』民友社
大和田建樹 作歌『地理教育 鉄道唱歌』東京開成館
菊池幽芳『己が罪』(~三四年)春陽堂
押川春浪『海底軍艦』文武堂

明治三四年(一九〇一)

徳冨健次郎(蘆花)『思出の記』民友社
黒岩涙香『巌窟王』全四巻(~三五年)扶桑堂
国木田独歩『武蔵野』民友社

中村春雨『無花果』金尾文淵堂
与謝野晶子『みだれ髪』東京新詩社
中江兆民『一年有半』博文館

明治三五年（一九〇二）
黒岩涙香『噫無情』前後巻（〜三六年）扶桑堂
矢野龍渓『新社会』大日本図書

明治三六年（一九〇三）
菊池幽芳『乳姉妹』前・後篇（〜三七年）春陽堂
小杉天外『魔風恋風』前・中・後篇（〜三七年）春陽堂
徳冨健次郎（蘆花）『黒潮』黒潮社
幸田露伴『五重塔・血紅星』青木嵩山堂
村井弦斎『食道楽』全八巻（〜四〇年）報知新聞社出版部
黒岩涙香『天人論』朝報社

明治三七年（一九〇四）
大槻文彦『言海』吉川弘文館
木下尚江『火の柱』平民社（他に異版あり）
木下尚江『良人の自白』（〜三九年）上・中・下・続篇　上・中：平民社、下：由分社、続：金尾文淵堂（他に異版あり）
島崎藤村『藤村詩集』春陽堂

明治三八年（一九〇五）

大倉桃郎『琵琶歌』金尾文淵堂

小栗風葉『青春』春の巻・夏の巻・秋の巻（〜三九年）春陽堂

綱島梁川『病間録』金尾文淵堂

夏目漱石『吾輩ハ猫デアル』上・中・下（〜四〇年）服部書店、大倉書店

明治三九年（一九〇六）

櫻井忠温『肉弾』丁未出版社

国木田独歩『運命』左久良書房

島崎藤村『破戒』自費出版

明治四〇年（一九〇七）

村上浪六『八軒長屋』全二冊、民友社

夏目漱石『鶉籠』春陽堂

芳賀矢一『国民性十論』冨山房

明治四一年（一九〇八）

新渡戸稲造 著、櫻井鷗村 訳『武士道』丁未出版社

渡辺碧瑠璃園『渡辺崋山』前・後篇　弘文書院と興風書院の連名

泉　鏡花『婦系図』二冊本、春陽堂

夏目漱石『虞美人草』春陽堂

田山花袋『花袋集』易風社

明治四二年（一九〇九）

小栗風葉『金色夜叉終篇』新潮社

田山花袋『田舎教師』左久良書房

徳冨健次郎（蘆花）『寄生木』警醒社

三宅雪嶺『宇宙』政教社

吉田奈良丸『大和桜義士の面影』講演記録・全三巻、大淵駸々堂、此村欽英堂、岡本偉業館の三社共同出版

明治四四年（一九一一）

水野廣徳『此一戦』博文館

加藤玉秀 述『立川文庫 百十一篇』（～大正四年）立川文明堂

新渡戸稲造『修養』実業之日本社

明治四五、大正元年（一九一二）

【明治四五年一月、六月】エクトル・マロー著、菊池幽芳訳『家なき児』前・後篇 春陽堂

【明治四五年一月】姉崎嘲風 編『樗牛文篇・文は人なり』博文館

【明治四五年三月】厨川白村『近代文学十講』大日本図書

【大正元年一二月】島崎藤村『千曲川のスケッチ』左久良書房

第一章

近代出版の成立とベストセラーの登場——明治期①

出版王国への道

明治二一年（一八八八）三月、越後長岡はまだ雪景色である。二五歳の若き実業家は出発の途に就いた。父佐平からのたび重なる要請に従ったのだ。夫人と幼児を伴ったのは、決意の強さを意味している。実際、主たる事業の『越佐毎日新聞』は弟に経営を託したうえでの行動だった。家族は徒歩で柏崎から信州へと進み、長野に着くと乗合馬車で碓氷峠を越える。その後は坂本から汽車を使った。向かうのは東京。鉄路は開通したばかりだった。

上京目的は父親がはじめた出版事業への参加である。前年六月一五日に看板が出され、創業出版は雑誌『日本大家論集』第一号だった。〈出版文化の偉大な開拓者〉であり、〈明治、大正の出版史上における最も輝かしい存在〉といわれる博文館がここに歩を踏み出すのである。[*1] 博文館は薄利多売路線が成功して、まもなく雑誌・書籍を幅広く手がける巨人となるが、活動は出版にとどまらない。取次業として日本の出版流通システムの確立に大きく貢献した東京堂（戦時体制下、「日本出版配給株式会社」に取次業が一元化されるまで、四大取次の筆頭だった）、ロイター通信と直接契約し外電配信をおこなった内外通信社、洋紙店の博進社、共同印刷の前身である博文館印刷所など、関連各界で中心的存在となる事業を次々と創立した。その点からも、〈偉大なる開拓者〉の称号は揺るがない。これらを擁した博文館は明治の出版王国となって、そこからベストセラーが次々と登場する。それらは本書で逐次、紹介されていく。

大橋新太郎は遠い越後の地にあって、すでに創業事業『日本大家論集』と関わっている。父佐平は当初、宗教と婦人の二雑誌刊行を思いついたが、新太郎に書面で意見を求めたさい、それでは一部に偏すると反対された。息子は外国にある〈収録雑誌〉を提案してきた。〈既刊雑誌中より名士の手に成る各方面の論説記事を集めて編み、読者を一般向きとするが得策なるべし〉と勧め、父はこれに従ったのである。[*2] 簡便なる「全集」的な出版物というこうした企画からは、後年の円本が想起される。その意味では、近代当初より繰り返されたアプローチだったといえる。さて『日本大家論集』は成功した。初版三〇〇〇部が七月には四版に達し、その後も重版が続く。[*3] 企画に見識を示した新太郎は、上京まもなく、父の右腕として博文館を支える存在となっていくのだった。

博文館成功の理由の一つとして、大橋父子がすでに長岡で、出版と流通販売に関わる経験を重ねてきた点が挙げられる。それは一〇年に及んだ。長岡時代の活動を検討した浅岡邦雄の論考によれば、大橋父子が世に送った書籍は『北越名士伝』『竹窓日記』など四点が確認されている。[*4] とはいえ、どれも成功したとはいいがたい。流通圏が新潟県にほぼ限定されたことと、「官」との連携に全く依存しなかったことを浅岡論文は挙げているが、[*5] 東京での博文館事業のさい、これらは反省材料として考慮されたはずである。はじまりの『日本大家論集』で、巻頭に森文部大臣の肖像を掲げたのは「官」との繋がりを意識した結果にほかならない。なお、どうしても出版・新聞へ目はいくが、長岡での大橋父子の事業のなかに小売書店があり、無視できない。浅岡の調査では、すでに明治一〇年には仕入れ販売をおこなっており、雑誌や新聞の刊行以前となる。明治一四年頃から小売書店の経営は新太郎に任され、出版事業とは異なり、相当の利益を得ていた。[*6]

　新太郎は七歳のとき、当時の児童教育のあり方に従って寺子屋に入り、読み書きの学習に励んだ。平潟神社の神官が教えていたところで、このとき素読の対象とした本に『商売往来』『実語教』があったという。[*7]新太郎はまた早くから『統計集誌』を読んでおり、[*8]数値に明るい理財的な才を宿していた。経営者型の人物だったのだ。

　一方の父佐平は、余人のおよばぬ先見性と行動力を持った人物だった。佐平の思考はたえまなく、機敏に働く。〈我若年より社会の事業に傾意し一事の考案を要すれば幾夜も眠らずして熟考すること常なり〉と自ら語るほどであった（「知自心百話」[*9]）。第一、五二歳で上京し新事業を興すことをみても、佐平の起業家精神はただならぬ次元である。当時の五〇歳代は隠居してもおかしくない。彼と親しく交流した徳富蘇峰は、〈〔佐平に〕感服したる事の数多《あまた》ある中に、第一には君が終生年齢の重荷ということを毫《ごう》も知らなんだという点である〉と語っている（大正一五年六月一五日、大橋図書館復興開館披露会のさいの談話[*10]）。

〈常に時流に先んじて大勢を達観し、絶えず新事業を計画して、時には成功し、時には蹉跌し、波瀾曲折に富む〉人生を歩んだ佐平だった。[*11]そして、独立心に富むがゆえに、他人とぶつかることでも有名だった。他人の機先を制し、他人の悪評をおそれず進むわけだが、進取の気性と周囲との協調はしばしば一致しない。ゆえに佐平は、幾多の非難攻撃を受け、入獄騒ぎも起こしている。東京で出版事業を進めるなかでも、博文館は悪文館だとの悪口を一部の学者に言われたが、版権侵害となる佐平の強引なやり口が招いたものだった。[*12]

そのキャラクターについて、蘇峰は上記談話で巧みに話している。彼は直情径行、自ら欲するところを天真爛漫に実行してはばからぬ人物で、〈他人が笛吹いても鼓《つつみ》鳴らしても、気が向かねば踊らぬが、自ら気が向けば、他人に関せず単独で踊り出すという風で、一たびその人に会えば、何人も終生印象の消えぬ人であった〉と。[*13]蘇峰はついに、〈福沢諭吉先生の所謂《いわゆる》独立自尊の最好標本〉とまで称揚するが、[*14]実際佐平こそ、変革期を生きた明治人の精神が正統にあらわれた人物ともいえ、その強烈な個性が「出版王国」の基《もとい》をつくったのは間違いない。

しかし、それだけでは「王国」は築けないというのもまた真実である。蘇峰は談話のなかで、こう指摘するのも忘れていない。博文館の成功は、さまざまな出版物の発行それ自体ではなく、ひとえに、〈新太郎氏という子を持ったことであると思う〉と。[*15]それこそ佐平の功績だと蘇峰は断じているのだ。

一方の新太郎だが、上京まもなくのことを彼はこう回想している(「博文館創業二十五周年祝賀会の挨拶」、明治四五年六月一五日)。

〈当時、私が父に棚卸しをした事があるかと聞きますと、無いという事であります。商人が商売を始めて棚卸しをしないという事は良くないから、早速、棚卸しをして見ようというので、二十一年の三月の末であります。損益計算、財産目録を作って見ますと、前年六月より約九ヵ月間、奮闘、努力したる純財産の総額はわずかに五百二十五円でありました。しかし、この五百二十五円は博文館にとりましては最も大切なる起業資本金となったのであります。〉[*16]

『日本大家論集』の成功で派手になったように見えて純財産が五二五円しかないというのは、出版社にありがちなことである。それでもわずかなこの額を〈大切なる起業資本金〉と判じて次作への挑戦にとりかかる姿勢に、新興出版社の意気高さがうかがえる。挑戦者精神を失わない佐平と、背後を緻密に整える醒めた理財家新太郎。覇業と守成というのか、タイプの違うこの父子こそ、海とも山とも知れぬ版元博文館を「出版王国」へと躍進させる鍵となった。その意味で蘇峰の見解は核心を突いているといえよう。

「出版王国」からは幾多のベストセラーが生み出されたが、父子二つの精神性の融合は、売れる（はずの）本をつくり出し、小さい火種を大きな炎にして大部数へと持っていくために、重要な役割を果たした。本書の冒頭に博文館父子の創業エピソードを掲げたのは、ベストセラー産生事情を歴史的に見ていくうえでも、格好な題材となる話だと考えたからだ。

明治前半の〈三大出版〉

明治二七年（一八九四）、大橋新太郎は、明治維新以来に日本で刊行された書籍は〈十数万種ニ下ラズ〉であると述べ、そのなかで〈発行部数ノ最モ多キ〉ものとして『西国立志編』『西洋事情』『輿地誌略《よちしりゃく》』を挙げている。これらこそ、〈明治ノ三大出版トシテ今尚《イマナ》ホ書林社会ニ伝唱セラル〉本だと指摘する（『西国立志編』同年版「刊行の辞」[17]）。三書はすべて維新前後の刊行だが、明治前半のベストセラーとして、同時代の出版人の間で認められていたベストスリーになる。

『西洋事情』は歴史教科書にも取りあげられる福澤諭吉の著作だが、初篇が刊行されたのは慶応二年（一八六六）だった。維新の二年前であり、三月に薩長同盟が結ばれて明治の世へ向かって時代が本格的に動き出す時期にあたる。刊行元の尚古堂《しょうこどう》は神田明神前にあり、かねてより福澤の著訳書の出版を引き受けていた出版社（当時は書林といっていた）だった。

この著について福澤は、鳥なき里の蝙蝠《こうもり》のごとき「無学社会の指南書」であり、〈維新政府の新政令も或《あるい》は此《この》小冊子より生じたるものある可《べ》し〉と、皮肉と自慢を交えて述べている[18]。ただ初篇のさい福澤は幕府の上層部を読者として想定している。小冊子というのもそのはずで小篇三分冊であった。

『西洋事情』は福澤自身が後年、〈余が著訳中最も広く世に行はれ最も能《よ》く人の目に触れたる書〉だとしており、〈初編の如き著者の手より発売したる部数も十五万部に下らず之に加ふるに当時上方辺《かみがたへん》流行の偽版を以《もっ》てすれば二十万乃至《ないし》二十五万部は間違ひなかる可し〉と書いている[19]。当時は偽版が公然となされていたが（それだけ人気を博したのだ）、これを加えた推定数字である。時期を考えればかなりの部数と思われるが、明治元年に新政府へ提出した「翻訳書重版の義に付奉願候書付」で福澤は、この本について、〈私の手許《てもと》より売出し候数は僅《わずか》に四千部計、京摂間の偽版三通、各其売出しを三千部と見込、真版と合《あわせ》て一万三千部に御座候〉と記している[20]。売れてきたのは明治に入ってからのようだ。

なお『西洋事情』は初篇こそ著者第二回洋行後の書だが、第三回洋行を経て外篇三分冊（明治元年）、二篇四分冊（明治三年）と続巻が刊行され、明治六年三月に全一〇巻の一揃いとして新版が刊行されている。それだけ人気は続いたわけで、近代日本のベストセラーはここに始まるといってよい。

『輿地誌略』は内田正雄編著。マッケー、ゴールドスミス等の原本を抄訳しつつ世界地理を略述した四篇一二巻一三冊の書である。明治三年（一八七〇）からの刊行で、一〇年まで八年間にわたって刊行が続けられた。刊行元は第一篇が大学南校、第二篇は文部省で、第三篇と第四篇が修静館。最初は官版であった。なおこの本は小学校で教科書に用いられ、普及にひと役買っている。もっとも先の『西洋事情』も小学校の教科書に使われた。国定教科書が登場する以前の出来事であった。

夏目漱石の自伝的小説『道草』（大正四年）には、主人公が小学校時代を回想する場面のなかで、〈彼は『勧善訓蒙《かんぜんくんもう》』だの『輿地誌略』だのを抱いて喜びの余り飛んで宅《うち》へ帰った昔を思い出した〉という記述がある。優等の賞品であった。〈下等小学第五級だの六級だのって。そんなものがあったんでしょうか〉と細君が（小説のなかで）いう時期だとすれば、明治八年頃であろうか。

福澤諭吉『西洋事情』

内田正雄『輿地誌略』

『西国立志編』はサミュエル・スマイルズのSelf Help（自助論）の翻訳で、訳者は中村正直（敬太郎、敬宇）、刊行は明治三〜四年である。初版刊行時は一一分冊、版元は静岡の木平謙一郎だった。内容は西洋史上の人物三百数十名の小伝記集で、成功談を掲げ、明治初期の青年層に多大な影響を与えたことから「明治の聖書」とまでいわれた。〈福沢本とならんで、むしろそれ以上に、明治初年にベスト・セラーとしてきこえた〉と瀬沼茂樹は評している。[*21]

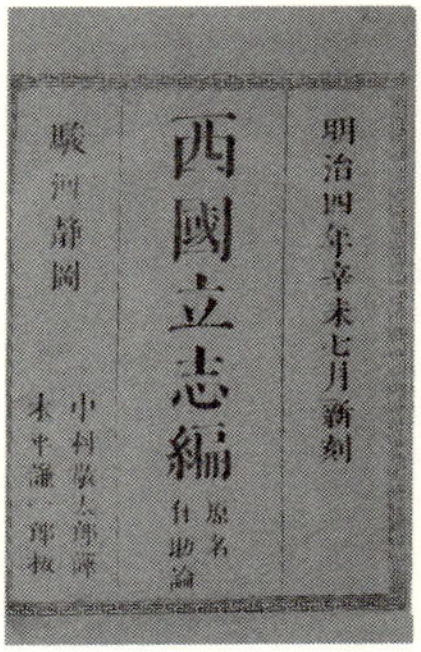

サミュエル・スマイルズ『西国立志編』

この本は自立の精神と立志の理想を鼓吹したといわれ、書中の〈天は自ら助くるものを助く〉が有名になった。本に啓発されて政治家や実業家を目ざした青年のなかには河野広中、大倉喜八郎、馬越恭平らが知られているが、博文館の大橋佐平もその一人に数えていいのは、その回想「知自心百話」に次の話が収録されていることからも判る。

〈中村敬宇翁の自助論に仏国パリシーの伝あり。我これを読みその経歴の最も我に酷似せるを感読せり。彼窯業《ようぎょう》のためにしばしば失敗を重ね、家産を失い悪評を招き、室中には妻子に反対せられ、世人にはその所行を非難せられ、内外日夜一身を苦悩せしめたるも、堅忍不抜、遂に成業して一時の名流となれり。[*22]〉

中村正直は幕府儒官としてイギリスに留学し、帰国後、新時代のなで西欧思想の紹介者となった。スマイルズ『西国立志編』のほか、J・S・ミルのOn Libertyを『自由之理《ことわり》』と題して訳出刊行し（明治五年）、後書もまたベストセラーとしている。これら二書はともに静岡の木平謙一郎により刊行された。
明治六年（一八七三）、中村は東京・小石川区西江戸川町に私塾同人社をひらき、まもなくそこは、芝区三田にあった福澤諭吉の慶應義塾とならんで、〈全国秀才の淵叢《えんそう》〉と称される存在となった。[*23] 門をたたいた青少年のなかに一四歳の大橋新太郎もいる。徳川家達（のちの貴族院議長）、樺山愛輔（同・日米協会会長）、植村俊平（同・大阪市長）が同窓で、一六歳まで在学している。同人社を離れたのは、父からの呼び戻しで長岡に帰るためであった。[*24]
なお、博文館の創業出版『日本大家論集』は、中村正直の文章「我は造物主あるを信ず」（『哲学会雑誌』第二号掲載）を冒頭論文として配している。若き新太郎の縁もあり中村が著者として特別な存在だったことは、『博文館五十年史』の、大正四年（一九一五）の項にあらわれている。〈此年また中村敬宇先生訳述のスマイルス原著「西国立志編」を出版した。〔中略〕明治四年に静岡にて木版にて出版せられ、〔中略〕後年、各書店から随意に出版されてゐたが、館主は曾て中村先生の同人社に数年在学せられた故、報恩の為に遺族の承諾を得て、三六判五百八十余頁定価三十五銭の縮刷版として発売し、印税の全部を遺族に贈つた。[*25]〉
大橋佐平は明治三四年（一九〇一）に没しており、館主はすでに新太郎である。〈報恩の為〉とはいえ、商業出版社において初版から四四年経っても、判型を変え新刊として刊行されるのだから、『西国立志編』は明治を代表するベストセラーにしてロングセラーだといって差し支えない。

出版物の〈異常なる発展〉

いうまでもないが、書物が豊かに生み出されるためには、受け手である読者層の豊かさが必要である。序でも述べたように、日本はかねてよりこの条件に恵まれていた。幕末も近い文化年間の日本の様子を記したロシアのゴロウニンは、読み書きのできない者がいないことに驚嘆し、また読書好きの国民であると観察している。[*26] 身分上位層はともかく、幅広い庶民まで言葉を読めた国というのは、ときの西欧人ですら目を見はる存在であった。実際、日本人は歴史的に本好き民族といえ、ゆえに出版もさかんだったことは、国初から江戸時代末に至る書物を網羅的に収集中の「日本古典籍総合目録データベース」が、二〇一五年時点で、データ総数（伝存数）二〇〇万件以上、著者約七万人を数えるまでとなっていることからも判る。[*27] 単純な比較はできないものの、イギリス出版史諸書に見いだされる年間刊行点数データは一八世紀を通しても年間一〇〇点のレベルであった。また、イギリス（イングランド・スコットランド・アイルランド）で一四七五年から一六四〇年までに出版された英語で書かれた本の総数は、二六三九点プラスアルファにすぎない。[*28] そこには重版やパンフレットの類いも含まれていたというから、日本は「近代より前」にあって、本の刊行・流布数の点で世界的に見ても相当な水準にあったといえる。豊かな土壌のうえに明治の出版ははじまったわけで、ベストセラー産出についても、他国に比べて条件は比較的整っていたと考えてよい。

こうした下地《したじ》を背景に、明治維新を迎えると、出版界はいち早く活動をはじめた。とはいえ近世と近代とでは、出版物の形態、製作と流通に根本的な変革が起きている。柳田泉は「明治以降出版文化史話」で、その具体を、〈木版から活版へといふ出版様式の変化、手摺から機械刷へといふ印刷様式の変化、和綴より洋装へといふ製本様式の変化〉とし、これによって書籍の大量生産が可能になったことに加え、〈交通の便利が増すにつれて書物の頒布販売が容易になる〉〈教育の普及につれて、書物に対する要求が増加して来る〉といった点も挙げて、〈日本出版史は明治期に於て劈頭《へきとう》一大革命に逢着した〉と述べている。[*29] これらの変貌（近代化）はすべて、ベストセラーをより生み出しやすい構造をもたらしたといえよう。

もっとも、図書の装幀が和装から洋装へというのは、単純な経緯ではない。大沼宜規の調査によれば、[*30] 江戸時代の中心形態である和装本は、明治一〇年（一八七七）頃まではなお主流であった。明治初期のベストセラーに和装本が目立つのも、ここから判る。一〇年代に洋装本が登場し、一八年から二〇年頃にかけて和装本は洋装本に主流の位置を明けわたしたが、宗教・倫理的分野や「和風な趣味」と考えられる分野では和装本はその後も残っていく。一方、欧米文化の紹介に関する分野や実用性が重視される分野では、和装本は元より少なかった。装幀の選択が技術的なところにとどまらず、内容と関わっていたことが示されよう。

さて、維新成立後まもなくの五箇条の御誓文で、明治政府は〈智識ヲ世界ニ求メ大イニ皇基ヲ振起スベシ〉と示した。欧米化はまさに、時代の要請であり政府の大方針でもあった。生活の様式から商習慣、政治や法律に至るまで、人びとは「新しい」意匠を身につけようとやっきになる。しかも近代の門を遅れてくぐったアジアの小国日本に、時間はさほどない。人びとは新知識を切実に求め、その迅速な習得を願った。そのため必要とされたものこそ書物であった。教育の普及と、印刷術の変革（活字鋳造の成功と欧式印刷機械の導入）が出版物の拡大をさらに後押しした。明治初期とはまさに、〈変革期にあって、出版物が時代の要求をになって異常な発展をした〉時期なのである。[*31]

この時期、留学体験などをもとに新知識への理解が深いとされ、加えて当時の日本人読者向けに分かりやすい文章を書ける著者は、たちまち出版界で重んじられた。上述した福澤諭吉と中村正直はその代表格である。なお二人はともに、森有礼の発起で出来た明六社の一員だったが、この明六社は結成翌年に機関誌『明六雑誌』を発行し、啓蒙活動を早期に出版と結びつけている。ただちに『明六雑誌』の刊行は活発化し、月二〜三回刊となった。発行部数も三〇〇〇部を超えたというが、創刊翌年には讒謗律《ざんぼうりつ》制定による政府の言論取締り強化があり、わずか一年九か月で廃刊となる。とはいえこうしたエピソードも示すように、明治のはじめ、出版と啓蒙の結びつきは短期間のうちに強まり、お互い不可分の関係になっていく。それは書籍ベストセラー産生の一大要因となるのだった。

平易にして読み易き

啓蒙の時代を代表する筆者福澤諭吉は、持続的なベストセラー・ライターという意味でも近代最初の存在だといえる。それは『西洋事情』に加え、明治初期の短期間のうちに『学問のすゝめ』と『文明論之概略』の二作を大部数書としている点からも知れよう。

『学問のすゝめ』は明治五年（一八七二）から明治九年まで断続的に刊行が続き、都合和本一七冊となった小冊子集である。〈何《いず》れも紙数《かみかず》十枚ばかりのもの〉と福澤自身も述べているから、[32]一冊一冊は本というよりパンフレットの類いに近い。それもそのはずで、元来は故郷の友人に向けて書いた小文であった。それがたいへんな評判を得るのだから、書物の運命というのは世に出してみないと判らないところがある。初編冒頭の一文、〈「天は人の上に人を造らず人の下に人を造らず」と言えり〉はすぐれたキャッチコピーといえ、導入部で読者の心を掴んだ。それもあって、同時代において大きな影響力を示しただけでなく、後年まで読み継がれ福澤の代表作として揺るがぬ地位を築いた。

ではこの有名な書は、実際どれくらい売れたのだろうか。『福澤全集緒言』は、〈毎編凡《およ》そ二十万とするも十七編合して三百四十万冊は国中に流布したる筈《はず》なり〉と書いている。小冊子ゆえに各冊の〈発売頗《すこぶ》る多く〉、総数が大きくなるので割り引かないといけないが、[33]時代と読者人口を考えれば途轍もない数字である。

なおこの書で興味ぶかいのは、売れる数が多いとそれだけ論難も多くなる、というベストセラー付随現象が早くも見出せる点である。福澤自身の回顧によれば、〈書中の立言《りつげん》往々新奇にして固《もと》より当時の人気〔人びとの気風、の意〕に叶《かな》わず上流社会の評論に於《おい》ても漫語《まんご》放言として擯斥《ひんせき》するもの多し殊《こと》に明治六七年の頃より評論攻撃ます〳〵甚《はなは》だしく〉という事態となり、ついには脅迫状も届いて、〈身辺も危《あやう》き〉ほどとなった。まともな批判ならまだ取り合うことはできても、〈文章の一字一句を見て全面の文意を玩味せず〉とのレベルが多い。[34]文中の片言隻句《へんげんせきく》や表題、見出しを見ただけで頭に血が上り非難してくる者の闇夜の刺客か何かのような出現は、多くの目に触れるベストセラー書の著者にとって宿命的なところがある。さりとてうち捨てておくわけにもいかないが、何しろ多勢に無勢である。かくして愚かしい論難への対応は〈堪へ難き〉ものとなっていく。[35] 筋違いの論難を沈静させるために、福澤はやむなく、五九樓仙萬《ごくろうせんばん》の筆名を用い『朝野新聞』に反論文を出さざるを得なくなった。ベストセラー界の洗礼をたっぷり受けたわけで、その点でも福澤は「先駆者」だといえよう。

『文明論之概略』は和本六冊で明治八年の刊行である。福澤は『福澤全集緒言』で、維新の混乱もようやく落ち着き人びとの思案も成熟してきた期を見計らって、〈西洋文明の概略を記して世人に示〉すとともに、〈儒教流の故老《ころう》に訴へて〉、彼等を〈敵にせずして今は却《かえっ》て之を味方にせん〉がためと、出版の意図を述べている。[36] それではどれくらいの部数を発行したかだが、『緒言』は〈何万部の大数に達した〉と記すばかりである。[37]〈儒教流の故老〉を読者として想定したためか、『学問のすゝめ』の勢いは流石にないが、一定の流布を得た書であることは間違いない。

さて、福澤が「ベストセラーの常連」になれた理由はどこにあるのだろうか。答えの重要な一つは、〈平易にして読み易き〉を常に心がけた執筆態度に見出せる。[38] 若き福澤が大坂で蘭学を緒方洪庵に学んだことはよく知られているが、洪庵の教えは翻訳の文章術に及んでいた。そのなかに、〈翻訳は原書を読み得ぬ人の為めにする業《わざ》〉なのであって、〈原書に拘泥して無理に漢文字を用ひん〉というのは罪である、がある。[39] 正確な訳にこだわって結果として難しい言葉になってはならぬというわけだ。

また洪庵は、オランダ人の書いた城建築の本を翻訳する若き福澤に対し、〈今足下《そっか》の築城書は兵書なり兵書は武家の用にして武家の為めに訳するもの〉であり、ついては、読者対象である武家は〈無学不文の輩《はい》〉であるから、〈難解の文字は禁物なり〉と指導した。難しい文字は使うな、というのは、難しい表現は使うな、にも通じる。かくして福澤は、読者の身の丈に合わせた文章を書く技量を早くから培ったのだ。それがベストセラー産出に実を結んでいく。

そして、文章は分かりやすくしなくてはいけない、を彼はいつも念頭に置いていた。自著について、〈是等《これら》の書は教育なき百姓町人輩に分るのみならず山出《やまだし》の下女をして障子越《しょうじごし》に聞かしむるも其何《そのなん》の書たるを知る位にあらざれば余が本意に非ず〉と人に語っていたし、ときに〈殊更《ことさ》らに文字に乏しき家の婦人子供等へ命じて必ず一度は草稿を読ませ〉、分からぬと指摘された箇所は改めたという。[*40]この繰り返しによって福澤は、明治の「読者大衆」に開かれた文章の達人となった。ベストセラーを生み出した秘密がここに見つかる。その点で、彼の〈返すぐも六《む》つかしき字を弄ぶ勿《なか》れ〉は、ベストセラー・ライティングの要訣をあらわした名言だといえよう。[*41]

なお明治の福澤本で、充分な部数を得た書としてほかに、明治三二年（一八九九）の『福翁自伝』（時事新報社）がある。口述筆記に諭吉自身が加筆修正を付した自叙伝で、最晩年の作（福澤逝去は明治三四年）となったが、文章はやはり平明である。

三大経済学者

明治初期、福澤諭吉や中村正直、内田正雄の書がベストセラー化したことで判るように、欧米式の新知識を伝える「啓蒙もの」の書物はたちどころに出版界を席捲した。神代から徳川時代までの通史書、田口卯吉『日本開化小史』が評判となったのも、啓蒙主義的な文明史論に基づいて書かれた内容が時宜に適《かな》い、読者の期待を集めたからだといえよう。『日本開化小史』は福澤諭吉の影響を受けつつ、バックルやギゾーといった欧州の文明論をふまえ、さらに新井白石の『読《とく》史余論《しょろん》』の記述も引き継いだ構えの大きな歴史書であった。和装六冊本で、明治一〇年（一八七七）九月に最初の巻が刊行され、一五年一〇月をもって完結。のち洋装の一冊本となり、版を変えていくたびも刊行されている。

著者の田口卯吉は安政二年生まれ。はじめ幕臣であったが、維新後は『東京経済雑誌』を主宰する経済学者として、また、『史海』を発刊した史学者として知られようになる。『日本開化小史』は生き生きとした語りに特徴があり、〈明治歴史文学――歴史小説の類は別として――に於ける先駆者であった〉という評も頷ける。[*42] 田口は続いて『支那開化小史』（明治一二年）などで評判を重ね、これらの成果が『史海』発行（明治二四年）に結びついた。なお明治一八年に刊行開始され好評となった『大日本人名辞書』（経済雑誌社、～一九年）の編者嵯峨正作は田口の門下生である。経済雑誌社については後述する。

同じ時期、田口卯吉と並ぶ自由主義経済学者に天野為之《ためゆき》がおり、『経済原論』（明治一九年）を刊行して話題となった。天野は東京専門学校（現早稲田大学）の創立に参画した一人としてよく知られており、のち高田早苗、坪内逍遙とともに「早稲田三尊」と称せられた。早大学長も務めている。また福澤諭吉、田口卯吉とともに「明治の三大経済学者」といわれることもある。『経済原論』は生産、分配、交易の三部構成で、東京専門学校での講義をまとめたもの。〈三万部以上も出た〉とされ、[43]〈一〇年間に二一版を重ねるほどの好評を博し〉た。[44]
版元は冨山房《ふざんぼう》で、土佐国（高知県）出身の坂本嘉治馬《かじま》が、弱冠二〇歳で神田神保町に設立した。坂本は先に小野梓《あずさ》（天野と同じく東京専門学校の創立参画者）が明治一六年に興した出版社東洋館で勤務していたが、小野逝去によって東洋館が活動を終えると、その精神を引き継ぐかたちで、明治一九年、冨山房をはじめたのである。この本が処女出版であった。

翻訳小説と「思軒調」

近代の扉を開いた時期の日本では、西洋への強い関心が啓蒙書に多くの読者を向かわせたが、それらは多く実学尊重の本であった。明治一〇年代になると、同じ西洋への関心が今度は翻訳小説のブームを呼び込んだ。この時期、世にあらわれた多くの翻訳小説は、概ね二つにジャンル分けできる。

ジュール・ヴェルヌ『新説八十日間世界一周』

一つはSF（空想科学小説）であり、もう一つは「西洋人情小説」である。うち最も広く読まれた本は、前者でジュール・ヴェルヌ原作、川島忠之助《ちゅうのすけ》訳『新説八十日間世界一周』（丸屋善七）、後者はリットン作、丹羽純一郎訳『花柳春話《かりゅうしゅんわ》 初篇』（高橋源吾郎）だった。ともに明治一一年（一八七八）に刊行が開始されている。

文明開化の時代は科学が新しい可能性をもたらすとされ、幅広い層に夢を与えた。フランスのSF作家ジュール・ヴェルヌは『月世界旅行』（井上勤訳、明治一三〜一四年）なども翻訳され、「科学の夢」に応える作者として日本の読者に迎えられた。一方の『花柳春話』はリットンの『マルツラバース』と『エリス』という別の二作品を勝手に合体させた、ダイジェストにして意訳本である。こうした翻訳のあり方は当時出版界で闊歩《かっぽ》しており、「豪傑訳」などといわれた。[*45]

『新説八十日間世界一周』を刊行した丸屋善七は日本橋にあった書店だが、並行して出版活動もおこなっていた。創業者の早矢仕有的《はやしゆうてき》は美濃出身で福澤諭吉に師事し、有力なブレーンの一人となった人物である。早矢仕の事業はのち丸善へと発展していく。『花柳春話』の高橋源吾郎は東京内幸町の出版者である。

さて、明治初期の翻訳はだいぶ無手勝で粗雑なところがあったとは指摘済みだが、正確な逐語訳はいつ頃に一般化するかといえば、森田思軒《しけん》がおこなったユゴーの翻訳『探偵ユーベル』（明治二二年）まで待たねばならない。この訳業は正確かつ格調高い文章として評価され、「思軒調」と呼ばれた。

森田の登場で翻訳のあり方は一新されたのである。森田思軒は岡山出身、慶應義塾に学ぶ。矢野龍渓《りゅうけい》の『郵便報知新聞』に入り特派記事で腕を磨き、やがて翻訳にて名声を博した。明治三九年五月『文章世界』掲載の遅塚麗水《ちづかれいすい》の回顧に、〈思軒氏の翻訳文は当時のオーソリチーとして称《たた》へられたり、漢文の森厳なるを骨にして、之れに洋文の斬新なる肉を附け、更に雅遒《がいう》なる俗語の肌膚《きふ》をも添へて、一種典雅の文を作りしこと当時に匹儔《ひっちゅう》するもの希《まれ》なり〉とあり、「思軒調」をたたえている。[*46]

その翻訳で最も広く読まれたのは、ジュール・ヴェルヌ原作の『十五少年』（明治二九年、博文館）であった。訳出の苦心は同書の巻末に付記しているが、思軒はそこで、〈訳文に苦しみ悶えたるの句多く不《ふ》諧不《かいふ》叶《けふ》の音多し〉などと書いている。それだけ原作に忠実に、また日本語としても最適に訳すことに真摯に取り組んだのだ。努力が実って『十五少年』は名訳として出版当時から評価高く、本としても広く普及した。ロングセラーとなって明治年間に二五版を数えている。[*47]

「毒婦もの」のヒット作

なお、上記の翻訳小説が出た翌明治一二年、ニュースと物語を結合させた異色の実録犯罪譚が評判となった。若く美しい女性が稀代の犯罪に走る経緯を描いた「毒婦もの」というカテゴリーの一作で、仮名《かな》垣魯《がきろ》文《ぶん》の『高橋阿《たかはしお》伝夜《でんや》叉譚《しゃものがたり》』（金松堂）である。

高橋お伝は古着屋殺し事件を引き起こして捕らえられ、処刑された女性で、悪事を積み重ねたその半生から「希代の毒婦」と呼ばれた。この実話を虚実取り混ぜながら短期間に物語として仕上げたのは、幕末から明治初期にかけて活動した「最後の戯作者」仮名垣魯文であった。お伝処刑の翌月に刊行するというスピードぶりは、筆馴れしている戯作者ゆえにこそであろう。八篇二四冊で、明治一二年（一八七九）二月に初篇が出ると、四月には八篇に至った。

仮名垣魯文『高橋阿伝夜叉譚』

スピード刊行の背景として、同じ「毒婦お伝」ものを岡本起泉という書き手が島鮮堂という版元から出す話を聞き込み、魯文が書き上げを急いだ事情がある。[*48] 他社に先んじることが売れる秘訣といわんばかりだが、ベストセラー創出に「早さ」は重要なポイントだというのは間違いない。なお起泉の本も同年に刊行され、読み比べられることで魯文本の注目度は一層上がったという。[*49] 当時、お伝の写真や一枚摺の錦絵も売り出されたというから、メディア的な話題性は充分であった。

魯文の門下野崎左文によれば、『高橋阿伝夜叉譚』は〈四、五千部を売りつくした〉[*50] のだった。当時としては比較的売れたといえるのかもしれない。いずれにせよ、明治のはじめ、遠い西洋で書かれた翻訳小説がブームをつくる一方、江戸戯作あがりの手練《てだ》れの作者が成した国内事件ものも、話題を呼んでよく読まれていたのである。

青春小説『世路日記』

『高橋阿伝夜叉譚』が実録もの話題作の走りだとすれば、明治一七年（一八八四）の『世路《せいろ》日記』は青春小説ベストセラーの走りのような存在といえる。作者の菊亭香水《こうすい》は本名佐藤蔵太郎。豊後国（大分県）に生まれ、同地の鶴谷女学校で教師を務めたのち、矢野龍渓のもとで『郵便報知新聞』の記者を経ている。[*51] 一方で、元官吏だった者たちが興した東京稗史出版社と関わりを持ち、これが同社での『世路日記』刊行に結びつく。

東京稗史出版社は馬琴ものの活字翻刻本から出発した。当初は本郷区湯島切通坂町に社屋があり、まもなく京橋区南伝馬町に移転している。初代社主は村上良弾といい、中心的な出版人として中尾直治がいた。中尾は坪内逍遙の日記『幾むかし』明治一七年三月の項に〈稗史出版社々員〉として登場する。この項の記述に従えば、逍遙は中尾ら稗史出版社の者たちに招かれて新富座で観劇している。逍遙との交渉を担当したらしきこの中尾は浜松出身、慶應義塾を経たことが判っている[52]。

東京稗史出版社は印刷所も経営するほどの規模になったが、出版社としては明治一五から一八年のわずか三年間しか活動していない。出版史に名をとどめているのは、明治一七年の三遊亭円朝『怪談牡丹燈籠《ぼたんどうろう》』と、『世路日記』の刊行によってである。

東京稗史出版社に出入りしていた菊亭香水は、その『牡丹燈籠』の校訂もおこなったと自ら記しており[53]、筆の立つ者として認知されていたようだ。やがて出身地の大分中津で刊行されていた『田舎新聞』に、小説「月氷奇遇　艶才春話」を一四回にわたり連載する。これを加筆のうえ改題し、出版されたのが『世路日記』であった[54]。

青年教師久松菊雄を主人公とし、教え子松江タケとの恋、そして政治家として立つまでの奮闘の人生行路を描いた作品で、恋愛プラス成長といった典型的な「青春の軌跡」物語である。このジャンルはベストセラー史に時折登場するが、『世路日記』は最初期の人気作品だといえよう。大正一五年（一九二六）刊行の『明治文学名著全集』第九篇（東京堂）の「『世路日記』解題」には、〈通算せば、其数正に数十万部に至れるを疑わず〉とある[55]。なおこの小説は『花柳春話』の強い影響を受けて成立しており、その点は新聞連載時の表題にもあらわれている。

政治小説の流行

『世路日記』は元々新聞連載小説だったが、明治一〇年代の後半は、新聞を一つの拠点とする自由民権運動の高揚も背景として、小説のかたちをとった政治的啓蒙書がさかんになった。文学史上、政治小説というジャンルで括《くく》られる作品群である。群中、より広く読まれた作品として、矢野龍渓『経国美談《けいこくびだん》』（前後二篇、報知新聞社、明治一六〜一七年）、東海散士《とうかいさんし》（柴四朗）『佳人之奇《かじんのき》遇《ぐう》』（全八篇一六冊、博文堂、明治一八〜三〇年）、末広鉄腸《てっちょう》の三作『雪中梅《せっちゅうばい》』『二十三年未来記』（ともに博文堂、明治一九年）、『雪中梅続編　花《か》間鶯《かんおう》』（金港堂、明治二〇年）が挙げられる。龍渓、散士、鉄腸は小説家としては素人で、本職はそれぞれ『郵便報知新聞』『大阪毎日新聞』『朝野《ちょうや》新聞』で論陣を張るジャーナリストだった。

『経国美談』は古代ギリシャのテーベを舞台に専制政治と戦う者たちを描きながら、自由民権の政治思想を物語のなかに示した作品。明治一六年（一八八三）三月刊行の前篇は翌年三月までに三版を重ねた。後篇も併せて著者龍渓は数千円の利益を得たという。これは当時、ゆうに一、二年は海外旅行のできる額であり、実際に龍渓は利益金で欧米へ出かけている。〈一部の著述を以て万里の波濤《はとう》を跋渉《ばっしょう》するは実に先生を以て嚆矢《こうし》とす〉と、明治一七年三月三〇日の『開化新聞』でも報じられた[*56]。

『佳人之奇遇』は欧州列強に抗して独立をめざすアイルランドやスペインの女性闘士を冒頭に登場させて、民族独立運動を情熱的に描き出すことに成功した。『雪中梅』は理想に燃え国事に奔走する青年を恋もからめて描出するなかで、作者の政治的主張が語られる。これらは明治政治小説の代表作として文学史に名を刻んでおり、青年読者を中心に大きな支持を集めた。

鉄腸の『二十三年未来記』は国会開設の未来を描いた小説。刊行前年、『朝野新聞』に「夢ニナレナレ」として連載された作品を改題刊行した書籍である。七か月で三二版、三〇万部内外の部数になっており、実際の国会開設まで数年にわたって相当売れたと見られる。柳田泉は、その数五〇万部以上と推定している。[*57] 鉄腸は政治小説群の成功から、龍渓に次いで、小説本の利益によって外遊した政治的文人の第二号となった。[*58]

なお列記した作品のうち三書の刊行元に名が見える博文堂は博文館とは別の出版社である。東京日本橋久松町にあり、原田庄左衛門が経営していた。『日本美術年鑑』に、〈国定教科書出版の元祖であり、またコロタイプ印刷図版の先駆をなした「東洋美術」の出版元であった〉との記載がある。[*59]

『花間鶯』の刊行元金港堂は、明治八年、原亮三郎によって横浜で創業された。翌九年には東京へ移り、教科書出版を主体に活動する一方、『文藝界』など七雑誌も刊行するなど総合出版社として成長し、一時は博文館と並び称される大きな存在となった。原亮三郎は業界の有力者となり、明治二〇年、東京書籍出版営業者組合が結成されたときは初代頭取に就任している。[*60]

折り返しの明治二四年——児童書『こがね丸』ほか

明治も半ばになり近代国家の確立期へ至ると、ベストセラーリストに小説家の文芸的作品が顔

巌谷小波『こがね丸』

を出すようになる。明治二四年（一八九一）の好評書は巌谷《いわや》小《さざ》波《なみ》『こがね丸』（博文館）、村上浪六『三日月』（春陽堂）、二葉亭四迷『浮雲』（金港堂）、そして翻訳ものの『小公子』（若松賤《しず》子《こ》訳、女学雑誌社）と小説ばかりが並んだ。

これまでも小説は広い人気を得てきた。政治小説のことは既述している。明治一八年、日本近代小説の幕開けとなった有名な試行錯誤作、坪内逍遙『当世書《とうせいしょ》生気質《せいかたぎ》』（晩青堂）が刊行開始されており、同書は翌明治一九年にかけて一七分冊として出版された。部数は一〇〇〇部くらいといわれている。ただこの作品は後続して再版本や異版が出ていた。さらに明治二〇年の大川屋菊判本が別にあり、明治二五年一一月に九版を数えている。[*61] 大川屋は赤本（江戸の草双紙の流れを継いだ大衆向け廉価本）系統の出版社だった。こういった刊行状態なので正確なところは見えにくいが、全体として『当世書生気質』は、当時比較的よく読まれた本だと考えてよい。文芸作品は次第にベストセラーの常連的ジャンルへと成長する。評判になった本の著者には樋口一葉や尾崎紅葉、幸田露伴などの名が挙がり、後述する。

『こがね丸』はわが国初の少年向きシリーズ「少年文学叢書」（博文館）の第一冊として刊行された。近代日本の児童文芸はここに始まるといわれる。児童書がベストセラーに顔を出した最初の作でもあり、『こがね丸』が好評を得たことは「少年文学叢書」の継続に勢いをつけ、シリーズはついに全三二冊までに至った。作者の巌谷小波は、尾崎紅葉主宰の硯友社《けんゆうしゃ》に参加し作家として活動をはじめる。少年少女を主人公とする作品が多かったこともあり、児童書の依頼を受けるようになった。[62] やがて明治を代表する児童文学作家の地位を築き、その作風は〈明治のお伽噺《とぎばなし》の主流となった〉のである。[63]

『小公子』の訳者若松は福島の生まれで本名は松川甲子《まつかわかし》。横浜のフェリス女学校高等科を卒業し、同校の英語教師となる。『女学雑誌』を主宰する巌本善治《いわもとよしはる》と結婚し、バーネット夫人の「小公子」を翻訳し同誌に発表、名訳として歓迎され、書籍化されるとここでも多くの読者を得ている。ただしこの女学雑誌社版は前篇であり、後篇を含めた全篇は明治三〇年に博文館から刊行されている。すでに訳者は病死していたので、櫻井鷗村《おうそん》が校訂して刊行にこぎつけた。鷗村は翻訳家、児童文学者で、津田梅子とともに女子英学塾（現在の津田塾大学）を設立したことでも知られる。この明治三〇年博文館版は明治年間に二〇版へと達し、大正・昭和と移るなかでも勢いは衰えず一〇〇版近くになった。[64]

村上浪六は大阪堺の生れ。報知新聞に入りはじめ校正係となったが、森田思軒編集長に才能を見出され、明治二四年に処女作「三日月」を報知叢話（同紙日曜付録）に連載する。これを読んだ春陽堂の和田篤太郎が二、三回分を見て早くも注目し、書籍化するとたちまち好評を得た。明治二四年七月が初版で、九月に再版、一一月に三版、翌二五年二月には四版、三月に五版、六月に六版と順調に版を重ねた。浪六自身は『後の三日月』（明治二八年）で、〈忽《たちま》ち世に囃《はや》されて十余版を重ね、普《あまね》からずとも少しは世人の知るところとなりぬ〉と当時を回顧している。[65] もっとも、

坪内逍遙『当世書生気質』

初版は手堅く一五〇〇〇部で、重版は一回一〇〇〇〇部であった。[*66] それでも版を重ねた結果、発売部数は一万二〇〇〇部に至ったという。[*67]

『三日月』のヒットをきっかけに村上浪六は流行作家の階段を登っていく。春陽堂は浪六作品を次々と手がけた。新作の発行日が新聞で告知されると、大戸を開けない前から書店の手代が二、三〇冊分の現金を持ち、続々門前へ集まったと篠田鉱造『明治開化綺談』は伝えている。[*68] 痛快な男伊達《おとこだて》が活躍する撥鬢《ばちびん》小説を得意とした浪六は、かくしてエンターテインメント歴史小説家の先駆者となった。主人公の町奴の髪型が三味線の撥の形に剃った粋な風情ゆえ撥鬢である。そのファンには女性読者も多かった。

二葉亭四迷『浮雲』は近代小説の実質的な創始作とされる。第一篇が明治二〇年六月金港堂刊、第二篇が二一年二月同じ金港堂刊、第三篇が二二年七〜八月に雑誌『都の花』で発表された。これらを経て、三篇を併せた『浮雲』が明治二四年九月に金港堂から刊行されている。当初それほど普及したわけではないようだが、のちに『太陽』臨時増刊（明治三〇年）をはじめ多種の出版物に再録され、[*69] 文学青年を中心に支持を拡大して、明治文学のロングセラーとなった。

（1）橋本求『日本出版販売史』講談社、一九六四年、三六頁。
（2）坪谷善四郎『大橋新太郎伝』博文館新社、一九八五年、四〇頁。
（3）坪谷善四郎『博文館五十年史』博文館、一九三七年、一三頁。
（4）浅岡邦雄「長岡における大橋佐平・新太郎父子の出版活動」、日本出版学会・出版教育研究所共編『日本出版史料』第八巻収録。同書、一一一頁。

（5）同上論文、一一六頁。
（6）同上論文、一一八頁。
（7）前掲『大橋新太郎伝』二七頁。
（8）前掲浅岡論文、一二一頁。
（9）坪谷善四郎『大橋佐平翁伝』栗田出版会、一九七四年、一一七頁。
（10）前掲『大橋佐平翁伝』一一一頁。
（11）同上書、六六頁。
（12）小川菊松『出版興亡五十年』誠文堂新光社、一九五三年、一四頁。
（13）前掲『大橋佐平翁伝』一一二頁。
（14）同上書、同頁。
（15）同上書、一一三頁。
（16）前掲『大橋新太郎伝』三一五頁。
（17）瀬沼茂樹『本の百年史――ベスト・セラーの今昔』出版ニュース社、一九六五年、二六頁。
（18）時事新報社 編集兼発行『福澤全集緒言』時事新報社、一八九七年、五九頁。なおこの書は明治三〇年、時事新報社から最初に発売されたさい、巻頭の見返しに『福澤全集』予約募集の広告文が付してあり、〈執筆意図に広告宣伝的要素があったことを示しており、注意を要する〉と、長尾正憲は『福沢屋諭吉の研究』（思文閣出版、一九八八年）三五九頁で指摘している。その通りであろう。
（19）前掲『福澤全集緒言』五一頁。
（20）慶應義塾『福澤諭吉全集』別巻、岩波書店、一九七一年、一一四頁。
（21）前掲『本の百年史』二三頁。
（22）前掲『大橋佐平翁伝』一二二頁。
（23）前掲『大橋新太郎伝』三〇頁。
（24）同上書、三三頁。
（25）前掲『博文館五十年史』二五〇頁。
（26）W・M・ゴロウニン 著・徳力真太郎 訳『日本俘虜実記』上下、講談社（講談社学術文庫）、一九八四年、同『ロシア士官の見た徳川日本 続・日本俘虜実記』同、一九八五年。〈日本には四十八文字あって、平民はこの文字を使って書く。日本ではどんなに身分の低い者でも、この文字を使ってものが書けない者はいない。だから我が水兵四人のうち誰も文字が書ける者がいないと知ると大変に驚いたのであった〉（上巻、一二二頁）、〈日本人は殊《こと》の外《ほか》読書を好む。平《ひら》の兵卒《へいそつ》さえも、見張りのときもほとんど休みなしに本を読んでいる〉（下巻、一七頁）とあり、それもふまえた日本人論のなかで、〈一国民を全体として他の国民と比較すると、私の意見では、日本人は天下で最も教育のある国民である。日本には読み書きのできない者や、自分の国の法律を知らない者は一人もいない〉（続巻、四二頁）と述べている。

（27）横田冬彦 編『出版と流通』（シリーズ〈本の文化史〉四）平凡社、二〇一六年、八、一五頁。
（28）箕輪成男『近代「出版者」の誕生——西欧文明の知的装置』出版ニュース社、二〇一一年、三一八〜三一九頁。
（29）冨山房 編『冨山房五十年』冨山房、一九三六年に収録。同書三四七頁。
（30）大沼宜規「明治期における和装・洋装本の比率調査——帝国図書館蔵書を中心に」、前掲『日本出版史料』第八巻収録。同書、一三九頁。
（31）前掲『日本出版販売史』一三頁。
（32）前掲『福澤全集緒言』七五頁。
（33）同上書、同頁。
（34）同上書、七五〜七六頁。
（35）同上書、七六頁。
（36）同上書、一二一頁。
（37）同上書、同頁。
（38）同上書、三頁。
（39）同上書、四〜五頁。
（40）同上書、九頁。
（41）同上書、六頁。
（42）湯川松次郎 編『明治の人物と文化』（明治百年記念出版）弘文社、一九六八年、三三五〜三三六頁。
（43）前掲『本の百年史』四二頁。
（44）平凡社『世界大百科事典　第二版』天野為之の項。
（45）安藤宏『日本近代小説史』中央公論新社（中公選書）、二〇一五年、二四頁。
（46）遅塚麗水「森田思軒氏」。『明治少年文學集』（明治文學全集九五）、筑摩書房、一九七〇年収録。同書四四六頁。
（47）前掲『本の百年史』一一一頁。
（48）同上書、二八〜二九頁。

(49) 堀啓子『日本ミステリー小説史——黒岩涙香から松本清張へ』中央公論新社(中公新書)、二〇一四年、六九頁。
(50) 前掲『本の百年史』二九頁。
(51) 磯部敦『出版文化の明治前期——東京稗史出版社とその周辺』ぺりかん社、二〇一二年、三〇頁。
(52) 同上書、二四、二六~二七、三二頁。
(53) 同上書、二五~二六頁。
(54) 同上書、八五~八六頁。
(55) 同上書、三〇、五一頁。
(56) 前掲『本の百年史』三三頁。
(57) 同上書、三四頁。
(58) 同上書、同頁。
(59)『日本美術年鑑』一九七〇年版、六八頁。
(60) 前掲『日本出版販売史』二六頁。
(61) 前掲『本の百年史』七三頁。
(62) 鳥越信 編著『はじめて学ぶ 日本児童文学史』(シリーズ・日本の文学史①)ミネルヴァ書房、二〇〇一年、七九頁。
(63) 同上書、七三頁。
(64) 前掲『本の百年史』五七頁。
(65) 山崎安雄『春陽堂物語——春陽堂をめぐる明治文壇の作家たち』春陽堂書店、一九六九年、七三頁。
(66) 同上書、六〇頁。
(67) 前掲『本の百年史』六四頁。
(68) 前掲『春陽堂物語』七三頁。
(69) 前掲『本の百年史』七三頁。

第二章

ベストセラーの多様化——明治期②

徳富蘇峰と民友社

明治中期のベストセラーを語るうえで特記せねばならない存在として、徳富蘇峰（猪一郎）と民友社がある。蘇峰は肥後国（熊本県）水俣に郷士の子として生まれ、熊本洋学校を経て新島襄の同志社へ入った。明治一三年（一八八〇）には同校を中退して郷里熊本へ帰り、明治一五年に自由民権運動の影響を受けた私塾大江義塾を開く。青年の教化に努めるかたわら文筆活動に取り組み、明治一九年、『将来之日本』の刊行に至ると好評を以て迎えられた。

同書を出版した経済雑誌社は明治一二年、『東京経済雑誌』の版元として田口卯吉が創業した雑誌社だが、書籍の刊行もおこなっており、明治一九年には『将来之日本』とともに、卯吉自身の編著書『大日本人名辞書』をヒット作としている。なお『東京経済雑誌』は経済分野の有力な存在となり、大正の半ばまで続いた。[*1]

『将来之日本』の成功もあり新進評論家として注目されだした徳富蘇峰は、翌明治二〇年三月、既刊を改題した『新日本之青年』を刊行する。版元は神田にあった集成社で、八月に再版、二一年末に三版、二四年には五版を数えた。『将来之日本』と併せ、〈その売行は凄まじきものであった〉と自伝にはある。[*2]

蘇峰の活動は一言論人にとどまらない。蘇峰を中心に、宮崎湖処子《こしょし》、山路愛山らが同人として集まり、明治二〇年、民友社が結成される。同年二月、民友社は『国民之友』を創刊、政治、経済から教育、宗教、文芸までを扱う総合雑誌として注目を集めた。部数は伸び、当時としては破格の一〇万部へと達する。[*3] 憲法発布を二年後に控え、国政にまつわる議論が沸きかえるなか、民友社は、青年論者に論陣を張らせる活動に努め、たちまちにして世論の陣頭的存在になっていくのである。明治二三年二月、蘇峰はまた一方で国民新聞社を立ち上げ、『国民新聞』を発刊した。『国民之友』や『国民新聞』は平民主義を主張、時代の新潮流を捉え幅広い支持を得る。

民友社は続いて二五年九月、婦人を対象に『家庭雑誌』を創刊し有力な存在へと育成した。一方で、小型単行本シリーズ「国民叢書」を発刊、書籍刊行にも乗り出す。同叢書では、蘇峰が『国民之友』に発表した評論や随筆などが逐次書籍化され、大正二年八月までに三六冊刊行、全部で一〇〇万部を超えたという。[*4] かくして蘇峰率いる民友社は、「総合出版社」へと発展していくのである。

民友社の書籍にはまた、福地源一郎（桜痴）の史論書『幕府衰亡論』（明治二五年）がある。幕府側からみた維新史という独自の視点で評判となり、七版以上に版を重ねた。[*5] さらに、民友社の書籍は、『国民之友』が文芸連載を充実させたことを背景に、文芸書がもう一つの柱であった。そのなかで、社員宮崎湖処子の詩文集『帰省《きせい》』（明治二三年）と、同じく社員の国木田独歩の小説

『武蔵野』（明治三四年）は、広く読まれた。

宮崎湖処子は本名八百吉《やおきち》。筑前（福岡県）の出身で、東京専門学校（現早稲田大学）を卒業ののち、『国民新聞』で評論とともに詩と小説を発表していく。その湖処子の出世作といえるのが『帰省』で、『世路日記』の系譜に連なり青年読者の支持を集めた。刊行六年で一六版へと至っている。[*6]〈近代都市の腐敗に対照される、救済としての「故郷」のイメージを創り上げていた〉作品であって、[*7]こうした本が幅広く受け入れられた背景として、西洋化に一路邁進していた当時、そこへの違和感も大きな伏流をつくっていた事情がうかがえる。湖処子はキリスト教信者であって、晩年は伝道活動に入った。

国木田独歩は明治期を代表する小説家として文学史上に名高い。明治人らしい理想主義的な作風で知られたが、後年には民衆の悲惨な現実に目を向けるようになった。『武蔵野』は、当初こそ一部を除いて注目されなかったが、やがてみずみずしい感受性あふれる作風が読者の支持を得て、五〇版以上を重ねた。[*8]近代文明に抗しうるものとしての大自然への憧憬を描いており、後述する徳冨蘆花『自然と人生』とともに、「自然」に目を向けた作品が同時期、多くの読者に支持されたのは、『帰省』の受け入れられ方と繋がる要因が見出せよう。

なお、時期は逸《そ》れるが、民友社のベストセラーとして、前項で登場した人気大衆作家の村上浪六の小説『八軒長屋』（明治四〇年）も忘れてはいけない。後述するように、日露戦争の講和をめぐる焼打事件があり、『国民新聞』は甚大な被害を受けて部数もふるわなくなった。これをまさに筆一本で持ち直したのが「八軒長屋」の連載とその人気であった。浪六は撥鬢小説の『三日月』系統の小説、それを現代社会に移した俠客的人物の活躍もの（後述する『当世五人男』など）のほかに、裏長屋の庶民生活を描いた系統があり、その代表作が「八軒長屋」だった。民友社で書籍化されると大評判になる。のちにラジオが普及し「八軒長屋」が放送されると、作品の人気は再び盛りあがった。『八軒長屋』は大衆小説としてベストセラーになり、またロングセラーにもなったといえよう。

『本の百年史』は浪六について、〈その生涯に書いた小説は長短併せて百篇を下らず、百版近くを重ねるものが珍しくなく、いまなお日本人の保守的な任俠気分に合致しているのである〉と述べている。[*9] 浪六については、本章ののちの青木嵩山堂の項で再び取りあげる。

なお民友社の本では、明治三三～三四年、徳冨蘆花の三書がベストセラー入りしているが、この書については後述の蘆花の項で言及したい。

付言として、民友社の有為転変に触れておこう。上述したように、民友社は短期のうちに一言論団体を超え、幅広い読者を取り込む一大版元となった。しかし、三国干渉を機に蘇峰自身の思想的転換が起こり、平民主義から国権主義へと基調が変わったことから不買運動が起き、蘇峰は明治三一年、『国民之友』『家庭雑誌』などの雑誌の発行を打ち切ってしまう。民衆の支持を受けベストセラーも連打した民友社は、その民衆に攻撃されて、事実上、社運を尽きさせたのである。もう一つの国民新聞社が日露戦争後のポーツマス講和への不満から、民衆に焼打ちされたのは日本近代史の特記事件となっている。

これらを経て、民友社は昭和八年（一九三三）、明治書院に吸収される。明治書院で『中等植物学』『中等動物学』を出していた三宅驥一《きいち》の夫人が、蘇峰家の者だった縁からという。[*10]

日清戦争と『日本風景論』

明治前期は欧化主義の時代であり、ベストセラー書も西洋文化を伝える啓蒙的な内容のものが多かったが、明治も半ばとなると、日本そして東洋の文化を再評価する潮流が生まれ太い流れとなってくる。明治の国家形成が一段落し欧化一辺倒への反省が生じるのは当然ともいえ、民族独立的・自立的志向が高まってくるのは時代の転換点としてあり得る事態だった。

こうしたなか、日本文化の美質や長所を主張する雑誌が生まれた。『日本人』（明治二一年四月創刊）である。主宰者は当時哲学館の講師だった三宅雪嶺《せつれい》、同人は志賀重昂《しげたか》、杉浦重剛、井上円了、棚橋一郎らである。この『日本人』の発行所として、神田小川町に出版社、政教社が興された。上記した民友社と『国民之友』が欧化主義全盛時代の雑誌なら、これに対抗する位置から出発したのが政教社と『日本人』だという構図である。

もっとも、雪嶺が『日本人』を拠点に主張したのは確かに国粋主義だが、それは博愛とも矛盾しないとされ、いかにも明治的だった。インターナショナルも包含するナショナリズムであり、在野の言論としてただならぬ引力を発した。なお『日本人』は月二回発行を続け、明治三九年末からは新聞『日本』と合併し『日本及日本人』となる。

平民主義の民友社から多くの人びとの支持を集めるベストセラーが出たように、日本主義の政教社からも一つの重要なベストセラーが登場する。志賀重昂の『日本風景論』である。志賀は東京英語学校講師であったとき、文部省参事官の杉浦重剛の斡旋を受け、三宅雪嶺と雑誌発刊を語らい、これが『日本人』刊行に結びついた[*11]。この経緯もあって、志賀は『日本人』の事実上の編集主幹となった[*12]。

志賀は札幌農学校を出たのち、世界を巡った経験も持つ地理学者だった。その著『日本風景論』は、日本の風土は世界に優れていることを主張する本であるが、気候や蒸気、流水や火山岩の多々など理学的な説明をおこない西洋科学の方法をふまえる一方、〈実に絶対上、吾が江山《こうざん》の洵《じゅん》美なるもの在るを以てのみ〉というように、風景美の叙述に江戸期学者詩人の文体を駆使して、知識人読者の心をすっかり捉えた[*13]。

本の出版は明治二七年（一八九四）一〇月二七日だったが、刊行に先立つ七月二五日、豊島沖海戦がおこなわれ日清戦争がはじまっている。九月に陸軍が平壌を陥れ、海軍は黄海海戦で清の主力艦隊を撃破した。アジアの新生国家日本は破竹の勢いで清国を圧倒したのだ。こうした時期に『日本風景論』は登場する。内容が独自にして魅力的なうえに刊行のタイミングもよかったといえよう。刊行翌々月には再版となり、翌年三月に三版が出る。時宜を得たというだけでないのは、『日本風景論』はその後も着実に版を重ね、明治三五年四月に一四版へ至ったことでも判る[*14]。

『日本風景論』はとりわけ青年層に強い影響を与えたベストセラーだったが、附録にあった登山奨励の一文「登山の気風を興作すべし」が、日本近代登山史を彩る初期登山家たちに動機付けをおこなった点は特記される。心をゆり動かされた者の一人に青年期の小島烏水《うすい》がいた。〈志賀重昂先生の『日本風景論』の感化を受けて、自然に対する好尚を、山の一路へと驀進した〉と本人は当時を回顧している。[*15] 小島は登山家としての経験を積んだうえで、仲間と日本山岳会をつくり、海外の山行も経たうえで同会初代会長に就任した。

なお、政教社は明治の終わりになって、もう一つベストセラー書を出しており、三宅雪嶺の著した『宇宙』がそれである。明治期の大手取次東京堂の『百二十年史』に、よく売れた本として名が特記されている。[*16]〈無限の連続の一部として無限の連続を追ひ〉（序）で書き出される玄妙難解な哲学書であり、巻頭の題言で著者が、〈世に人の多き、全く読む者なしと限らず〉と記すのもあながち誇張、謙遜ではないと思えるほどだが、大正期の哲学・修養書への関心（第四章で述べる）を先取りするかのように、明治末に評判の書となった。

文芸書の雄・春陽堂

明治の出版の雄は博文館と春陽堂だといわれており、ベストセラー史もこの二社の書籍が多い。春陽堂はさまざまな出版物を刊行したが、とりわけ文芸書の版元として名高く、文芸出版の老舗として知られた。もっとも逍遙、二葉亭の活動をきっかけに、明治文壇が興隆するのは明治二〇年（一八八七）頃であって、春陽堂が本格的に文学書刊行をおこなうのは、それからである。以降、春陽堂の文芸書はヒット作が相次ぎ、ベストセラー史を賑わしていく。

創業者の和田篤太郎《とくたろう》は美濃国（岐阜県）出身。明治新時代を迎えると、一六歳で上京したのは当時の青年にありがちな行動であった。ところが、いつの時代も同じで、希望を抱いて首都にあらわれても、現実は若者にいたって冷厳である。篤太郎も同じで、仕事の失敗に見舞われ、一時期警察官（巡査）となって西南戦争に従軍した。福地桜痴《おうち》は篤太郎追悼文のなかで、〈郷を去って東京に走り、流離落拓《るりらくたく》つぶさに艱苦《かんく》を嘗《な》む〉（元は漢文）とその苦節を短描している。[*17] ひげ面《づら》の強面《こわもて》の肖像は警察官の名残であろうか。硯友社の江見水蔭《すいいん》は『自己中心明治文壇史』で、〈春陽堂の和田鷹城《ようじょう》〔篤太郎のこと〕は、元警部とかで、色の黒い、鍾馗《しょうき》の如き髯《ひげ》を生やしてゐたので、誰もが髯と呼んでゐた〉と書いている。[*18]

青春の波乱を経て篤太郎は、明治一一年に神田和泉町に小さな店を開き、書籍の小売から事業をはじめた。叩き上げの人として春陽堂を創業したのだ。当初はいたって零細で、篤太郎は本を背負い自ら行商にも出かけて糊口《ここう》をしのいだ。やがて出版も手がけるようになり、明治一六年、ルソー『民約論覆義』翻訳出版でその名が知られる。この本の成功を機に、『伊曾保物語《いそほものがたり》』（イソップ）、『三十五日間空中旅行』（ヴェルヌ）、『魯敏孫《ロビンソン》漂流記』（デフォー）など、翻訳本の刊行を続け、独自の世界を発信して出版社としての存在感を大きくしていく。社屋はまもなく日本橋へと移転し、飛躍のきっかけができた。

明治二二年一月、助走期の蓄積を経て、ついに雑誌『新小説』が発刊される。「春陽堂を一流の書肆《しょし》にしたい」との篤太郎の意志が創刊を実現させた。そこには文壇との繋がりを深くしていこうとの春陽堂の戦略もあったはずである。創刊号の装幀はディケンズの詩集『クリスマス・カロル』を意識したもの。『新小説』は一次、二次とあるが、漱石鷗外から横光利一、江戸川乱歩に至るまで多くの作家・作品を登場させて、明治・大正時代の文芸誌として歴史的な存在となった。

こうした経緯《いきさつ》もあり、ベストセラー史に登場する春陽堂の本はすべて文芸書である。村上浪六『三日月』（明治二四年）はすでに取りあげたが、これに続く作品は高山樗牛《ちよぎゆう》『滝口入道』（明治二八年）であった。

明治二六年、読売新聞は歴史小説の懸賞募集をおこなった。このとき「第二の優等賞」となったのが、『平家物語』に題材を得た悲恋物語「滝口入道」である。作者は「帝国大学生某氏」であって紙面で名前は明かされなかった。〈小説家を以て身を立てんとする者にあらず〉がその理由である。[*19] 著者名〈某氏〉は波紋を呼んだようで、たとえば樋口一葉「水のうへ日記」にも記述が見える。明治二八年一〇月七日の項で、関如来（日就社の美術・文芸担当記者）が来訪時にした話のなかで、〈『滝口入道』は大学生 某《なにがし》の作なるに、それが批難を、『歴史小説』といへる題かり来て坪内〔逍遙〕が書立《かきた》つべければ〉と出てくる。[*20]〈某氏〉は東京帝国大学の哲学科に在籍中の高山林次郎であり、高山樗牛という名を示して書籍化されると大きな人気を得たのは、名前の秘匿話が却って読者の興味をかき立てた一事もひと役買ったのであろう。

空前の人気作『金色夜叉』

春陽堂の文芸書ベストセラーのうち、とりわけ有名なものに尾崎紅葉『金色夜叉』がある。逍遙、二葉亭の時代のあとを受け日本文学を担った作家グループに硯友社があり、尾崎はその中心的存在であった。硯友社は作品の発表先として雑誌『我楽多《がらくた》文庫』を持っていたが、一方で尾崎は「読売の紅葉か、紅葉の読売か」と当時いわれたほど、読売新聞の文芸欄に影響力を持つに至った（当時、読売は文芸色の強い新聞だった）。博文館、春陽堂をはじめとした版元とのネットワークも含め、尾崎と硯友社によって、日本に本格的な「文壇」が形成されていったことになる。なお博文館と尾崎は硯友社同人・大橋乙羽を通じた縁があり、後述する。

作家もさまざまな媒体とその関係者に人脈を築いていったが、出版社のほうも、作家を押さえ作品を確保するために、キーパースンと懇意になり「文壇」との関わりを深めていくのだった。春陽堂もその一つである。和田篤太郎は尾崎紅葉とウマがあったといわれているし、篤太郎亡きあとも、春陽堂と紅葉の深い関係は続いた。紅葉が社屋にやってくると、〈すぐ座敷を掃いて、長火ばちの灰をならし、ねこ板をふいて、「先生、さあどうぞ」と、長火ばちの前に招じ、うめさん〔二代目となった篤太郎未亡人うめのこと〕と差し向かいになる。紅葉はねこ板へひじをのせて、うめさんの世間ばなしを聞くともなく耳を傾ける。そのうちにお酒の用意ができるというわけである〉と、まさに上客対応であった。[*21]

尾崎紅葉『金色夜叉』

こうした如才ない付き合いを通して、春陽堂は尾崎との太い絆を維持していく。そのなかから数多くの尾崎作品が世に送りだされた。よく読まれた本として、まず『多情多恨』（明治三〇年）がある。亡くした妻の面影を追う青年教師の心理を描いた作品で、読売新聞に連載されたあと、春陽堂で書籍化された。武内桂舟などの挿絵が二六点収められ、尾崎作品のうちで『金色夜叉』に次ぐ普及本となる。[*22]

『多情多恨』が出た明治三〇年（一八九七）、春陽堂は村井弦斎『日の出島』の刊行をスタートさせ、こちらもヒット作としている。弦斎は三河豊橋に生まれ、渡米して苦学したのち、帰国後の明治二三年に郵便報知新聞社へ入社する。ここで森田思軒の門下となって、報知新聞を舞台に本格的な作家活動をはじめたのは村上浪六と同じキャリアで、二人は読者を二分する人気作家になった。

その弦斎が明治二九年から六年、一二〇〇回にわたって報知に連載したのが「日の出島」である。春陽堂はすでに弦斎の歴史小説を複数点刊行しており、その縁で書籍『日の出島』も同社が手がけることになった。一三冊の大作で、連載を追いながら明治三五年まで刊行は続けられた。三万部まで部数は進み、雲岳《うんがく》女史、細煙《さいえん》女史などという登場人物の名は人口に膾炙《かいしゃ》したというが、[*23]〈其《その》小説喧伝の際流行せし語なり〉と宮武外骨編の『日本擬人名辞書』でも指摘されている通り、[*24]売り出す側の戦略もあったようだ。

なお弦斎は後年、『食道楽』という『日の出島』をしのぐヒット作を出しており、明治のベストセラー史に記される。この作品については後述する。

尾崎紅葉に戻れば、『多情多恨』に続いて春陽堂から決定的な本が刊行された。『金色夜叉』である。明治三〇年元旦から読売新聞で連載が開始されたが、紅葉の病気から幾度も中断した。最後には発表場所を『新小説』に移したが、ここでも終わらず、紅葉逝去によりついに未完となった。しかし七年にわたった連載はすでに国民的人気を得ており、春陽堂は明治三一年から三八年まで新続篇を含む五冊本で刊行、のち四〇年に合冊本が出た。これら書籍もまた空前の評判となっている。

そのほか、早く明治三一年には市村座での初演が打たれて大当たりし、新派劇として繰り返し上演されるようになったし、後年には映画化も幾たびかなされ、流行歌の題材にもなった。本が売れると映画化・ドラマ化され、そのヒットから相乗効果で本の人気がさらに高まりベストセラーと化す現象は、昭和時代以降頻繁に見られ本書でも紹介していくが、『金色夜叉』こそその先駆を成したといっていいだろう。

『金色夜叉』は活字化も、縮刷版のほか、全集、文庫などさまざまなかたちで繰り返され、それらを併せると部数は並外れた数となっているのは確実で、明治を代表する、まさにベストセラーの雄といって差し支えない。

小酒井五一郎（のち研究社を創立）は雑誌取次店として最も古い上田屋へ明治二五年に入り、明治の取次界をつぶさに体験してきた。その小酒井は『金色夜叉』を、徳富蘆花の『不如帰《ほととぎす》』とならぶ明治の二大小説としたうえで、〈両者ともおそらく百版以上を重ねたでしょう〉と話している。*25

家庭小説の名手

幅広く文壇にルートを築き、老舗としての風格を持つようになった春陽堂は、紅葉亡きあとも明治期文芸書にヒットを持続させている。有力作者のなかに菊池幽芳《ゆうほう》がおり、『己《おの》が罪』（明治三三〜三四年）、『乳姉妹』（明治三六〜三七年）、訳書『家なき児』（明治四五年）と三作をベストセラーにしている。明治期大衆小説の大きなジャンルに家庭小説があり、新聞小説の作者が主たる担い手であった。幽芳はその代表といえよう。
菊池幽芳は茨城県の水戸に生まれ、本名は清である。はじめ小学校教員をしていたが、水戸の新聞に小説「蕾の花」を発表、これが縁となって明治二四年（一八九一）、大阪毎日新聞社へ入社する。翌年、翻案小説「光子の秘密」を同紙に載せて注目され、のち創作と翻案を同紙上に毎年二、三作発表していく。
新聞小説家として幽芳の名を高らしめたのは「己が罪」である。連載発表は前篇が明治三二年八月一七日～一〇月二一日、後篇は明治三三年一月一日～五月二〇日。婦人向け家庭小説の先駆作といわれ、新聞の部数増に大いに貢献したといわれる。新派劇で上演されて人気をさらに高め、後年は映画化（監督：溝口健二）もされている。この作品は新聞連載後、前中後三冊本として春陽堂から書籍化され、ここでもたいへんな評判となって部数を重ねた。明治四〇年段階で各巻一九版、一五版、一〇版まで進んでいる。[*26]
幽芳の新聞小説で次に大好評を博したのは「乳姉妹」である。「家庭小説」と銘打って連載発表されたのは明治三六年八月二四日から一二月二六日まで。国民新聞連載の徳富蘆花「不如帰」と本作が当時、大衆的人気で東西の横綱格だったといわれている。春陽堂にて前後二篇で書籍『乳姉妹』が刊行されると、新聞連載時の好評を受けて一年たらずで各巻八版、六版へと進んだ。[*27]なお『乳姉妹』はバーサ・クレイの『ドラ・ソオン』の翻案であって、『己が罪』も翻案元があったのではないかと『本の百年史』は指摘している。[*28]
新聞で連載されたのち春陽堂で書籍化された幽芳作では、明治四五年の『家なき児』（前後二篇）もベストセラーになった。フランスの小説家エクトル・マローの小説Sans Familleを幽芳訳にて出版したと記されている。本作前篇の序言で訳者幽芳は、〈この小説は決して余が始めて翻訳を試みたものではない。五来素川《ごらいそせん》氏が先に手をつけて公にした事があるが、氏のものは抄訳、或《あるい》は寧《むし》ろ翻案で、大体大づかみにした短かいものであつたから、つまり余はこの有名な原作を遺憾なく伝へたい精神から、真率にこの翻訳を試みんと企てた次第である〉と書いている。[*29]

家庭小説として、また、レミ少年を主人公とする少年少女小説として、幅広い年齢層を読者対象としており、ベストセラー化した理由の一つといえよう。

「グルメ本」の登場

家庭小説家の名手といわれた記者作家に、前述した村井弦斎も数えられる。弦斎は報知新聞直系であり、村上浪六（郵便報知新聞、朝日新聞、国民新聞と渡り歩いた）、大阪毎日の菊池幽芳、後述する大阪朝日の渡辺霞亭と張り合った新聞小説作家の雄だった。家庭小説はもちろん、軍事小説や歴史小説にも筆才をあらわす多芸の持ち主である。その弦斎にはグルメ本の走りともいえる食べ物小説があり、表題はずばり『食道楽』。既述の『日の出島』を凌駕するベストセラーとなった。

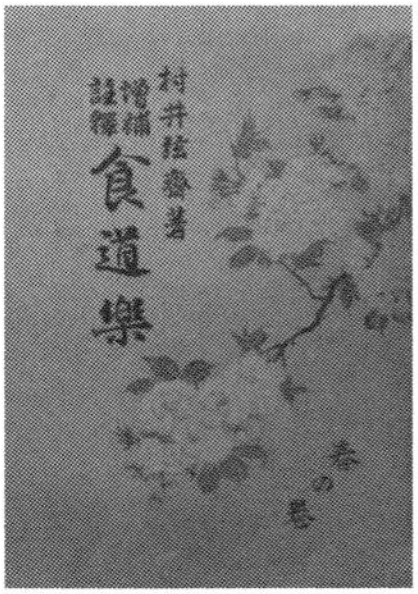

村井弦斎『食道楽』

弦斎は明治三四年（一九〇一）五月から、感化小説と称した「百道楽」シリーズを書き始め、報知に連載していく。「釣道楽」を皮切りに、「猟道楽」「酒道楽」「女道楽」などと続き、ついに「食道楽」に至るのだった。この「食道楽」は、報知新聞で明治三六年一月一日から一年にわたって連載される。恋愛小説のかたちをとるが、物語のなかで和洋中六〇〇種余りの料理レシピが紹介され、さらに食材の効用、食器や調理道具、台所の設備から果ては衛生学、食育の重要性まで料理関係の知識がふんだんに披露される。[*30]ある意味マニアックな作品だといえよう。

弦斎はこの作品のために、アメリカ公使館のコック加藤桝太郎を雇って料理を研究したというから、並々ならぬ意気込みをもってこの新傾向小説に挑んだようだ。その成果もあって、小説は家庭料理研究に劃期をもたらしたとまで評されている。[*31]新聞という時事的・大衆的な媒体を使い、恋愛小説という形式も武器にして、料理という身近な世界の知見を縦横に説いたわけで、弦斎は、娯楽性と実用性を存分に投入したのだ。

それが成功し、「食道楽」の連載は新聞読者の関心を大きく集める。さっそく報知新聞社出版部で、連載中を含む明治三六年六月から四〇年四月まで、全八巻(春夏秋冬の各正続)にわたり刊行がおこなわれた。新聞での事前評判という追い風を受けて、書籍『食道楽』は当然のようにベストセラー化する。弦斎自身のいうには〈発行部数十万部以上にのぼり、印税も十万円近くあった〉という。[*32]当時の家庭の本棚には『食道楽』が必ず置かれたというし、嫁入り道具の必需品とまでいわれた。[*33]

料理研究プラス恋愛小説のヒットで弦斎は女性読者を獲得したようで、実業之日本社を創業して軌道に乗せていた増田義一が婦人雑誌を創刊しようとしたとき、弦斎の感覚に期待して彼を編集顧問に迎えた。それもあって『婦人世界』は成功したが、このとき増田は弦斎に、返品差引の実売部数につき一冊一銭の印税を顧問料として支払った。定価一五銭の雑誌である。[*34] 破格の待遇であった。それだけ弦斎人気は凄かったのである。明治三九年一月創刊の『婦人世界』はまもなくライバル誌をしのいで、日本で当時出ていた全雑誌の最大部数を占めることになった。最高三一万部である。[*35]

部数を稼げる作者としてすっかり名を挙げた弦斎は、本の成功や顧問料等で得た莫大な資金をもとに、湘南の平塚に東京ドームを上回る敷地を買い求め生活の拠点とした。菜園や果樹園、家畜小屋をつくり、そこで得た新鮮な材料をもとに料理人を使って美食をこしらえ、各界の名士を招いてふるまった。

まさに「食道楽」であるが、その生涯は華やかなままだったとはいえない。晩年の弦斎は、玄米食を研究し、竪穴住居生活や断食をおこなうなどして過ごしたという。凝り性の彼は料理研究の果てに、ついに自分を実験台にして自然食の実践に没頭する日々を送ったようだ。一般市民との付き合いもほとんどなく、文壇からは無視されて、最後は奇人変人扱いされたまま没した。[*36] ベストセラーという異常な現象の主人公となった人気作者に、もはや平庸な人生は用意されず、有為転変していく例は珍しくないが、村井弦斎もその一人だったといえるのかもしれない。

碧瑠璃園

さて、明治期に家庭小説で大衆的人気を博した新聞人としては、もう一人、渡辺霞亭《かてい》（碧瑠璃園《へきるりえん》）の名を挙げねばならない。霞亭は岐阜日日新聞などの地方新聞を経て、絵入自由新聞、東京朝日新聞と移り、のち大阪朝日新聞社に招かれた。とりわけ大阪朝日で多数の連載小説を成しており、多くの別名を使い分けて何本も同時に書くという大量生産の荒行も平気でやっていたという。それを苦にせずこなしていった霞亭は、まさに流行作家の先駆者といえるだろう。

霞亭が得意としたものに『渦巻』などの家庭小説のほかに、歴史小説がある。有名な作として明治末期の『渡辺崋山《かざん》』『後藤又兵衛』『塩原多助』『佐倉惣五郎《そうごろう》』、大正期の『幡随院長兵衛《ばんずいいんちょうべえ》』などが挙げられるが、本としてベストセラーになったのは『渡辺崋山』（前後二篇）である。明治四一年（一九〇八）三月の刊行で、版元は東京牛込の弘文書院と名古屋市の興風書院の連名である。この二社は興風叢書というシリーズを出しており、その第一巻が『渡辺崋山』であった。著者名は碧瑠璃園としている。

翌明治四二年七月に刊行されたシリーズ第三巻『崋山研究』の奥付裏に『渡辺崋山』の広告が載っており、〈絶好之家庭読本、無二之立志小説として好評嘖々《さくさく》〉との見出しとともに、すでに前後巻とも一一版に達しているとある。また、〈今猶《な》ほ需要者続々として絶えず仍《よ》りて今回之を合本クロース製とし且《か》つ徧《あま》ねく江湖に分布するの目的を以《もっ》て特価発売を為《な》し家庭教育に心ある人々の机上を飾らんとす〉と記され、人気作となったので合本にしたようだ。元の前後篇はそれぞれ六〇銭と八五銭、合本は五〇〇〇部限定で一円五〇銭。美本としてわずかに値段を上げた。家庭用愛蔵版ということなのだろう。

いずれにせよ、元版が評判にならないと成立しない二次生産であり、人気の一端が見て取れる。

樋口一葉と大橋乙羽

春陽堂にしばらく筆を費やしてきたので、明治の二大版元のもう一つ、博文館に記述を転じてみよう。

明治二九年（一八九六）と三〇年、博文館から樋口一葉の作品が二書上梓されており、ともに好評を博し、当時のベストセラーとして広く普及した。一葉は日本近代文学史に特記される明治の女性作家であり、改めてその人物伝を記す必要もない。ここでは一葉の真価を早くに見出し、作家として世に送りだすのに重要な役割を果たした二書の編集者について述べてみたい。編集者の動きを作家の日記などから紹介することで、二つの作品の出現過程について見ていきたいと思う。

編集者とは博文館の大橋乙羽である。乙羽は前述した大橋新太郎の妹時子の婿で、旧名渡部又太郎。明治二年、旅館を営む治兵衛の四男として山形県米沢市で誕生している。少年期より書を好み文学に思いを寄せていたといい、やがて地元新聞『出羽新聞』への寄稿をはじめる。明治二一年七月の磐梯山噴火、山頂部破裂を実見レポートした記事が、東京神田で雑誌『風俗画報』を発行していた東陽堂の主人・吾妻健三郎（米沢出身）の目に止まり、筆才を認められて東京へ呼び寄せられたのが出版人への門出となった。

又太郎は東陽堂の編集員として勤務する一方、文学好きが高じて尾崎紅葉の硯友社に出入りするようになる。そのころから号の乙羽を名前とした。彼の文才はまもなく紅葉にも認知され、自著『上杉鷹山公』の出版に至る。これが新太郎の目に止まり賞された。乙羽の人となりを聞いて新太郎はさらに関心を深め、ついには紅葉媒酌にて時子との婚姻に至ったのである。この経緯を経て乙羽は大橋家に入り大橋乙羽となる。[*37]乙羽は博文館の編集とともに営業にも関わり、まさに〈算盤《そろばん》も執れば筆も執る〉といった多才ぶりで新太郎の事業を援《たす》けた。[*38]暇さえあれば写真機を持って全国に出向き、先々の印象を紀行文にして書くに努め、博文館の出版物に筆者としても貢献している。

博文館は『太陽』『文芸倶楽部』『少年世界』の三大雑誌を創刊し、各誌ではグラビア頁を充実させ、売上を大いに伸ばしていた。このうち乙羽は『文芸倶楽部』『太陽』の編集にたずさわっていたことが判っている。[*39]また彼は、文学者にとどまらず、美術家や実業家のほか、政治家にまで幅広い人脈を築いた。交際した有力政治家に伊藤博文、山縣有朋、大隈重信、田中光顕などがいる。[*40]

そうはいっても、編集者大橋乙羽の中心的活動拠点はやはり文芸である。紅葉繋がりもあって、彼は硯友社の作家を博文館に起用することに努めた。その一方で、雑誌に女性読者を呼び寄せるためにも、すぐれた女性の書き手を求めていた。新人なら育成していく方針もあった。そうしたとき、乙羽の目にとまったのが樋口一葉である。

乙羽がはじめて一葉に連絡を取ったのは、明治二八年三月二九日付の手紙だといわれている。『武蔵野』の半井桃水《なからいとうすい》と『都の花』の藤本藤蔭から住所を教えてもらい、本状を書いたと文中に記された。用件は自社の『文芸倶楽部』に短編小説を寄稿してほしいというもの。一葉はすでに諸雑誌に作品を発表し、文学関係者の間で名前が知られはじめていた。乙羽は、『武蔵野』や『都の花』、あるいは『文学界』に載った一葉の作品を読んで注目していると、その手紙に書いて寄越す。[*41]

乙羽は同人誌の作家だった一葉を博文館の商業誌に登用し、職業作家に育てていこうとしていたのだ。最初の依頼は小説「ゆく雲」に結実、ただし掲載先は当初予定した『文芸倶楽部』ではなく『太陽』となる。背後に事情はあったにせよ、かくして発行部数の多い大雑誌に一葉が登場することになった。なお第二作「にごりえ」は『文芸倶楽部』に掲載されている。

一葉の日記では、最初の接触（乙羽からの手紙）翌月から、乙羽の名がたびたび出てくる。〈早朝、大橋君来訪。〉（明治二八年四月二〇日）、〈文を乙羽庵に出す。例の題字の事につきて也。〉（同、二一日）、〈大橋乙羽君、早朝に来訪。ながくもの語りす。〉（同、二六日）とあり、新しい作者との付き合いに熱心な編集者乙羽の姿が見える。[*42] 乙羽は一葉に絶え間なく原稿を依頼し、一葉もよくそれに応えた。

やがて『文芸倶楽部』の「閨秀小説号」に、小金井喜美子、若松賤子とともに一葉の肖像写真が掲げられた。女性作家を売出すために写真の効果は大きいとの、博文館の商業的判断はあったはずだ。もちろんこの号に一葉は「十三夜」「やみ夜」という二本の小説を載せている。「閨秀小説号」は評判となり、初版三万部を売り尽くして雑誌では珍しい再版となったが、一葉のもとへは「写真を載せてまで商売に協力したいのか」という非難の手紙も来た。無名の頃ならまだしも、大部数の雑誌に出れば賛否両論が沸きあがり、批判の矢を浴びるのは商業出版界の常景である。

一葉もその洗礼を受けたことになる。
次第に存在を大きくしはじめた一葉に、乙羽は、小説ではなく、今度は『通俗書簡文』の書下ろしを依頼した。手紙の書き方を作例とともに説いた実用書だが、切羽つまった一葉の家計を助けようと、早めに収入を得られる仕事を示したのは乙羽の配慮であろう。一葉は乙羽の依頼に応じて一冊を書き上げた。樋口一葉『通俗書簡文』が、博文館『日用百科全書』の第一二篇として刊行されたのは明治二九年五月二五日である。
一葉日記によれば、斎藤緑雨からの情報として、〈通俗書簡文と題はおきたれど、終りのかたは純然たる小説なり〉という乙羽の言葉が記されている（明治二九年五月二九日）。〈小説めかしきものには非《あら》ず〉との一葉自身の発言を受け、乙羽の言い分を緑雨が彼女に伝えたのだ。[*43] 小説を期待しているのに手紙の実用書とは何事か、との批判に、乙羽が苦し紛れの一葉擁護をしようとしたのか。ただ『通俗書簡文』には、文例や説明の仕方に小説家としての一葉のセンスがあふれたところもあり、〈小説なり〉はあながち無理な説明ではない。この本はよく売れて、〈明治年間に版を重ねること三十五度〉であり、博文館の社史は五万部以上の売行きをみせたと特記している。[*44]
『通俗書簡文』が刊行されて半年後の明治二九年一一月二三日、樋口一葉は結核を悪化させ、二四歳六か月で唐突に生涯を終えてしまう。将来を期待して育てていた乙羽の落胆は大きい。彼に残されていたのは、一葉担当編集者としての最後の仕事だった。斎藤緑雨、戸川秋骨の協力を得て、大橋乙羽はただちに全集の編集に取り掛かり、逝去わずか二か月後にあたる明治三〇年一月、

『一葉全集』が世に送られた。〈乙羽が出版人として一葉に賭けた執念が感じられる〉と西川祐子は『樋口一葉事典』で書くが[*45]、その通りの集中的仕事ぶりであろう。

この博文館『一葉全集』によって、一葉の文名は広く世の中に知られていく。元版は五〇〇頁の大作だが、博文館はその後、明治四五年五月に二冊本を、大正一一年六月に縮刷本と、かたちを変えて刊行を重ねることでロングセラーへと至らせる。[*46] 没後に作家一葉が文学史上の地位を築いていくのと歩を合わせ、全集は長い生命力を保ったのだ。『一葉全集』は博文館に、利益とともにブランドイメージの向上をもたらした。大橋乙羽の仕事は実を結んだといえよう。

その乙羽だが、あまりの多面多才な活動は心身の酷使に繋がった。明治三三年にヨーロッパからアメリカを回り帰国、見聞記『欧山米水』を著したのちに、彼は腸チフスを発病、ハードワークの蓄積が寿命を縮めたのか、明治三四年六月一日、東京帝国大学病院入院中に急逝してしまう。[*47] 享年三二。後を追うというわけでもないが、一葉の逝去からそう日を措《お》いてもいない。機敏な行動家にして配慮の行き届いた編集者であったうえに、経営者的センスも併せ持った婿乙羽の死は、彼を股肱《ここう》の頼みとしていた大橋新太郎をいたく落胆させた。

樋口一葉『一葉全集』

その大橋新太郎のほうは、昭和一九年（一九四四）五月まで長じた。享年八〇だから当時としては長寿といえよう。生き馬の目を抜くといわれた競争の激しい出版界に始終在り、多面的な実業家として活躍した割には、「天寿を全うした」印象がある。日本の敗戦を知る手前で生涯を閉じたことは、新太郎の幸いといえるのかもしれない。

黒岩涙香の三書

エンターテインメント小説は古くより人びとの喝采を得てきたが、なかでも人気のジャンルにミステリーと冒険ものがあるのは時代を超えた現象だといえる。明治期のベストセラーリストにも両ジャンルの作品が挙がっている。

日本橋に社屋を構えた版元の扶桑堂は、黒岩涙香《るいこう》と深い関係がある。創業者の町田宗七は元々米屋だったが、涙香の熱心な読者だった。愛好が高じて、涙香本の多くを出版していた東京京橋・岩本吾一から発行権である株を譲り受け、米屋を廃業して出版活動をはじめることになった。宗七は涙香が萬朝報《よろずちょうほう》を創立したとき出資者にもなっている。扶桑堂は宗七が没すると、明治二七年（一八九四）、嗣子の町田浜雄が継ぎ、その頃には涙香本の独占出版社のような存在となっていた。[*48]

この時期、四〇冊以上の涙香本が扶桑堂から刊行されたが、そのなかに二つのベストセラーがある。『巌窟王』（明治三四〜三五年）と『噫《ああ》無情』（明治三五年）である。これに『天人論』（明治三六年、朝報社）を加えて、涙香の三大ベストセラーに位置づけられる。

黒岩涙香は土佐（高知）出身、自由党系の「絵入自由新聞」へ入社し新聞記者となった。やがて「今日《こんにち》新聞」へ転じると、明治二一年、同紙上に翻訳探偵小説を連載し好評を博す。これを機に彼は訳出小説を次々と紙上発表していくのだった。涙香は自身が外国大衆小説の熱読者で一〇〇〇冊を読破したとの逸話もある。そのなかから面白く、日本の読者にも合う作品を精選して翻訳した。なかでも探偵ものを精力的に紹介したことで、明治二〇年代に、日本ではじめて探偵もののブームを引き起こしている。それゆえ涙香は今日、「探偵小説の父」と呼ばれているが、本書の関心であるベストセラー化した本という点では、涙香の三書は探偵ものとは異なる。

涙香は今日新聞の後身、都《みやこ》新聞を退社すると（社長と衝突したのだった）、まもなく自ら新聞を創刊した。萬朝報である。読者受けのコツを把握した涙香が率いることで、萬朝報はたちまち部数を伸ばしていく。そのモットーは「簡単」「明瞭」「痛快」[49]。これは大衆的読み物の作話上の要諦に通じるであろう。萬朝報はセンセーショナルな記事も売りものだったが、呼びものは何といっても涙香の小説であった。そのなかからベストセラーがあらわれる。

第一弾は翻訳『巌窟王』である。明治三四年三月、涙香は萬朝報紙上でこの作品の掲載予告をしている。そこでは、日本に八犬伝があり、中国に水滸伝があるように、フランスには〈アレキサンドル、ヂウマの「モント、クリスト」伝〉があると書き、国民に絶大なる人気を持つ小説だと紹介している。[50]『モンテクリスト伯』は、かつて関直彦（東京日日新聞記者）の訳書『西洋復讐奇談』（金港堂）があったものの、これは部分訳である。そこで涙香は早く明治二〇年頃、自ら全体を訳そうと試みていた。原作をいたく愛読していたからだ。

黒岩涙香『巌窟王』

その念願がついにかなったことになる。〈「モント、クリスト」伝〉は魅力的な邦題「巌窟王」となって、三月一八日より萬朝報上で連載が開始された。思い入れ深い原作ゆえに、黒岩涙香の熱の入れようは相当なものだった。彼は手早く訳出することはせず、改めて丁寧に全体を読んだうえで、一回一回の適切な切れ目を設定し、また、内容の面白いところをチェックし、そこに重点を置くことで物語を構成した。逆に読者を飽きさせるような箇所は思いきって省いた。〈原書中の閑文字は、省略し剪裁し去る〉との方針だったと緒方流水は伝えている。[*51]

読者本位であるべき新聞紙上に掲載する以上、通常に訳すだけではすまない。原作の本筋は伝えながら、日本人読者の好みに合わせることを忘れない。大衆の喝采を得られるようすみずみに心を配り、文章技術を駆使して、エンターテインメントに徹する。書籍化されベストセラーになったのも、磨き上げられたプロの技法が存分に発揮されたからであろう。『巌窟王』は扶桑堂からのち明治三八〜三九年に四巻本、さらに上下の縮刷本も出ている。縮刷本は大正一五年に一三〇版まで達している。

「噫無情」は「巌窟王」完結（明治三五年六月一四日）後、家庭小説「花あやめ」（クレイ原作の翻訳）を挟んで、同年一〇月八日から連載開始された。ビクトル・ユゴーの『レ・ミゼラブル』の翻訳で、こちらも原作は有名なフランスの国民的小説である。かつて森田思軒が全篇を訳そうと志したが、逝去により果たせないままであった。思軒と親交のあった涙香がこれを引き継いだことになる。実際、涙香は思軒が持っていた英訳本から訳しており、友情を感じさせる逸話となっている。[*52]

黒岩涙香にとって作家として脂《あぶら》が乗っていた時期の作品であり、扶桑堂にて前後巻で書籍化されるとたちまち話題を呼んでベストセラーになった。『噫無情』は明治三九年版も刊行され、さらに縮刷本が出された。明治三九年版は刊行翌月に再版、翌々月に三版というペースである。また縮刷本のほうは大正七年に二二版へと達している。なお涙香書のキャッチーな邦題「ああ無情」は、現代に至るまで長く使われている。

黒岩涙香には明治期、第三のベストセラーがある。『天人論』（明治三六年）がそれで、冒頭で涙香（本名である黒岩周六名義）は、〈十九世紀の中頃、進化論なる者現はれてより一元論の根拠確立し、二十世紀の今に至りて殆ど迷霧を一掃したる観あり、有神と無神、物質と霊魂、哲学と神学、宗教と倫理、総て一主義の下に調和せんとす〉、〈余は心的一元論の所説に基き、自ら信ずる所を述べて此の書を作れり〉と本の趣旨を書いている。義侠心が強かった涙香は内村鑑三の影響を受けて、次第に社会救済、社会改良への情熱をさかんにし、ついには「公義心」を打ち出す理想団なる団体を提唱するに至った。それは当時、キリスト教や社会主義的傾向の思想が青年層を中心に関心を集めていた状況と対応している。

『天人論』はこうした考えに傾斜していた涙香が書いた人生哲学の本であった。『天人論』が広く普及したのは、時代が求める思潮と縁が深かったからだが、何しろ作者は大衆的センスを持った涙香である。この本も難解な思想書にはならず、彼らしい書き方をしていた。簡明にして感動的な文章が続き、後述する同時期の綱島梁川『病間録《びょうかんろく》』とともに、新しい思想を渇望していた迷える青年たちに読者を拡大していく。涙香は、華厳の滝に投身自殺した「煩悶青年」藤村操に読ませたかったとも述べており、*53 執筆意図がうかがえる言葉であろう。『天人論』

の版元は朝報社（萬朝報社）で、大正一二年に五〇版まで達している。

日露戦争期の冒険小説

明治期のベストセラーには多様なジャンルの本があるが、そのなかに冒険小説も一点見出せる。『海底軍艦』である。

作者は愛媛松山生まれの押川春浪《おしかわしゅんろう》で、本名は方存《まさあり》。父方義《まさよし》は横浜のブラウン塾の出で明治五年二月に洗礼を受け、のちに日本キリスト教会の元老となる。方存は伝道をする両親とともに幼少期は新潟、仙台などで過ごした。長じて明治学院、東北学院、札幌農学校、水産講習所など学校をいくつも変えた。放校処分もあったようで、暴れん坊伝説が残っている。ようやく卒業できたのは東京専門学校（現在の早稲田大学）だが、その学生時代も乗っていた馬ごと交番へ突っ込む事件などを起こして、あらくれぶりは変わらない。のちの冒険作家は鋳型に嵌《は》められぬ人間であった。

その未来の冒険作家が代表作「海底軍艦」を書き上げたのは東京専門学校在学中である。明治三三年（一九〇〇）、櫻井鷗村の紹介により、春浪は原稿を携えて『少年世界』の巌谷小波を訪ねる。鷗村は愛媛県松山生まれ。生家近くに押川方義の養家先があり、青年期の鷗村はよくこの押川家に出入りしていた。紹介はこのときの縁からであろう。なお鷗村には五弟一妹があったが、二番目の弟は後述するベストセラー『肉弾』の作者、忠温である。

一方、わが国児童文学の開拓者といえる小波は世話好きであり、鷗村自身も小波が紹介の労をとって世に出た。ベストセラー史に出てくる作品では『十五少年』も小波が世話をしている。虚心坦懐に新人の才を認める宏量のひとであった。その巌谷小波は「海底軍艦」を読んで、豪快で率直な書きっぷりに一驚し、さっそく文武堂へ推薦、明治三三年一一月二三日に同社から書籍化刊行されることになった。筆名の春浪は、当初、巌谷小波の号から一字を与えられた春波とされたが、自ら春浪と改めている。

　文武堂は東京堂の出版部門であった。東京堂は高橋新一郎が明治二三年、東京の神田神保町に興した小さな書籍文具店からはじまる。高橋は博文館の創業者大橋佐平の妻松子の弟で、大手総合出版社へと飛躍した博文館の後援を受けることで、東京堂も大手取次へ成長していく。そのなかで、二代目大橋省吾（博文館二代目大橋新太郎の弟）の時代になって、東京堂は自ら出版事業に着手するのだった。当初は自社での出版事業としたが、博文館との関係上、〈世間から対立しているように思われてはいけないと〉、自社とは別の出版社を名目上設けて、出版元とした。これが文武堂である。すなわち文武堂は取次東京堂と〈一心同体の間柄〉であり、実際、その看板は省吾の自宅に掲げられていた。*54

押川春浪『海底軍艦』

　さてその文武堂刊の『海底軍艦』は「海島冒険奇譚」との角書《つのが》きがある。発売予告は〈十一月出帆、文武堂造船〉としゃれたもの。*55 明治三五年に四版、その後も人気は続いて作家押川春浪の名は一躍あがった（大正四年には三四版へ達している）。木村毅《き》は、〈全国の青年を抃舞《べんぶ》雀躍《じゃくやく》せしめた〉とその反響ぶりを記している。*56

春浪は続いて、明治三〇年代の半ばより『武俠の日本』（明治三五年）、『新造軍艦』（明治三七年）、『東洋武俠団』（明治四〇年）などを世に送るが、これらは『海底軍艦』のストーリーを発展させた作品であった。デビュー作『海底軍艦』の人気からはじまった春浪の冒険小説群は、日露戦争期の日本にあった勇気と雄飛を貴ぶ国民の空気のようなものを見事に捉えたのである。

文武堂の『海底軍艦』は少年読者も意識していたようで総ルビとなっている。春浪は本の冒頭「はしがき」の書き出しで、当時の日本と日本人の海外に向かう民族的高揚感を背景にこう書いている。

〈太平洋の波に浮べる、この船にも似たる我日本の国人は、今や徒《いたず》らに、富士山の名麗なる風光にのみ恍惚たるべき時にはあらざるべし。光誉ある桂の冠と、富と権力の優勝旗は、すでに陸を離れて、世界の海上に移されたり。この冠を戴き、この優勝旗を握らむものは誰ぞ。他なし、海の勇者なり。海の勇者は即ち世界の勇者たるべし。[*57]〉

この調子に少年は冒険心をくすぐられ、国民各層が鼓舞された。かくして『海底軍艦』はベストセラーの上昇気流に乗っていく。

なお後続の英雄小説『武俠の日本』を刊行したとき、その序で春浪は、黒岩涙香訳『巌窟王』を愛読していた、自分の書くものにはその影響が大きい、と記している。[*58] 涙香、春浪という系譜は一時期、日本大衆小説界を席捲したのである。

波瀾に富んだ少青年期を送ったのち冒険小説の人気作家となった春浪は、大正三年、急性肺炎から三八年の短い生涯を閉じた。親しかった大町桂月《けいげつ》の追悼文「酒に死せる押川春浪」では、夜通し酒を呑んで翌日正午を過ぎても呑み、さらに夜半まで呑んでいた春浪の姿を点描して[*59]、早世の理由をあきらかにしている。元来破天荒な性格だったのに加え、ベストセラーを出した人気作家の重圧があったのか、どうか。

春陽堂の四作①――紅葉門下生と藤村の『破戒』

ここでまた、春陽堂に戻りたい。

明治後期、春陽堂から登場したベストセラーはほかに六点あり、すべて文芸書である。小杉天外『魔《ま》風恋風《かぜこいかぜ》』（明治三六～三七年）、島崎藤村『藤村詩集』（明治三七年）、小栗風葉『青春』（明治三八～三九年）、夏目漱石『鶉籠《うずらかご》』（明治四〇年）、泉鏡花『婦系図《おんなけいず》』と漱石『虞《ぐ》美《び》人草《じんそう》』（ともに明治四一年）がこれにあたる。漱石の二作はのちの節で触れるので、他の四作品を取りあげてみよう。

五作のうち二作は尾崎紅葉門下の作家たちである。風葉、鏡花は柳川春葉、徳田秋聲とともに「紅葉門下の四天王」と称された。なお春葉には大正二年（一九一三）の『生《な》さぬなか』（全四巻、金尾文淵堂）というベストセラーがあり第四章で後述する。

島崎藤村は詩人として文学者の歩みをはじめており、その叙情詩は近代詩を確立するものと評された。明治三〇年（一八九七）の詩歌・美文ブーム（後述）のなか、広く読者の支持を得るようになる。第一詩集『若菜集』（明治三〇年）、続く詩文集『一葉舟』（明治三一年）、詩集『夏草』（同）、詩集『落梅集』（明治三四年）とすべて春陽堂の刊行であり、浪曼的作風とともに美術的な装幀も相まってとりわけ青年読者の心をすっかり捉えた。

明治三七年の『藤村詩集』は、散文を割愛したうえでこれら四書を合本とした出版物である。藤村自身によれば、この合本詩集は〈毎年二万ぐらい売れた〉という。のち大正二年、フランスに旅立つ藤村は、費用の捻出のためこの本の版権を五〇円で春陽堂に売り渡した。[*60]

ところで、『藤村詩集』の二年あとにあたる明治三九年、自然主義文学の幕開けを告げる『破戒』が刊行されたが、こちらは自費出版となっている。藤村の作品が、いくらジャンルが違うとはいえ、ベストセラーを出して間もない頃に、自費で、しかも借金をしてまでの刊行しかなかったのか、いささか首をかしげる。ただこれは、発売を有力取次の上田屋がおこなった。上田屋は、自分のところの出版書のつもりで、一生懸命売らせてもらうと請け負ってくれた。[*61] すなわち藤村は、新しい文学なのだから新機軸を出そうとして、独力出版に挑戦したのだ。実際、手を挙げる版元もあったのは、大阪の金尾文淵堂（後述）の主人金尾種次郎が藤村を訪ねてきて、一手出版をやらせてほしいと頼み込んだという話からも判る。藤村はその日は聞くだけにとどめたが、後日文淵堂の話を断った。

かくして緑蔭叢書第一篇として自費刊行された『破戒』は、幸いにも好評となり、多くの版を重ねた。文学愛好家を中心に長く読者に恵まれて、結果として「売れた本」の一つになったのである。なお藤村は続く『春』『家』も緑蔭叢書として同じように刊行する。第四作『微風』からは新潮社刊となるが、自費出版の三冊を含めて、のち藤村は緑蔭叢書の権利を新潮社に二〇〇〇円で売り渡した。フランスへの外遊費用に充てるためである。[*62] 二〇〇〇円というのは当時、相当な額で、自費出版といっても出版物の商業的価値は高かったことがここでも判る。

『魔風恋風』は三冊本の長編小説で、読売新聞連載ののち書籍化された。女学生初野と東大法科学生東吾の恋愛模様を、子爵の令嬢芳江をからめて描いた内容だが、人気となったのは女学生群が出てくるところと、ニーチェ主義の生き方がストーリーのなかに織り交ぜられた点である。どちらも当時の社会で広く話題となっていた。同書は男女の新しい風俗を描く恋愛小説にして、ヒロインの急死という悲恋の要素も併せて、青年層に広く受け入れられた。

連載の好評から読売新聞は部数が五〇〇〇部伸び、読売は記念に「五千会」なる祝賀宴会を開いた。するとライバル紙の成功が面白くない萬朝報が、社説で「社会風教の点で問題だ」とこの小説を非難する事件まで起きたが[*63]、「悪名は無名にまさる」というがごとく、それも一つの話題性をつくる結果となる。春陽堂で本が出ると好評のうちに迎えられ、新派での上演、流行歌の登場と、まさにメディアミックス現象も起きて『魔風恋風』はベストセラーへ駆けのぼった。

斎藤緑雨の門下生で、尾崎紅葉とも親交があった天外は、フランス自然主義の影響を受けゾライズムを標榜した作家だったが、『魔風恋風』の商業的成功で人気作家の仲間入りを果たす。読売新聞紙上では天外の連載がその後も二作品あり、人気は明治四二年頃まで続いている[*64]。

春陽堂の四作②——風葉と鏡花

天外のあとを受けたベストセラーは小栗風葉の『青春』である。やはり読売新聞の連載（明治三八年三月五日から三九年一一月一二日）で、連載中も含め春の巻・夏の巻・秋の巻と、次々に書籍化されていった（三冊本である）。この作品も同時代風の男女学生が登場し、その恋愛と破局が描かれ話題となる。風葉は前述したように紅葉門下の俊英といわれ、作家としてすでに一定の地位を築いていたが、ツルゲーネフの『ルージン』を参照しながら『青春』を書いたといわれる。大衆的な人気とともに、『早稲田文学』で好意的に取りあげられるなど文学界の評価も受けた。

なお、小栗風葉は以後、『恋ざめ』（明治四一年、新潮社）をスマッシュヒットさせるが、不倫の恋を描いたこの作品は、風俗壊乱を招くとされ発禁になってしまう。むしろベストセラー史に特筆すべき風葉作品としては、明治四二年（一九〇九）の『金色夜叉終篇』を挙げねばならない。新潮社の本だが、風葉繋がりで触れておこう。

佐藤義亮は自伝「出版おもいで話」（昭和一一年）で、〈初期の新潮社が出した小説中、その暴風的な売行で世間を驚かしたものは、小栗風葉氏の『終篇金色夜叉』であった〉と述べている。[*65] 佐藤はかねがね紅葉の『金色夜叉』が未完で終わっているのを惜しみ、〈これを風葉氏あたりに書いて貰ったら面白かろう〉と思っていた。[*66] その後、佐藤のこうした希望を知った真山青果の口添えで、前金を渡したうえで、風葉に書く約束をさせた。

彼が執筆に専念しはじめたのは明治四一年の初秋頃だったが、遅筆の風葉ゆえなかなか捗《はかど》らない。佐藤や新潮社の人間が毎日のように催促に出かけ、二枚、三枚ともらうのを繰り返し、とうとう脱稿まで書き通させた。〈出来たものは紅葉山人そっくりの絢爛《けんらん》たる名文、苦心の甲斐あったと社中みな大喜びだった〉という。[*67]

明治四二年四月に刊行されると、『金色夜叉終篇』はたいへんな評判で、続けざまに増刷となる。〈三百部や五百部は一日で無くなって、品切の日が多かった。供給不足のため、本屋の使いが毎日社の玄関に頑張って、或る雨の降る日、使《つかい》同士が本の奪い合《あい》から、春の泥濘《ぬかるみ》の中で組み打ちを始めた〉という事態さえ起きた。[*68]

さて、春陽堂の文芸書ベストセラーに戻るが、『青春』に続く作は、泉鏡花『婦系図《おんなけいず》』である。明治四〇年一月から四月にかけて「やまと新聞」で連載され、好評のうちに明治四一年二月と六月、二冊本として刊行される。悲恋物語のなかに芸妓の世界を美化して描いた鏡花らしい作として、本の評判も上々だった。

刊行の年の九月、さっそく劇化されて新富座初演。脚色は柳川春葉である。新派悲劇の狂言として当たり舞台となり、原作である『婦系図』の読者をさらに増やした。『本の百年史』は『婦系図』について、〈鏡花の作品では、最も洛陽の紙価をたかめたものである〉と記している。[*69]

「蒲団」が招いた著作権問題

大反響を巻き起こした文芸書で、春陽堂が関わりひと悶着のあったものがあり、ここで付言しておきたい。田山花袋の『蒲団』である。花袋は博文館に一三年三か月、大正元年一二月まで勤め、前述した『田舎教師』をはじめ自然主義文学は勤務中の著作だった。後代、文学史上の画期的作品と評される「蒲団」もその一つで、博文館勤務中にライバル春陽堂の『新小説』に発表（明治四〇年）するのだから、万事のんびりしていた時代だったのだろう。

「蒲団」は発表まもなく賞賛と罵倒に包まれたが、話題になったことは確かである。それゆえに一つの事件が起きた。花袋は明治四一年、「蒲団」を中短編集『花袋集』へ収録することで書籍化した。版元は易風《えきふう》社である。雑誌発表時の話題化に違わず、本はベストセラーになった。春陽堂は版権侵害であると告訴した。[*70]売れるはずの作品が他社で単行本化されたわけで、版元は雑誌掲載時に相当の原稿料を払っているのだから、書籍を出す権利はわが社にある、というわけである。

著作権と出版権の対立という古くて新しい問題だが、当時は条文化がなく、慣例では、原稿料と引き換えに出版の権利は版元が持つというところだった（実態は曖昧だったが）。春陽堂も訴えは当然と考えていたはずだ。

『花袋集』を刊行した易風社は西本翠蔭《すいいん》が明治四〇年（一九〇七）に興した。翠蔭は岡山出身で早稲田の英文科で学んだあと、出版界へ入る。岡麓《おかふもと》（のちアララギ派歌人）の彩雲閣創立に参加し、水谷不倒《ふとう》（のち国文学者、近世文学研究）、土肥春曙《しゅんしょ》（のち新劇俳優）らとともに雑誌『趣味』を創刊する。翠蔭はそこに自ら「沙翁の面影」「沙翁と貴族」などを発表した。明治四〇年に『趣味』の権利を譲り受けて独立し、易風社を立ち上げる。[*71]

翠蔭は新しい文学の推進をめざす新進編集者であった。早稲田英文科で吉江孤雁《こがん》（のち詩人、フランス文学者。早稲田大学教授）と同窓だったが、孤雁は国木田独歩の『新古文林』で編集者をしていたことがあり、翠蔭と独歩との縁もそこから来たのかもしれない。易風社は『趣味』で独歩追悼号（明治四一年八月一日号）を刊行している。親しかった者の追悼文と独歩の小説一六篇を収録した拡大版である。

翠葰はまた二葉亭四迷と親交しており、翻訳や随筆を『趣味』に載せている。蒲原有明、徳田秋聲、正宗白鳥らとも親交があった。文学者に人脈を築いていたわけで、田山花袋もその一人となる。意欲と使命感を持った若き編集者がリスク覚悟で立ち上げたばかりの新興出版社に、作家たちが損得抜きで協力する姿は時代を超えて再々見られ、易風社の初発は明治末におけるその好例だった。新しい文学を推進していこうとする二〇歳代の西本翠葰は、明治の大家中堅たちに信頼されたのだ。

大評判となった「蒲団」を収めた『花袋集』が、一次掲載先の大手春陽堂でも、勤務先のやはり大手博文館でもなく、新興の易風社で刊行された事情には、上記背景があったように思われる。さて、訴訟騒ぎはどうなったか。春陽堂の訴えはしりぞけられ、花袋は結局、不起訴となった。雑誌への寄稿は、その作品掲載を承諾しただけであり、原稿料はその範囲での対価である。著作権を譲渡したものではなく、春陽堂は将来にわたって作品を拘束できない、という判断だった。[*72]「蒲団」事件は著作権の確立に大きな成果をもたらした。

ベストセラーは版元にたいへんな利益をもたらす。そうなると作者の著作権と鋭く対立する場面もありうるようになる。売れ行きのよい作品について、「ウチで再刊しませんか」と別の版元が作者に働きかける例は、表沙汰にならないのを含めると相当にあると考えてよい。著者と版元、著者と編集者の関係は不変のものではない（不変の親交が続く場合ももちろんあるが）。作品刊行の権利は著者にありと示した著作権の判断は、その後のベストセラー物語に何らかの「陰影」を刻むことになったのは確かである。

詩歌・美文ブームと『一年有半』

春陽堂の話が続いたので、今度はライバル博文館のほうを見ていくことにしよう。

明治期、博文館もベストセラーを数多く出しているが、これまで挙がらなかった同社の本として、『花紅葉』（明治二九年）、『天地有情』（明治三二年）、『一年有半』（明治三四年）、『樗牛文篇・文は人なり』（明治四五年）の四作があり言及しておきたい。

『花紅葉《はなもみじ》』は詩人・評論家の大町桂月、詩人・国文学者の塩井雨江《うこう》、歌人・国文学者の武島羽衣《はごろも》の共著による詞華集《しいか》（美しい詩文を集めた書物）である。明治の三〇年代、とりわけ前半を中心に、詩歌や美文を読むのが青年の間で流行する。前述した藤村の詩集もこの時期の人気作であり、後述する与謝野鉄幹の二冊の詩歌集も同様といえる。

与謝野の二冊とともに、「ブーム」の先駆をなした書物こそ『花紅葉』だった。詩歌のほか紀行、随想を一冊のうちに集め、コンパクトな「美文韻文」の本として青年層を中心に急速に読者を広げていく。この本はサイズも特徴的で、当時「袖珍本《しゅうちんぼん》」と称された。着物の袖の中に入る本という意味で、今日の文庫版に近いポケットサイズである。持ち歩きやすい軽装の小型本という点でもこの本の普及は早く、明治年間に五〇版近くへと達した。[*73]

『天地有情』も詩歌・美文ブームのなかにあらわれた人気作。著者は土井晩翠《ばんすい》で、当時、島崎藤村と並ぶ人気詩人であり、藤晩二家という言葉さえ生まれていた。その晩翠の第一詩集が『天地有情』である。『藤村詩集』には及ばないものの、明治年間に〈数十版を算えて〉おり、この詩集も当時のベストセラーと称して間違いない。[*74]

『一年有半』は、福澤諭吉とともに明治の思想界に光芒を放つ中江兆民《ちょうみん》の最終期の作として、また幸徳秋水が編集をつとめた本としてあまりにも有名である。喉頭癌により余命一年半の宣告を受けた兆民が、まさにその事実を表題としながら、最後の力をふりしぼって明治日本に対する文明批判を繰り広げた本で、「生前の遺稿」という打ち出しも話題となって発売直後から異例の売上げとなった。〈非常に売れた〉と社史にある。[*75]

この成果をふまえ、博文館は兆民に続作執筆を求めた。兆民は病軀を推して上京し、筆を執った。かくして、『一年有半』の刊行（九月三日）まもない同年一〇月一五日、『続一年有半』が急遽出版された。正篇のたいへんな勢いを受け、『続一年有半』もたちまち十数版へと至っている。[*76]

『樗牛文篇・文は人なり』は表題の通り、明治三五年に没した高山樗牛の遺文集で、姉崎 嘲風《ちょうふう》が編んでいる。嘲風は号で宗教学者にして東大に宗教学講座をひらいた姉崎正治《まさはる》のこと。高山樗牛は『滝口入道』でデビューしたあと、短い生涯のうちに日本主義、ニーチェの賛美を経て晩年は日蓮に傾倒するというめまぐるしい思想遍歴を経た。

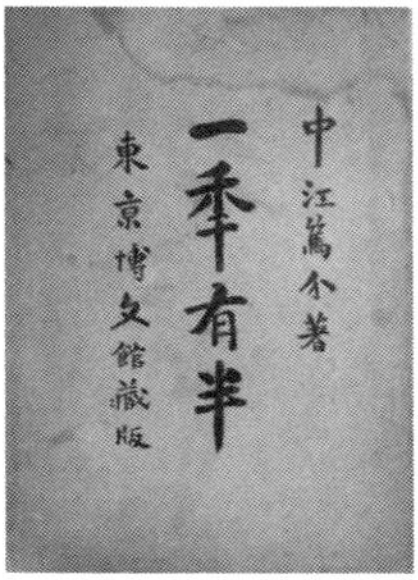

中江兆民『一年有半』

その樗牛が書いたものを、彼と親交を結んでいた姉崎が整理紹介したのが『文は人なり』である。扉や表紙の文字は日蓮主義者の田中智学で、この本が評判になったのも、大正期の日蓮ブームがひと役買ったといえよう。刊行ちょうど一年後にあたる大正二年（一九一三）の一月に早くも二〇版となり、大正七年一二月には三一版へ達している。

(1)前掲『日本出版販売史』三〇頁。
(2)前掲『本の百年史』四六頁。
(3)前掲『日本出版販売史』三四頁。
(4)前掲『本の百年史』四七頁。
(5)同上書、四七〜四八頁。
(6)同上書、四九頁。
(7)前掲『日本近代小説史』五九頁。
(8)前掲『本の百年史』四九頁。
(9)同上書、六六頁。
(10)明治書院『明治書院百年史』明治書院、一九九七年、八二頁。
(11)前掲『本の百年史』五〇〜五一頁。
(12)大室幹雄『志賀重昂『日本風景論』精読』岩波書店(岩波現代文庫)、二〇〇三年、二三〜二四頁。
(13)同上書、四一、二六三〜二六四頁。
(14)同上書、一九頁。
(15)小島烏水「日本アルプス早期登山時代」。『アルピニストの手記』平凡社(平凡社ライブラリー)、一九九六年収録、同書一〇頁。
(16)大橋信夫編『東京堂百二十年史』二〇一〇年、九一頁。
(17)前掲『春陽堂物語』五八頁。
(18)同上書、七七頁。
(19)前掲『本の百年史』六九頁。
(20)前田愛・野口碩校注『全集樋口一葉③ 日記編』復刻版、小学館、一九九六年、二九〇頁。
(21)前掲『春陽堂物語』九八頁。
(22)前掲『本の百年史』八五頁。
(23)同上書、七一頁。

(24) 宮武外骨編『日本擬人名辞書』成光館、一九三〇年、五七頁。
(25) 前掲『日本出版販売史』一〇二頁。
(26) 前掲『本の百年史』九二頁。
(27) 同上書、九一～九二頁。
(28) 同上書、九二頁。
(29)『家なき児 前編』春陽堂、一九一二年、巻頭序言。
(30)『読売新聞』二〇一八年六月三日神奈川版、鈴木英二「美食の道極めた人気作家」。
(31) 前掲『本の百年史』七一～七二頁。
(32) 同上書、七一頁。
(33) 前掲「美食の道極めた人気作家」。
(34) 鈴木省三『日本の出版界を築いた人びと』柏書房、一九八五年、一七六頁。
(35) 同上書、一七一、一七八頁。
(36) 前掲「美食の道極めた人気作家」。
(37) 前掲『大橋新太郎伝』五八～五九頁。
(38) 同上書、六〇頁。
(39) 岩見照代・北田幸恵・関礼子・高田知波・山田有策『樋口一葉事典』おうふう、一九九六年、一五二頁。
(40) 前掲『大橋新太郎伝』六〇頁。
(41) 西川祐子『私語り 樋口一葉』岩波書店（岩波現代文庫）、二〇一一年、一八七頁。
(42) 前掲『全集樋口一葉③ 日記編』二六二～二六三頁。
(43) 同上書、三〇七～三〇八頁。
(44) 前掲『本の百年史』七七頁。
(45) 前掲『樋口一葉事典』一五二頁。
(46) 前掲『本の百年史』七六頁。
(47) 前掲『大橋新太郎伝』六〇頁。
(48) 前掲『本の百年史』六一頁。
(49) 堀啓子「黒岩涙香――ジャーナリスト、小説家、そして『萬朝報』」。飯塚浩一、堀啓子、辻原登、尾崎真理子、山城むつみ『新聞小説の魅力』東海大学出版会（東海大学文学部叢書）、二〇一二年収録。同書四四頁。

(50)伊藤秀雄『黒岩涙香』三一書房、一九八八年、二〇八、二一〇頁。
(51)同上書、二一五頁。
(52)同上書、二二五〜二二六頁。
(53)同上書、二三〇頁。
(54)前掲『東京堂百二十年史』五八頁。
(55)同上書、一〇八頁。
(56)同上書、同頁。
(57)前掲『明治少年文學集』(明治文學全集九五)三一二頁。
(58)同上書、福田清人「解題」、四六五頁。
(59)大町桂月「酒に死せる押川春浪」(『十人十色名物男』実業之日本社、一九一六年収録)。前掲『明治少年文學集』収録。同書、四四八頁。
(60)前掲『春陽堂物語』二三九頁。
(61)同上書、二四四〜二四五頁。
(62)同上書、二四八頁。
(63)前掲『本の百年史』八六頁。
(64)同上書、八六〜八七頁。
(65)佐藤義亮「出版おもいで話」。佐藤義亮・野間清治・岩波茂雄『出版巨人創業物語』書肆心水、二〇〇五年収録。同書、五九頁。
(66)同上自伝、収録書、同頁。
(67)同上自伝、収録書、六一頁。
(68)同上自伝、収録書、六一〜六二頁。
(69)前掲『本の百年史』八九頁。
(70)前掲『春陽堂物語』二三七頁。
(71)稲岡勝 監修『出版文化人物事典——江戸から近現代・出版人一六〇〇人』日外アソシエーツ、二〇一三年、二九九頁。
(72)前掲『春陽堂物語』二三八頁。
(73)前掲『本の百年史』一一四〜一一五頁。
(74)同上書、一一四頁。

(75) 前掲『博文館五十年史』一五一頁。
(76) 同上書、同頁。

第三章

個性的な版元と話題作――明治期③

国語辞書『言海』

刊行全図書を配列し併せて自社と出版界の動向を列記した『岩波書店百年』（二〇一七年）は、大正二年（一九一三）一二月の記述で、〈このころまでに一〇〇版以上重版の書籍五点〉を挙げている。[*1] 明治期のベストセラー・ファイブだともいえようが、徳冨蘆花の『不如帰』『自然と人生』、水野広徳『此一戦』、櫻井忠温『肉弾』、そして大槻文彦『言海』がそれである。前四者は本章でのちに扱う。ここでまず『言海』を取りあげることで章のはじまりとしよう。

近代的な普通語辞書をつくる動きは、明治維新からまもない時期に開始された。明治八年（一八七五）、文部省の命により大槻文彦が起筆したのが嚆矢《こうし》となる。大槻は江戸期の儒者大槻磐渓《ばんけい》の子で開成所、大学南校に学ぶ。明治五年に文部省入省、旧幕府側の人間だったが、江戸時代以来の和学と西洋文化の知識を併せ持つ人材として期待され、辞書づくりの大役を任じられた。大槻はウェブスターのオクタボ版に構成を倣《なら》いながら、一〇年近くにわたる労苦の末、脱稿に至る。収録は上代より近代まで約三万九〇〇〇語に及び、まさに「言葉の海」である。大槻はこれを五〇音順に配列、漢字表記・品詞・語釈などを付し、また用例を載せた。わが国の近代的国語辞書の範として後年まで甚大な影響を与えており、その意味で途轍もない仕事だといえるが、書籍化されると信頼できる基礎文献としてロングセラーとなった。初刊は明治二二〜二四年の四冊本である。

明治三七年二月、この辞書の縮刷本が吉川弘文館より刊行された。吉川弘文館は安政四年に設立された江戸時代以来の出版社で、明治初期は宮内省御用書肆として『萬葉集古義』などを刊行していた。当時より日本史関連を中心に学術書の版元として名が通っていた同社は、多くの手に取りやすい一冊本で『言海』を刊行する。

これが『言海』の普及をさらに進めた。国会図書館の蔵書によれば、同書は明治四〇年三月一五日に一六〇版へと達している。定価はこの版で一円五〇銭であって、広く普及するためにも適切な値付けだった。なお、『吾輩ハ猫デアル』合本縮刷版（明治四四年、大倉書店）は一円三〇銭である。*2

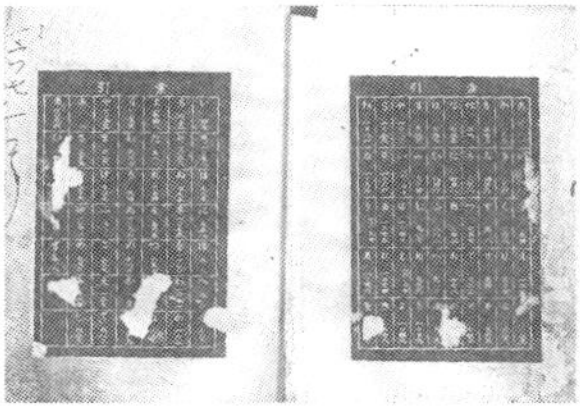
大槻文彦『言海』

夏目漱石『吾輩ハ猫デアル』縮刷版

明治四〇年の一六〇版本奥付には、発売者として三木佐助の名もある。大阪の開成館社主で代々の名義である三木佐助の四代目にあたり、本章にてのち登場する。三木は国定教科書の制作とともに、それを発行担当する大阪書籍株式会社の創設に尽力した（初代社長）。東の東京書籍に対して西の拠点をつくったわけで、[*3]西日本への頒布を担うことで『言海』の全国的な普及を目指した措置だろう。普遍的な書物といえる辞書の発売者として、ふさわしい出版人をあてたといえる。

『岩波書店百年』は、大正二年一二月段階で、『言海』は三七四版へと版を重ねたと記している。他の四書は同時点で『不如帰』一四〇版、『自然と人生』一四〇版、『此一戦』一一七版、『肉弾』一一六版である。[*4]内容や性格はもちろん、読者対象が異なるし、重版ロットや刊行時期も違うので（『言海』は刊行順で五書の中央）、単純な比較はできにくいだろうが、『言海』は二位以下をダブルスコア・トリプルスコアで離しており、売れ方の底力は明治期の本のなかで圧倒的だといえよう。

『言海』は大槻文彦のもとで増補改訂が企図され、明治四五年春には事業が動き出した。やはり長年に及ぶ過酷な作業となり、大槻逝去という難局もあったが、それらを越えて昭和七年（一九三二）に至り、ついに『大言海』全四巻（冨山房）として刊行がはじまった。こちらもまたベストセラー史に登場する本であり、後述する。

与謝野寛・晶子

第二章末で明治三〇年代の詩歌・美文ブームについて扱ったが、そのはじまりの時期、歌集のベストセラーが世に二冊あらわれた。『東西南北』（明治二九年）と『天地玄黄』（明治三〇年）である。ともに歌人与謝野鉄幹の作で、明治書院の刊行だった。版元の明治書院は明治二九年に三樹一平によって創業された。
三樹は神奈川県津久井の生まれで、横浜師範学校を出て教育行政にたずさわったのち、出版を志して上京、小学校用の教科書出版をおこなっていた文学社で修業したのち独立した。[*5]
創立のさい落合直文門下の与謝野寛（鉄幹）を編集長に迎えている。三樹と与謝野は事務所で起居を共にしながら創業時の業務にあたったのだ。[*6]国語と漢文の教科書づくりを中心とするなかで、編集長与謝野の第一詩歌集『東西南北』も刊行に至る。世評は高かったと伝えられ、[*7]続く詩歌集の『天地玄黄』も好評をもって迎えられた。再版本から批評集を五〇頁余り載せていることからも、反響の大きさがわかる。[*8]とりわけ青年層に広く迎えられたのは、詩歌・美文ブームで前述した書籍と同様であった。
『東西南北』の奥付を見ると、編集人名が記され「浅香社」となっている。浅香社は落合直文を主宰者とする短歌結社で、古習の打破と個性尊重を唱えて近代短歌の源流をなしたことで知られている。メンバーには与謝野鉄幹のほか、前述の大町桂月もいた。
二つの詩歌集のヒットは、詩歌雑誌『明星』創刊（明治三三年四月）へと結びつくが、明治書院はこの雑誌の発売を手伝っている。なお文芸雑誌『新声』を興し、のち新潮社を創業する佐藤義亮は、明治書院に勤務していたことがある。校正係をしていた秀英舎（現在の大日本印刷）をやめて、自ら雑誌経営をはじめるまでの四か月間ではあったが。[*9]
明治三〇年代前半には、与謝野寛の妻・与謝野晶子の本も好評を得た。『明星』に発表した短歌を中心に三九九首を収めた第一歌集『みだれ髪』（明治三四年）がそれである。版元は鉄幹を主宰として創設された東京新詩社で、同社の機関誌にあたるのが『明星』だった。

『みだれ髪』は特徴的な縦長判で、藤島武二の浪曼的な装幀挿画も話題になった。この新詩社版はわずかな重版だったというが、のち版元が杉本書店、金尾文淵堂へと移って行くに伴い、合計の販売数は着実に伸びた。〈その後の短歌集を集めた重版を数えれば、ベスト・セラーに算えられよう〉と『本の百年史』は記している。*10

短歌集のベストセラーには大正期の石川啄木『啄木歌集』があり、戦後に俵万智のミリオンセラー『サラダ記念日』（現代篇第五章参照）が挙げられ他にも時折登場するが、『みだれ髪』こそ、これらの先頭となった長期人気作《ロングヒット》だといえよう。

キリスト教系出版社のベストセラー

詩歌・美文ブームのなかで、さらに一冊、異色のベストセラーを挙げておきたい。内村鑑三の『愛吟』（明治三〇年）である。書中には一部創作も含まれるが、英詩対訳本という内容が他の作と異なる。海外の詩はホイットマンやカーライル、ゲーテなどが選ばれ、内村の訳業も熱情を持った名調子で、当時の浪曼的な読者の気分とよく合い、青年層に広く読まれ愛唱されるヒット作になった。

内村は独自の無教会主義キリスト教を創始した伝道者として知られるが、膨大な著書を著し、キリスト教関係者にとどまらず明治の思想界全体に大きな影響を及ぼした。

『愛吟』の版元は警醒社。日本近代初期のキリスト教関係出版社は、明治一〇年代、銀座通りに存在した三社に代表される。現在も四丁目にある教文館、そこからやや北に寄った三丁目の十字屋、そして新橋近くにあった警醒社である。

このうち最も早く出来たのは明治七〜八年頃にはじまる十字屋だった。アメリカから洋書を取寄せ、販売する一方、『解略新約聖書巻之一馬太伝』（加藤九郎訳、明治八年、漢訳を参照した英訳からの重訳）、ジョン・バニヤン『天路歴程』（意訳、佐藤喜峰編輯、明治一二年）など、キリスト教関係書の翻訳刊行をおこなった。[*11] 最古参のキリスト教系出版社だが、廃業の時期や経緯は明らかではない。

教文館は明治一八年九月、日本宣教のためアメリカから派遣されたメソジスト教会の宣教師を中心に、日本人牧師も関わって、伝道用書籍の販売と出版活動をする拠点として創業された。銀座に書店を開いたのは明治二四年である。最初の出版代理人は宣教師L・W・スクワイアであった。出版物には田中達訳『メソヂスト史』などがあり、後述の左久良書房の項で登場する柴田流星も、この教文館で明治期、『お伽草紙』を出版している。

さて本題の警醒社だが、キリスト教、とりわけプロテスタント思想を紹介・普及する版元として、明治一六年八月に創業された。創業者は小崎弘道、植村正久、湯浅治郎らである。小崎は同志社神学科を卒業した牧師で、植村も牧師である。湯浅は安中の商家の出身で新島襄から受洗、同志社創立に財政的援助をした。なお湯浅は徳富蘇峰、蘆花兄弟の義兄であり民友社の設立にも参画している。小崎はのち同志社校長、霊南坂教会牧師、基督《キリスト》教新聞発行兼編集者をつとめ、植村はのち東京神学社創立、『福音新報』刊行者となっている。湯浅は政治家となり群馬県会議長、衆議院議員を歴任、廃娼運動で名高い。

創立された警醒社は湯浅が経営にあたった。横井時雄訳の福音書のほか、植村の『真理一斑』、小崎の『政教新論』も刊行物のなかにある。しかし湯浅時代は五年程度で終わり、明治二一〜二二年頃より福永文之助が経営を譲り受けた。福永は和歌山出身で、キリスト教関係書籍の出版・販売をおこなう福音舎に入り、松山高吉（神戸教会牧師、のち同志社社長など）から受洗している。福音舎の書籍販売で手腕を発揮し、明治二一年、福音舎の支店づくりのために上京、合併するかたちで経営不振に陥った警醒社を継承する。福永時代の最初の出版は松村介石の『立志之礎』（明治二二年）で、好評を得て版を重ねることになった。この初期成功もあって経営は軌道に乗り、福永時代の警醒社は五〇年近く続いた。[*12]『愛吟』の刊行は福永時代である。

内村鑑三は、警醒社の恩人のような存在として松村介石、植村正久とともに「三村」と呼ばれていた。有力筆者として同社と関連が深かったのである。明治二六年にその内村の『基督信徒の慰《なぐさめ》』と『求安録』が、明治二八年には代表作『余は如何にして基督信徒となりし乎』の原文**How I became a Christian**が、それぞれ警醒社から刊行されている。もう一つの有名な英文著書**Representative Men of Japan**も警醒社が刊行元だった（明治四一年。『代表的日本人』の原文。なおこの著は**Japan and the Japanese**—明治二七年、民友社刊—の改版にあたる）。

警醒社の刊行物は九割がキリスト教系の本であったが、[*13]他に文芸書なども出されていて、そのなかにベストセラーとなった『寄生木《やどりぎ》』がある。この作品については、蘆花を扱う別項で取りあげる。

大阪発のベストセラー

出版は集約的な産業といわれ、印刷や取次、下請けを含めて小さいエリアに会社が集まる傾向がある。現代でも東京の神田神保町をはじめ一ツ橋、音羽、神楽坂などがその地として知られ、それらを含んだ千代田区・文京区・新宿区は「出版村」を形成しているかのごとくである。

近代のはじまりでも状況は同じだった。明治期は東京の日本橋と京橋、その周辺で神田などを含めた一帯が集約エリアとなる。なかでも日本橋は「出版村」の名がふさわしく、博文館、春陽堂の大手二社をはじめ有力出版社が集い、群星の地と化していた。横丁に出来た小さな版元が大ヒットを打って表通りに社屋を構えるようになり、盛大をきわめた古い版元が影もかたちもなくなっていく。小さいエリアでこうした興亡起伏がめまぐるしく展開されるのが出版の世界といえ、「出版村」はそうしたドラマの舞台だった。

それでは明治期、東京(の小エリア)ばかりが有力版元の拠点かというと、必ずしもそうではない。大阪の心斎橋筋もまた、一つの「出版区」を形成しており、ベストセラーがそこからも登場している。

青木嵩山堂《すうざんどう》は大阪心斎橋筋北詰に本店を持ち、明治一三年から大正七年まで存在した。旅行案内書で地歩を築き、やがて文芸書へ進出して、明治の後半にはそのジャンルで春陽堂、博文館と競い合う有力版元となっている。心斎橋筋北詰は江戸時代から書肆の町として有名であり、明治初期において出版社は四〇を数えた。[*14] その地を代表する出版社の一つが嵩山堂なのである。

創始者は青木恒三郎《つねさぶろう》。大阪の町医者・薬局経営者上田文斎の三男として生まれた。上田家は代々漢方医である。恒三郎は中川書店に見習いで入って修業し、一五歳で独立して青木嵩山堂を興した。[*15]

嵩山堂の本で最初にベストセラー史に登場するのは、村上浪六の『当世五人男』（明治二九〜三〇年）である。浪六は前述した春陽堂の『三日月』（明治二四年）のベストセラーを振り出しに、粋な男伊達を登場させる大衆作家として息長い活動を続けた。

興味を引くのは、「本を出すときは春陽堂」だったはずの浪六が、なぜ主要版元を嵩山堂へ転じたのかである。背景としては、春陽堂の原稿を嵩山堂に二重売りしたことで、浪六と春陽堂との関係が悪化した一件があったという。[*16] 浪六の金銭面での無軌道ぶりが引き起こした事件だといえよう。魅力的なベストセラーを成す作者に常識外れの人物は少なくないが（常識的な人物ももちろんいる）、村上浪六は紛《まご》うことなきその一人である。自らの描く撥鬢小説の主人公（江戸時代の町奴《まちやつこ》）の無頼が、作者に乗り移ってきたのか。そういった奇妙な同調現象も文学者に珍しくはないのだ。

浪六の小説がベストセラーとなった理由について、息子の村上信彦は、〈現実につきまとう細かな障害や問題を、思い切りよく切り捨てている〉点を指摘している。[*17] しかも浪六小説に登場する町奴には、機略で事態を乗り越えようとする度胸もある。いつの時代においても庶民層は、やんちゃで自分に正直で、痛快無比なヒーローに己の願望を託してきた。そこに応える一冊が大人気を博するのは、ベストセラー物語の「定番」といってよいのかもしれない。

さて、春陽堂とのトラブルのあとしばらく、嵩山堂が浪六作品を中心的に引き受けることになった。『当世五人男』の刊行はこうした時期の出版物である。嵩山堂は放縦な浪六を手なずけ、うまく付き合ったようで、明治二七年から四三年までの明治後半期、浪六ものを四七点も出している。[*18]

嵩山堂が世に送った本のうちで、部数的に大きな成果を得た点で特筆すべきもう一作は、幸田露伴の『五重塔・血紅星《けつこうせい》』である。「五重塔」は明治二四年一一月から二五年三月にかけて新聞『国会』に連載された。近代文学史上も重要なこの作品は、連載当初から好評であり、書籍化の話は嵩山堂との間ですぐまとまった。露伴を自社文芸出版の柱にしようと、青木恒三郎が時間を掛けて付き合ってきたのが実を結んだ。この本は最初、明治二五年に『小説尾花集』として刊行される。「五重塔」だけでは分量が少ないので、「血紅星」をカップリング収録し、全体を尾花集とした。

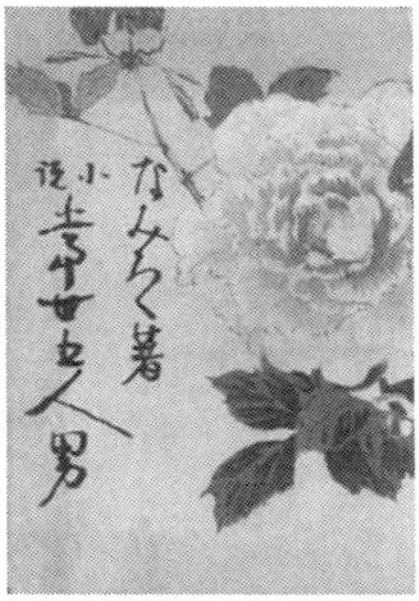

村上浪六『当世五人男』

さて、塩谷賛《さん》の『幸田露伴』によれば、『小説尾花集』を出版するとき、露伴は自身はじめて、出版社との間で印税契約を結んでいる。洋行帰りの末広鉄腸から海外の様子を聞いて、印税のほうが得であると考えて、これをおこなったという。日本で印税契約がはじめておこなわれたのは、鈴木徹造『出版界３６５日小事典――明治から平成まで』によれば明治一九年である。それを考えると、このときの露伴と嵩山堂はかなり早い対応といえよう。[*19]

当時としては先進的な印税契約が原因の一つを成したのかは不明だが、この本は一〇年で九版を重ねたものの、出版事業としては芳しいものではなかったようである。売れなくて損をしたと訴えてきた嵩山堂を気の毒がり、露伴は嵩山堂へ版権を無償で譲ってしまう。このあたりは背後に何があったのか、いまとなっては判らない。ただ版権を譲り受けた嵩山堂は、判型を変え、題名も『五重塔・血紅星』として明治三六年に再刊した。

再登場であるにもかかわらず、こちらは十数版を重ねる好成績を得た。[*20] やはり素直に「五重塔」をタイトルに入れ、表に出したのがよかったと思われる。ベストセラー史のなかで、タイトルの工夫が成因をなしたといわれる例がいくつか見出せる。昭和はじめの『西部戦線異状なし』(中央公論社)、二一世紀の『さおだけ屋はなぜ潰れないのか?』(光文社新書)がその代表で、ほかにも大小の例は挙げられる。タイトルの魅力はベストセラーを論じるうえで欠かせない観点であり、本書および別巻現代篇でものちに何度か言及していくことになろう。

明治期、大阪にあった出版社が出したヒット作として、少年向けの小型講談本「立川文庫」も忘れることはできない。読みはタツカワ、タチカワ、タテカワとルビも混在しており、無頓着だったことをうかがわせる。[*21] 刊行元の立川文明堂の創始者は立川熊次郎。こちらの読みは「たつかわ」である。姫路出身で、はじめ義兄の経営する出版社・岡本増進堂に入り、六年間修業をしたあと、明治三七年になって大阪で書籍商・立川文明堂を興し独立した。

当時、貸本屋があちこちに出来ており、そこでは講談本が主流の読み物であった。立川文明堂はこれに応じて講談本を卸し、また出版自体もおこなった。[*22] 立川文庫の主な執筆陣は講談師の二代目玉田玉秀斎とその家族たちである。玉秀斎は本名加藤万次郎〈ゆえに三〇頁のリストでは加藤玉秀となっている〉、京都の神職の息子だったが、それを嫌い大阪に出てはじめ錫《すず》職人となる。講談好きが高じてのち初代玉秀斎の門に入り二代目となった。なお、立川文庫にとって述者玉秀斎は名義人であって、実際、彼は作者群の一人というべき存在であった。[*23]

大阪発のベストセラーとしてはほかに、吉田奈良丸の浪曲義士伝『大和桜義士の面影』〈明治四三年〉がある。赤穂義士を題材にした物語〈講演の記録〉で、大淵駸々堂、此村欽英堂、岡本偉業館の三社共同出版。『日本出版販売史』は、〈折からの浪花節大流行の波にのって、桁はずれに売れた本だった〉と特記している。[*24]

また、教科書出版で知られる開成館も、大阪の出版界で主柱の一つであった。社主は代々三木佐助を名乗っている。東京に進出して子会社東京開成館を立ち上げ、そこで刊行された『地理教育　鉄道唱歌』〈大和田建樹　作歌、明治三三年〉は当時のベストセラーだったと『日本出版販売史』にある。[*25] 馴染みぶかい唱歌「汽笛一声新橋を……」が収録された三三頁の本である。

金尾文淵堂

明治のベストセラー書のなかで、中村春雨『無花果』〈明治三四年〉、大倉桃郎『琵琶歌』、綱島梁川『病間録』〈ともに明治三八年〉は金尾文淵堂より刊行された。金尾文淵堂も心斎橋筋の出である。

その地で江戸時代から続く仏教書書肆の家に生まれたのが、文淵堂の主人となる金尾種次郎《たねじろう》

中村春雨『無花果』

（明治一二年生）だった。種次郎は一六歳で家督を継ぎ書肆を率いると、明治三〇年代から文芸出版へ乗りだす。俳句などの文学を好んでいた種次郎の志向が、書肆の姿を変えていったのである。文学雑誌『ふた葉』が創刊されたのが明治三二年一月で、俳句青年が組織した「文淵会」を中心に編集はおこなわれた。[26]明治大正期を走り抜けた個性的な版元金尾文淵堂は、ここに本格的な歩みをはじめる。

金尾種次郎は家業のこともあって出版社経営は素人とはいえないが、〈本につける定価に比して造本にかける支出のほうがときに大きかった〉ようで、すなわち採算第一主義をとらなかったといわれる。[27]〈本の為めに産を興し、貴族院に納《おさま》った成金党も少くはないが、一方には本の為めに倒産破産の惨境に陥った者も相当に在る〉と斎藤昌三は述べているが、後者の代表を金尾種次郎に見ている。[28]

その金尾文淵堂は大阪時代、『無花果《いちじく》』という一つのヒット作を生んだ。著者中村春雨は本名吉蔵。郵便局に勤めながら小説を書いていたが、やがて上京し広津柳浪の門へ入る。大阪毎日新聞の懸賞に応募した小説「無花果」が一等当選となり新聞に連載されると（明治三四年三月二八日から六月一〇日まで）、家庭小説にして宗教小説、社会小説の面もあり、時代風潮をよく捉えていると好評を博する。連載後の七月、地元大阪の文淵堂によって書籍化刊行された。大きく十字架を配した印象的な装幀である。本は人気となって版を重ね、明治三九年六月には改版一〇版に至っている。[29]

春雨は種次郎と同年代だったこともあり、文淵堂とは親しい付合いを以後も続けた。クリスチャンだった彼は、小説のほかに、『新約物語』（明治三九年）、『旧約物語』（明治四〇年）を文淵堂で刊行している。春雨はのち劇作家に転じて、大正二年の芸術座（島村抱月・松井須磨子の新劇劇団）創立に参画、脚本部主任として活躍した。

さて、金尾文淵堂は雑誌『小天地』がふるわず、児玉花外『社会主義詩集』の発禁（明治三六年）なども重なって、経営が苦しくなった。これを打開するために、明治三七年末から三八年初め頃、大阪の書肆を売却して東京神田へ転進する（まもなく京橋に移る）。

東京に来てまもない文淵堂に一つのヒット作が生まれた。大倉桃郎《とうろう》の『琵琶歌』である。徴兵されていた桃郎（本名国松）は帰休中に書いた小説を大阪朝日新聞の懸賞に投稿、その後桃郎は日露戦争に歩兵伍長として出征する。「琵琶歌」はまさにその出征中に一等当選を果たしたのである。新聞社が作者に連絡を入れようとしたが消息不明とされた逸話もある。桃郎はちょうど旅順攻囲戦を戦っていたのだ。

「琵琶歌」は貴族の令嬢が登場し日露戦争が背景となった家庭小説で、当選は時宜性プラス新聞小説によく合う大衆性ゆえにであろう。明治三八年一月から五〇回にわたって連載され、同年四月二〇日、文淵堂から書籍化刊行される。鏑木清方の浪曼的な絵が印象深い表紙であった。『琵琶歌』はよく売れて、明治四三年九月には一一版へと至っている。不安定な東京時代初期の文淵堂を援けた作品といえよう。ただまもなく『琵琶歌』は『無花果』とともに梁江堂から出るようになっており、版権の譲渡が背景にあったと推測される。[30]繰り返される文淵堂の経営難と関係があるのかもしれない。

『琵琶歌』というヒット作の出た明治三八年、文淵堂からは、話題作となったもう一書『病間録』が刊行された（一〇月一日）。クリスチャン綱島梁川の評論・エッセイ集で、文学から思想まで幅広く扱っている。

梁川は本名栄一郎。坪内逍遙の指導を受けながら『早稲田文学』の編集を手伝っていたが、結核を発病し、病気と闘いながら評論に精進していくなかで宗教的体験もなされた。『病間録』収録の「余が見神の実験」はこれを正面から描いて、是非両論を巻き起こしている。ただそれも本への注目度を大きくしたようで、同書は発売まもなく三版まで達し、[31] さらに版を重ねて、再出発をしたばかりの文淵堂の基礎を固める一書となった。のちの版では批評集が数十頁付載されたというのも、当時の評判ぶりを証明している。[32]『病間録』は梁川闘病中（逝去二年前）の本ということで、著者の悲劇性が本への関心を高めたことは確かである。没後も遺作『寸光録』（明治四一年）などが次々と刊行された。

さて付記すれば、新聞小説の出版は文淵堂の柱事業の一つであり、前述した『無花果』『琵琶歌』もそのジャンルから生まれたが、文淵堂の新聞小説系筆者のなかには、すでに春陽堂のベストセラー作家として登場した菊池幽芳もいる。幽芳は『小天地』の賛助会員になっており、『妙な男』（前・後篇、明治三八年）、『百合子』（全三巻、大正二年）などの文淵堂刊行物がある。

さらに、ベストセラー史に登場する文淵堂の新聞小説としては、大阪毎日新聞連載の柳川春葉

『生さぬなか』が名高く、のちの大正期の章で言及する。

戦場の記録『肉弾』

ベストセラーは——とりわけ短期で生じたベストセラーは——通常の読書人から読者層を拡大したことで起こる。普段本を読まない層が読者に加わることで、一気に部数は伸長していくのである。時代のなかで特段の国民的関心事が生じると、それを素早く、また魅力的な企画で本にしたものは、こうした裾野拡大現象が背中を押してベストセラー化する。現代ならオリンピックやワールドカップ、途轍もない災害や大転換を示唆する政治事件（歴史的政権交代など）が対象となろう。想定外の事態であることが（ベストセラーのためには）望ましく、これまで本がさほど出ていなかった「空白」の領域ならなおよい。

国民的関心事の本がベストセラーになるポイントとしては、もう一つ、当事者の実記が読者の興味を強烈に引きつける。外側から叙述したものはいくつも登場しようが、実体験を綴った本は刊行も限られているので、読者の興味が集中しやすい。明治時代もそうであった。

櫻井忠温『肉弾』

明治の歴史的大事件といえば、何といっても日露戦争とその劇的な勝利であろう。近代の門をくぐったばかりのアジアの小国が欧州屈指の大国に挑み、国家の命運をかけて戦い、勝ちを収めた。その経緯を記した本が国民各層の関心のもとベストセラーになるのは頷けるところで、出版各社は従軍記者を派遣し記事や写真などを集め、家族の証言や小説など関連する文芸ものまで織り交ぜて、さかんに戦争雑誌をつくった。『日露戦争実記』(博文館)、『軍国画報』(冨山房)などで、どれも話題になり読者を呼び込んだ。『日露戦争実記』は宣戦の詔勅(明治三七年二月一〇日)のわずか三日後の一三日に、電光石火のごとく第一号を刊行、二六版を重ね一〇万部以上増刷したという。初期成功を受けて、たちまち月三回刊行のペースとなり、博文館は続いて四月に『日露戦争写真画報』を発行した。[*33]

これらは出版社の総合力によってつくられた報道本といえるが、一方で単一の著者による書籍も刊行された。そのうち、一過性に終わった雑誌よりはるかに累計部数が高く、ベストセラー史的に重要な存在がある。『肉弾』であった。

作者の櫻井忠温《ただよし》は日露戦争の一大激戦として知られる旅順要塞攻略戦に参加した。日露戦争参戦者としては前述した大倉桃郎もその一人だが、櫻井は陸軍少尉として戦地に向かい、乃木大将の第三軍に配属された将校である。しかも壮絶なる戦いの「生き残り」といえるドラマティックな体験を経た。

櫻井は明治三七年八月二四日未明の第一回総攻撃の前線に立ち、激戦のなか全身に銃創、刀傷をつくって後方に送られた。あまりの傷のひどさから死体と見誤られ、火葬場に移送される途中、生存が確認されたという。[*34]この経緯のため、櫻井は日本軍の続く第二回、三回、四回の総攻撃には参加できず、二〇三高地をめぐる戦いや要塞陥落の場面には関わっていない。『肉弾』もそこまで筆が及んでいるわけではないが、戦闘体験者の貴重な、しかも叙事詩的な面を持つ記録ということで、本にする価値は大きかった。戦場の現実と現場兵士の心理を綴ったところも、『肉弾』の魅力となっており、この点はのち昭和の日中戦争時、火野葦平『麦と兵隊』がベストセラーになった理由と相通じる（後述）。

『肉弾』の発売は日露戦争終結（明治三八年九月五日）からそう遠くない翌三九年四月二五日。英文新誌社出版部発行となっているが、丁未《ていび》出版社のことである。創業者は東京出身の土屋泰次《たいじ》郎《ろう》で、新渡戸稲造に師事し、新渡戸、津田梅子らが主宰する『英文新誌』に関わったのち、丁未出版社を興した。土屋は大隈重信主宰の「国民教育講習会」の事務にたずさわり、本多精一主宰の『財政経済時報』の経営にも関与している。[*35]

その土屋の丁未出版社は、新渡戸の英書 BUSHIDO : The Soul of Japan の和訳本『武士道』を、櫻井鷗村訳で最初に刊行（明治四一年）した版元として知られる一方、『肉弾』という大ヒット作を世に送ったことで明治の出版史に記憶される存在である。

〈日露戦争局を結び、忠勇なる将卒は凱旋した〉と本篇がはじまる『肉弾』は、刊行まもなく大評判となった。初速でよく売れたばかりでなく、ロングセラーにもなっている事情は、たとえば中公文庫版『肉弾』の底本が昭和三年四月刊の一三八〇版ということでもわかる。

国内ばかりではない。イギリス、ドイツ、フランス、イタリアをはじめ中国、スウェーデン、ギリシャ、そして敵国ロシアも含む一六か国語に翻訳され、『肉弾』（英訳題は HUMAN BULLETS）はまさに世界的な普及作となった。英訳本を読んだ一人にアメリカのセオドア・ルーズベルト大統領がおり、〈実状目睹《もくと》するか如くに描写せる驚絶すへき英雄的行為〉と賛辞を櫻井

『肉弾』英語版

に送っている。[36]『肉弾』の真率なる描写は世界中の人びとを感銘させたのである。

　ところで、評判を得た著者が賛辞とともに非難も受けやすいというのは、すでに例を出しているが、櫻井忠温もその一人だった。戦場の実態を活写した本がベストセラーになれば、その細かいところを論《あげつら》って批判する者もあらわれる。櫻井の場合は相手が硬質な組織といえる軍であり、組織の上下関係を用いて圧迫してくる場合は充分にあり得た。『肉弾』の辛酸をきわめた場面は陸軍上層部を刺激し、問責の声があがる。組織人櫻井には相当な風当たりがあったようで、ついに彼は一時筆を絶つまでになった。『肉弾』を読んだ明治天皇から直接言葉を受けた身になっても、軍の態度は変わらなかった。

　ただ軍内の栄達は避けて、大正一三年に陸軍省新聞班長になると、櫻井は筆業を復活させる。そして、退役前後からはむしろ文筆中心の生活を送るようになった。『肉弾』のロングセラー化は、櫻井が筆者として（一時筆を折ったが、結果的に）存在感を長く保ったことも大きい。なお、『肉弾』がベストセラーになった一件は、のち昭和初期、中央公論社のベストセラー『西部戦線異状なし』の表題を決めるときのエピソードに登場する（二七二頁）。

　同じ丁未出版社の刊で前述した新渡戸著・鷗村訳『武士道』（明治四一年）や、冨山房刊の芳賀矢一『国民性十論』（明治四〇年）も、日露戦争後の時代風潮を受けてよく売れたことが、大手取次東京堂の社史に記されている。[37]芳賀はのち國學院大學学長になる国文学者で、『国民性十論』

は国家愛を背景に国民性の特色を述べた本である。

新渡戸稲造の著書では、明治四四年刊の実践的人生論『修養』（実業之日本社）もヒットした。『武士道』の評判に続いて多くの読者子の手に取られ、昭和へかけてのロングセラーとなって、一四八版を重ねた。

『此一戦』

日露戦争における最前線参戦実記のベストセラーとして、陸軍が『肉弾』なら、海軍は水野廣徳『此一戦』である。水野は海軍兵学校出身で、日露戦争は海軍少尉、水雷艇艇長として従軍した。旅順封鎖戦や日本海海戦に参戦している。『此一戦』は日本海海戦の実記であり、東郷平八郎の有名な信号訓示の一節を表題とした。

水野は戦後、海軍軍令部で戦史編纂に従事し、当時の経緯を公務として書いていたが、その傍らに執筆したのが『此一戦』だった。戦いからしばらく時間をおいた明治四四年三月、博文館から書籍化刊行される。

水野広徳『此一戦』

そのときの著者名は海軍少佐水野廣徳。明治天皇像を巻頭に掲げ、続いて東郷平八郎の書〈天下雖安忘戦必危〉が二頁にわたり配されている。「あの戦いを忘れるな」というわけで、日露戦争も過去の出来事となったが、いまその記憶を呼び起こさんとするのが刊行の意図だとした。

『此一戦』は出版されると幅広く読者を集めた。日本の運命を決した天王山日本海海戦の実記であり、実戦参加の軍人みずから戦闘を詳細に描いた本として注目度が充分なうえに、内容への評価も高かった。〈日本海々戦を記したもの、中《うち》で群を抜いて居る著書であるといふことには異論はない〉と田山花袋も評している。[*38]

また、同書は版元が大手の博文館という点で、宣伝販売上やはり有利であった。博文館は〈諸名家及従軍記者分著〉の『日露戦史』全四巻（訂正版）を当時刊行しており、『此一戦』の奥付後の頁にその出版広告が二頁にわたり載っている。すでにこうした大型企画のある版元で、関連の実録を出すのは、取次や書店への営業上、一日《いちじつ》の長があるはずだ。

ただ櫻井忠温と同じように、水野も軍内で必ずしも好意を持たれなかった。大正一〇年一月、東京日日新聞（現在の毎日新聞）への寄稿記事が、「上官の許可なく発表された」との理由で謹慎処分を受け、同八月、水野は海軍を退役する。

海軍と決別した彼はその後、評論家として有力紙誌上で軍縮論を展開し、また統帥権の独立を批判するなど、軍国時代に抗する論を張り一歩も引かなかった。昭和の非常時には時局批判が難じられて論文の発表場所を失い、遂に事実上の執筆禁止となるなか、敗戦の年の一〇月、疎開先で逝去している。こうした波瀾の生涯は、軍人としてベストセラーを書き、名をあげたことと無関係ではない。ベストセラーは作者の運命を変えていくのである。

もっとも、水野の場合は、軍人出身ながら軍国主義に抗して筆を曲げず、その存在は、単なるベストセラー作家を超えて歴史に記憶された。己の主義主張に忠実に生きるという点からすれば、ベストセラーを世に送ったのは、水野にとってよき転機になったように思われる。

常連としての徳冨蘆花

民友社と徳冨蘇峰が明治のベストセラーに多彩な関与をしていたことは既述しているが、蘇峰の弟蘆花は、明治三〇年代から一貫してベストセラー作家であり続けた稀有の書き手といえる。

蘆花は本名健次郎。明治元年一〇月二五日、肥後国（熊本）で生まれた。同志社中退、キリスト教入信体験など兄蘇峰と同じ道を進む。やがて蘇峰が中心となって設立した民友社の一員となり、新聞記者として歩みをはじめる。

その蘆花が作家として注目されたはじめは、小説「不如帰《ほととぎす》」の発表であった。「不如帰」は国民新聞に明治三一年一一月二九日から連載される。当初は冷遇に近い扱いを受け、掲載面はまちまちであり勝手に休載させられたりした。それでも話が面白いと次第に読者の支持が大きくなった。明治三二年五月二四日に終結すると、翌明治三三年一月、民友社から刊行される。

書籍『不如帰』は簡素な装幀で初版二〇〇〇部。新聞小説としては地味な出足だといえる（もっとも、当時民友社では二〇〇〇部が初版の通例）。刊行されると本は評判になった。陸軍大将大山巌の長女をモデルとしており、その点でも話題を呼んだのである。発売年内に八版九〇〇〇部まで進み、年ごとに一万部以上の売れ行きを数年来続ける。刊行翌年に大阪の朝日座で劇化初演、のち柳川春葉脚本で東京の

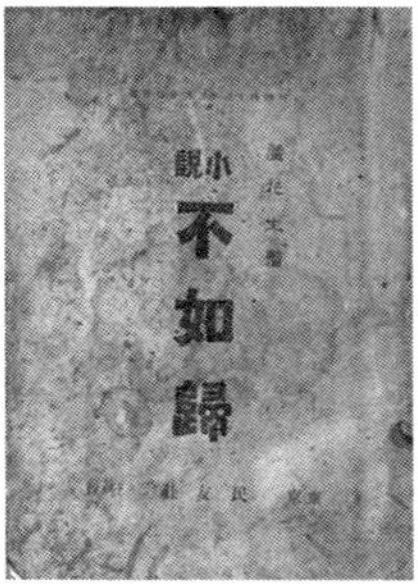

徳冨蘆花『不如帰』

本郷座で上演（明治四一年）されるなど、新派での上演が続いたことも、本の人気に拍車をかけるのだった。明治四二年二月には一〇〇版へ至り、その後も売れ行きは落ちず、昭和二年九月に一九〇版となって、累計発行部数が五〇万部を突破した。[*39]

徳冨蘆花『自然と人生』

蘆花の続くベストセラーは、散文詩や随筆、短編小説にコローの評伝を収録した『自然と人生』である。『不如帰』と同じ明治三三年の、こちらは八月の刊行。『不如帰』の評判を受けての出版だが、初版はやはり二〇〇〇部だった。散文詩風の随筆小品のなかには丹念な自然観察をもとにした「湘南雑筆」などがあり、汎神論的な自然観を表現して注目される。もっとも『不如帰』のなかにすでに伊香保や逗子の印象的な自然描写があって好評を得ており、『不如帰』に続く蘆花作品として異質な内容ではない。この作品は年内に三版まで進み、ロングセラーにもなって、昭和三年五月時点で三七三版、こちらも累計五〇万部を突破した。[*40]

第三のベストセラーは自伝的小説『思出の記』（明治三四年）である。国民新聞に明治三三年九月二三日から翌三四年三月二一日まで「おもひ出の記」として連載されたのち、民友社で書籍化刊行となる。初版は一〇〇〇部だったというから、売れ行きはさほど期待されなかったのかもしれない。しかしこの本も動き始めた蘆花ブームに乗り、また、立志伝を好む明治青年に受け入れられて版を重ねた。明治三七年一〇月には一八版まで進み、勢いは衰えず明治末年に一〇〇版近くまで達している。[*41]

次のベストセラーは『黒潮』だが、その間に蘆花は、重要な事件を引き起こしている。兄蘇峰との対立と別離だった。

元になる連載「黒潮」はこれまで通り国民新聞でおこなわれた（明治三五年一月二六日から六月二九日まで）。藩閥政治に反抗する旧幕臣を主人公にした小説で、上流社会の腐敗を弾劾し、権勢あった伊藤博文らを弾劾する内容を含んだものだった。材料は蘇峰が提供したといわれるが、藩閥政府に接近していた兄蘇峰と、理想家肌で政界批判も厭わない弟蘆花との間で、この作品連載をめぐって決定的な亀裂が生じた。そのため蘆花は、全六巻の大作になるところを一巻分で打ち切った。

兄と決別した蘆花は同作を民友社ではなく、事実上の自費出版（黒潮社刊としている）で世に送った。こうした波乱の展開を経て明治三六年二月に刊行された『黒潮』は、巻頭に「謹告」「蘇峰家兄に与ふる書」を載せ、兄および国民新聞、民友社と関係を絶ったことが宣告される。それは専業作家の道に入る宣言でもあった。

『黒潮』は、国力膨張と帝国主義を重視する兄に対して、自分は人道の大義と〈自家の社会主義〉を取ると、蘆花自身が巻頭言で訴えており、ゆえに「社会主義小説」とまで当時いわれた。もちろん明治期のものであり、政治小説ではあったとしても所謂プロレタリア文学とは全く違う。この本は初版三〇〇〇部でのスタートとなった。刊行翌三月に三版、四月に六版と順調に版を重ねたのは、兄との不和が話題を提供したのも一因だろう。大正一五年には三四版へと達している。[*42]

民友社を退社して作家として自由の身となった蘆花は、世界を旅してエルサレムを訪問するなどしたのち、東京郊外でトルストイ流の半農生活へと入る。蘆花の筆名も止めて本名の健次郎に戻した。

それでも蘆花本は相変わらず売れた。『黒潮』に続く第五のベストセラーも出ており、明治四二年一二月八日刊の『寄生木《やどりぎ》』である。乃木希典の麾下《きか》で従軍したひとりの陸軍将校の人生から近代日本の悲劇を描いた小説だった。作品を発表するたびに話題作とし、不動の人気作家になっていた蘆花の著書として、『寄生木』も刊行翌月には九版まで進む勢いとなった。

版元は前述の警醒社である。このキリスト教系出版社は創業者の一人が民友社の設立に参画していることはすでに述べたが（一〇七頁）、その縁で民友社と関連があり、蘆花が兄と別の道を歩もうとした当初、彼の出版活動を助けたのだった。しかし、兄および民友社と完全な決別を望んだ蘆花が、のち大正期になって警醒社とも手を切ろうとしていた様子は、蘆花日記に、〈最早今後の著作は所詮警醒社では出しきれぬ――フルイ耶蘇教では〉と出てくることでわかる（大正三年一二月八日）。実際この本の版元はまもなく野村鈴助経営の新橋堂に移る。

蘆花の初期作品はすべて民友社で刊行されたが、兄と決別したのち、蘆花が関わり作品刊行を認めた版元は、警醒社、新橋堂のほか、服部書店、大江書房、福永書店（警醒社主・福永文之助の長男一良が立ち上げた版元）、そして、一一三頁で既述した金尾文淵堂だった。[*43] 人気作家とはいえ、出版社を信用せず厳しくあたった蘆花に仕えることができたのは、これらの版元にとどまったのである。なお、蘆花が半耕半読の生活をしていた地は現在、芦花公園の名で知られ京王線の駅名にもなっている。

社会主義関係書

明治日本の読書界の特徴として、社会改良の情熱を込めた理想主義的な本が継続して評判になった点がある。内村鑑三や徳冨蘆花の著書にはその傾向がはっきりしており、青年を中心に読者の心を捉え、ベストセラー化の要因となった。現実政治とそれがもたらした社会の矛盾や庶民生活の苦境を眼前にして、若き知識人の関心がどこへ向かっていたのかは、ベストセラー現象からもうかがうことができよう。青年の理想を背景にした思潮と、それを主張する書籍の好評は、のち昭和初期におけるプロレタリア小説興隆のさいも時代現象としてあらわれ、第六章で取りあげられる。

明治期において社会改良を志向する書は、まずキリスト教的博愛主義を訴える本として登場した。これらはキリスト教関係者にとどまらない読者を獲得したが、次第に社会主義的傾向を持つ本へと、読者の関心は展開していく。そして明治終期の一〇年、このジャンルからベストセラーも生まれるのである。

嚆矢《こうし》となるのは矢野龍渓『新社会』（明治三五年）だった。龍渓は政治小説『経国美談』の作者として前記したが、次第に社会改良主義へと向かい、ついに資本主義から社会主義への漸進的な移行を考えるようになっていた。その龍渓がトマス・モアの『ユートピア』に倣って著したのが政治小説『新社会』である。ドイツの社会主義者ラッサールの示した社会主義国家を理想国として描いた内容で、刊行わずか一か月で一〇版を重ねる普及の早さとなった。*44

本の表紙装幀は、THE NEW SOCIETYとヨコに打ち表題「新社會」をタテに置いたごく地味なもの。出版社も教科書や学術書を出す版元として知られ、ベストセラーとは縁がなさそうな大日本図書である。

大日本図書は明治二〇年発足の文部省直轄図書取扱所を前身とする。まもなく法律が変わって政府が営業できなくなったのを受けて、明治二三年、民間の株式会社へと改組され、教科書販売と文部省著作物の発行を委託する会社として再出発した。経営は委員会方式で委員のほとんどは出版販売の経験者であった。委員長は佐久間貞一。彼だけが印刷業の出身である。佐久間は売り出された銀座の高橋活版所を買い受け、印刷所秀英舎を発足させた人物としてわが国印刷業界史に名を刻んでいる。佐久間の創立した秀英舎は、のち印刷の最大手として揺るがぬ存在となった大日本印刷へと発展していった。[*45]

大日本図書は出自からも判るように文部省との関係が深い。その意味で当時の権威なり正統性と繋がる版元といえた。刊行した各種教科書はときの最高権威である帝大教授の著作が中心であり、出版活動の幅を広げようと明治二八年に創刊された『帝国文学』は、東京帝大系の作家・評論家の発表舞台である。こうした「体制的」性格を持つ手堅い版元から、政府に危険視された社会主義関係の書が出てベストセラーになるのだから、出版業というのは一筋縄ではいかない面を持つのだ。もっとも『新社会』が依拠したラッサールの社会主義は、あくまで議会制の枠内で労働者の権利確立を図るもので、革命という手段を行使するマルクスの社会主義とは性格が異なる。

一方で大日本図書は明治期、自社の性格に合うベストセラーも出しており、厨川白村《くりやがわはくそん》の『近代文学十講』（明治四五年）である。白村は京都帝大教授の英文学者。同書は一般向けとはいえず学問的な難しい内容だった。その意味では大日本図書らしい刊行物といえたが、これが〈昭和の初頭までわずか十数年間の間に九八版に及んだ大ロング・ベストセラー〉になったのである。[*46] 読者はときに反権威に飛びつき、また一方で、権威ある書物への安定的な関心をも示す。両サイドへの振り子の行き来は、日本の近現代出版史を通じて繰り返し見られる読者現象といえよう。

なお、明治期における社会主義関係書のベストセラーを述べるとき、木下尚江の二冊への言及は欠かすことができない。『火の柱』と『良人の自白』で、刊行はともに明治三七年である（『良人の自白』は四冊本で明治三九年まで刊行が続く）。木下は片山潜とともに社会民主党結成に参画し、日露戦争のさいは非戦運動を展開した。わが国最初期の社会主義活動家であり、後年は社会主義運動から離脱したことも含め、その生涯はよく研究されている。

『火の柱』『良人の自白』は明治の代表的社会主義小説として位置付けられる作品で、ともに島田三郎の「毎日新聞」（現在の毎日新聞とは別である）にまず発表された。「火の柱」が明治三七年一月一日から三月二〇日までの連載であり、書籍化は社会主義者の結社平民社で同年五月に成された。同時代の社会主義運動関係者が次々と登場しており、作者の分身となる主人公は非戦論を説いている。この書籍『火の柱』は粗末な表紙に題名が赤く印刷されていた。[*47]

「良人の自白」は、上記毎日新聞にて上篇が明治三七年八月一五日から一一月一〇日まで、中篇は翌明治三八年四月一日から

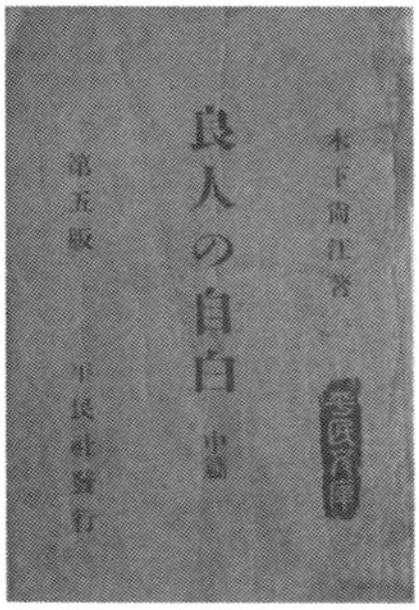

木下尚江『良人の自白』

六月三日まで、下篇は同七月一日から一〇月一五日まで掲載された。これで完結のはずだったが、さらに『新曙光』で続篇が連載されている（明治三九年一月一日から六月九日）。書籍化刊行は明治三七年一二月（上篇）、三八年七月（中篇）、一一月（下篇）、三九年七月（続篇）であり、平民社で上と中が出版され、下篇は堺利彦が創設した由分社から、続篇は金尾文淵堂からと別々の版元で出版された。加えて『良人の自白』各巻は『火の柱』とともに、ほぼ同時期の異版が多く、こうした混乱ぶりは、平民社が官憲の弾圧や内紛で解散と再興を繰り返した事情が背景にうかがえる。

とはいえ、『火の柱』『良人の自白』が版を重ねたことは確かである。両書の好評は平民社の〈金庫となった〉というし、『本の百年史』に掲載された金尾文淵堂版の両書表紙写真には、ともに「第十四版」の文字が見える。*48

付言すれば、二著は他の尚江本とともにのち発禁となったが、大正年間は東京の古書店店頭で多く出回っていた。また昭和四年には、春秋社で『木下尚江集』が伏せ字を含むかたちで刊行された。「火の柱」は第一巻に、「良人の自白」は第二巻と三巻に分かれてそれぞれ収録されている。発禁、伏せ字と不利に見舞われたものの、長期にわたり多くの読者のもとへ届いた本だといえよう。

左久良書房

明治期にベストセラー書を出した版元のうちで、のちぷっつり消息を絶やしたところもある。

そのなかには左久良書房を数えねばならない。明治末期に国木田独歩『運命』（明治三九年）、田山花袋『田舎教師』（明治四二年）、島崎藤村『千曲川のスケッチ』（大正元年）と三書もベストセラーリストに登場させたにもかかわらず、いまやその存在は出版史の舞台裏に沈んで情報が乏しく、ごく端的に社名が記される事典類でも「佐久良書房」との記載になっている（筆者が確認した奥付等では左久良書房）。しかも世に送った三書が、日本文学史の舞台表で光にあたる重要作品なのにもかかわらず、である。作家と作品は残るものの、出現に大小の関わりを持った出版社や編集者は黒子ゆえ消えゆくといわれるが、その寂寞たる一例が左久良書房だとしてもよい。〈飛鳥川の淵瀬《ふちせ》定めぬ習い〉にある出版業を象徴する会社といえそうだ。[*49]

　小僧時代に東京旧一五区内の発行所や小売店を〈前後何百軒〉も歴訪していた小川菊松は、その著『出版興亡五十年』で「消滅した著名書店」の項を立て、社名を並べコメントしている。ここに左久良書房の名も（佐久良書房として）記されている。神田鍛冶町に店があり、藤村『後の新片町より』や独歩『欺《あざむ》かざるの記』（前篇）の出版で、小川の記憶に残っていたのだ。〈この店の出版物は、いずれもスッキリとした新しい感覚のもので、読者に愛好された本屋であつたが、遂に振わなかつた〉と、彼は回顧している。[*50] こだわりのある本の刊行をめざして泥臭いことができず、ベストセラーを連発させたにもかかわらずフェードアウトしていくしかなかったのか。出版業界では似たような例が数知れないので、いささか粛然とさせられる。

　ただ左久良書房については、創業者を訪ねて聞取りをした貴重な記録がある。八木福次郎の随筆「「煩悶記」を追って」がそれで、訪問は大戦末期の昭和一九年になされた（当時八木は『日本古書通信』編集者)。同随筆によれば、左久良書房は明治三五、三六年頃の創業である。創業者は京都の古書籍商細川清助の次男、細川景正で、叔父芳太郎の養嗣子となって(二代目)細川芳太郎を名乗った。硯友社や『文学界』の作家たちと交流があり、尾崎紅葉が会長をしていた東京写友会の会員でもあった。会の撮影旅行と思われる旅で信州小諸に行ったとき島崎藤村と知り合い、文学談義に夜を徹したという。[*51]

細川が出版をやってみようかと思ったのは、藤村との一夜がきっかけだった。かくして、〈自分の思うような本をいゝ装幀でだすことを念願として始めた〉、これが左久良書房である。[*52]

細川は左久良書房と並行して也奈義書房という版元も経営していた。〈商策的な意味で〉名義を使い分けたらしい。こちらは一〇冊ほどの刊行で終わったが、そのなかに藤村操『煩悶記』という奇妙な本もある。藤村操は「巌頭之感《がんとうのかん》」を残して日光華厳滝に投身自殺し、「煩悶青年」として当時の若者層に影響を与えた一高生である。彼が著者で表題にずばり「煩悶」があるこの本は、明治四〇年六月の刊行。自死(明治三六年五月)のちょうど四年後にあたる。自死とされた藤村が実は日光山中に生き、のち北海道から海賊船で北欧へ渡ってついに悟りを得たので、この本を書いたという、まさに際物《きわもの》であった。[*53]

先ほど左久良書房について、装幀にこだわった良書をめざし経営維持を二の次とした版元との印象を伝えたが、創業者の細川はどうやら一方で、〈商策的な意味〉を考慮し際物を出す、あるいは出さざるを得なかった出版人でもあったのだ。〈自分の思うような本をいゝ装幀でだす〉と〈商策的な意味〉、出版事業の現場はこの矛盾に日々呻吟《しんぎん》する鉄火場であり、ときにそれは壮絶である。ベストセラーの多くは、出版社の大小を問わず、また時代を問わずに、かくなる矛盾のなかから唐突にあらわれる例は少なくない。左久良書房の細川もそうしたドラマを生きた一人だったのか、どうか。

なお、肝心の『煩悶記』は、〈仮装的手段が世人を惑わす〉として治安上問題とされ[54]、発禁本になってしまう。本の流通が不可とされれば、〈商策的な意味〉も成立しない。この事件が影響したのか、上述の矛盾がついに破裂した結果なのか、『煩悶記』からちょうど一年後にあたる明治四一年五月、細川景正は創業わずか三年で左久良書房を関宇三郎《うさぶろう》に譲渡してしまう。

その間（細川時代）刊行された書籍は泉鏡花『高野聖《こうやひじり》』など、文芸書を軸に三〇点程度であり、独歩の『運命』はごく初期の刊行物（社として三作目）にあたる。独歩は『武蔵野』や『独歩集』をすでに刊行していたが、この『運命』こそ読書界に本格的な注目を呼び込み、作家独歩への関心を格段に高めるきっかけとなった。以降、逝去後も含めて独歩の人気は長く続き、作品も版を重ねていくことになる。

後日譚ながら、細川景正はのち銀座にて細川活版の社長となっている。〈い、装幀〉にこだわった細川は、今度は出版物製作の世界に転じたというわけだ。

一方、関宇三郎に引き継がれた左久良書房は、文芸書路線もまた継承して永井荷風『冷笑』などを刊行、そのなかから花袋『田舎教師』、藤村『千曲川のスケッチ』という二つのベストセラーが登場した。前者は貧困のなかに生きた多感な青年教師の悲劇的な生涯を描き、自然主義文学の代表作の一つといわれる。発刊当時というより、長きにわたって読み継がれて部数を重ねた作品といえよう。

後者は信州小諸の自然と、そこに生きる人びとの生活を素描した随筆小品集で、詩人から小説家へと移りゆく藤村の姿が記録され、日本文学史上も重要な作品である。こちらも重版によりロングレンジで読者を得たことで、結果として部数が大きくなった作品といえよう。

これらを刊行した時代の左久良書房を率いた関宇三郎は東京に生まれ、明治三八年、神田富山町に書籍販売業・東明堂をはじめている。[*55] その後、細川から左久良書房を譲り受けたことで、彼は販売から出版へと事業を転じた。経営者を変えながら文学史に残る名作を刊行し、（ロングセラー的）ベストセラーにも恵まれた左久良書房だったが、いつしか消え去ってゆく。国木田独歩の日記『欺かざるの記』が前篇だけ出され、後篇は草村松雄の隆文館へ移った一件もあり、[*56] その頃には経営が不安定になっていたのか。終焉は明治末から大正はじめの時期だと思われる。

なお左久良書房には編集主幹に柴田流星がいた。東京小石川の生まれで、本名勇。巌谷小波の門下生で、時事新報社を経て左久良書房に入る。編集者の一方、書き手であり、永井荷風との共訳「船中の盗人」（明治三三年、『中学世界』）もある。

この柴田も左久良書房同様、久しく幻の存在となっていたが、一九九〇年に中公文庫で著書『残されたる江戸』が復刻刊行されている。明治四四年刊であるから柴田の左久良書房時代の可能性もある（版元は洛陽堂）。〈残されたる江戸だなんて、ごたいそうもないこと。実はそんじょそこらのお人の悪い御仁にツイそそのかされて、例のおッちょこちょいから、とんだ囈言《うわごと》までもかくの如しという始末、まァ長え眼でごろうじて下せいと、あなかしこあなかしこ〉と、名調子が読める好著である。
歴史の彼方に消えた版元は、名作群とベストセラーに加え、魅力的な編集者も抱えていたようだ。

夏目漱石

明治のベストセラー史で最後に登場するのは夏目漱石である。その人物と生涯はよく知られ、改めてここに記すまでもなかろう。

文豪といわれる漱石だが、ベストセラーの有力な書き手でもあった。彼の小説が幅広い人気を博したのは、たとえば朝日新聞で「虞美人草《ぐびじんそう》」が連載されたとき（明治四〇年六月二三日から一〇月二九日）、好評を受けて三越から「虞美人草浴衣」が売り出された一事からも分かる。

漱石門下生で師漱石の没後、長女筆子と結婚した松岡譲《ゆずる》は、漱石の本がどれくらい売れたかをめぐって、「漱石の印税帖」（昭和二九年加筆補正）で検討している。[*57] 長期にわたる売上げを考えると、漱石作品こそ〈五十年間を通じてのこの国のベスト・セラーズのナンバー・ワン〉だと松岡は述べるが、その実態について親戚の身から迫ろうとしたのだ。[*58]

夏目漱石『吾輩ハ猫デアル』

最も早く出た著書は『吾輩ハ猫デアル』（上中下篇、明治三八年一〇月から四〇年五月刊）で、高浜虚子にすすめられて『ホトトギス』に連載され、作者漱石が英文学者から小説家に転じるきっかけとなった。本は服部書店から出て大倉書店に引き取られたと松岡は書いている。

大倉書店は江戸時代からの絵草子屋、萬屋《よろずや》・錦栄堂《きんえいどう》を大倉孫兵衛が再建し、出版社として改めて設立（明治八年九月）した版元である。孫兵衛は海外貿易や洋紙屋など興しており、明治初期の起業者精神に満ちた事業家の一人だった。同社は江戸以来の錦絵の出版に力を入れている。当時、日本の錦絵は貿易品の一つとなっており、その出版活動も目を海外に向けたものであった。[*59]大倉書店はスペンサーの翻訳書や財政学書、英和辞書なども出版していたが、海外への輸出を意識した品のよい絵草子本の刊行がこの版元を特徴づけている。

夏目漱石が自著の刊行を大倉書店としたのも、ブランドへの好意が背景にあるのだろう。なお服部書店は大倉書店の番頭が興し、大倉書店の分店のような存在だった。これらの版元に託された『吾輩ハ猫デアル』上中下篇の初版は、実際、江戸以来の伝統を感じさせる和綴本である（のち洋装本となる）。

松岡の回想に、〈大倉書店の印税覚書にしるされた「猫」の部数といふものは、断然他を圧して居たやうに思ふ〉とある。肝心の印税覚書は見つからないままだというが、デビュー作「猫」が漱石の他の作品より目立つ売れ行きを示していたことは、〈どの点から見ても一番トップを切つてる花形の「猫」〉という記述もあって確からしい。[*60]漱石作品のベストセラーというなら「猫」は外せないことになる。『本の百年史』によれば、明治四四年七月二日に刊行された「猫」縮刷一冊本は、昭和二年五月五日付発行書で一二二版へ至っている。[*61]縮刷本は二種あり、うちの一つがこの数字である。

付言となるが、昭和三年、大倉書店発行『吾輩ハ猫デアル』とあまり変わらぬ判型で、岩波書店が漱石作品を無断刊行する事件が起きている。大倉書店は岩波を提訴し、昭和五年に示談となった。[*62]漱石といえば岩波書店と今ではなっているが、初期にはこうした係争事もあったのだ。

漱石本の出版元は大倉書店―春陽堂―岩波書店と移行したが、幸いなことに春陽堂発行分の覚帳二冊が残っている。松岡は「漱石の印税帖」でそれを紹介しており、[*63]大正五年一二月に漱石が逝去するまでの記録が見える。〈春陽堂は永らく漱石の著作をいろいろ出して居て、その種類も他の書店より遥かに多いのである。恐らく全体の三分の二を占めて居たものと見ていい〉と松岡は述べており、春陽堂本の一次資料は貴重なものといえよう。

それによると、検印部数合計順で上位三書は次となる。

『鶉籠《うずらかご》』（「坊っちゃん」「二百十日」「草枕」の合本。明治四〇年刊）：大正二年までの検印計、一万二一七一。

『虞美人草』（明治四一年刊）：大正三年までの検印に大正五年の縮刷版三〇〇〇が加わった検印計、八五五〇。

『合本　鶉籠　虞美人草』（大正二年刊）：大正五年までの検印計、七三〇〇。

これらを考えると、「猫」に続く明治期漱石本のベストセラーは、『鶉籠』『虞美人草』だとみてよい。出口一雄編著『出版を学ぶ人のために　増訂新版』のベストセラーリストには、『吾輩ハ猫デアル』とこの二書が掲げられており、「漱石の印税帖」の記述と符合する。本書の明治期リスト（二二三頁）は出口書のこの判断を踏襲している。

もちろんこれらは漱石書の一部であり、数字も限られた期間にすぎない。彼の本はどれもが後代にわたってさまざまな形で刊行され続け、多くがロングセラー化している。ベストセラー作家として夏目漱石の特段なる地位は、きわめて安定的である。

関連して追記しておくが、『鶉籠』刊行にさいして漱石が春陽堂と交わした契約によれば、版ごとの部数と印税は次のようになっていた。初版・三〇〇〇部・一五%、再版から五版・一〇〇〇部・二〇%、六版以上・五〇〇部・三〇%。[*64] 現在と比べて著者有利であることにすぐ気がつき、版元の生き残りにとって、明治期はより厳しい環境だったことが示唆される。

(1) 岩波書店編『岩波書店百年〔刊行図書年譜〕』二〇一七年、三頁。
(2) 松岡譲『漱石の印税帖』朝日新聞社（朝日文化手帖六一）、一九五五年、一一頁。
(3) 前掲『日本出版販売史』一八九頁。
(4) 前掲『岩波書店百年』三頁。
(5) 前掲『明治書院百年史』七二〜七三頁。
(6) 同上書、七六頁。
(7) 前掲『日本の出版界を築いた人びと』一四七頁。
(8) 前掲『本の百年史』一一二頁。
(9) 河盛好蔵「新潮社七十年」。新潮社編『新潮社一〇〇年』新潮社、二〇〇五年収録。同書、一二五〜一二六頁。
(10) 前掲『本の百年史』一一六頁。
(11) 手塚竜麿「警醒社の創業と主としてキリスト教関係文書について」。日本プロテスタント史研究会 編『日本プロテスタント史の諸問題』雄山閣、一九八三年収録。同書、九六〜九八頁。
(12) 同上論文、収録書、一〇一〜一〇二頁。
(13) 同上論文、収録書、一〇三頁。
(14) 青木育志・青山俊造『青木嵩山堂――明治期の総合出版社』アジア・ユーラシア総合研究所、二〇一七年、六頁。

(15) 同上書、四〇頁。
(16) 同上書、一五六～一五七頁。
(17) 同上書、一六二～一六三頁。
(18) 同上書、一六一頁。
(19) 同上書、一四九～一五〇頁。
(20) 前掲『本の百年史』七六頁。
(21) 四代目旭堂南陵「明治末～大正期大阪講談本の世界――立川文庫を中心に」吉川登編『近代大阪の出版』創元社、二〇一〇年収録。同書、一三〇～一三一頁。
(22) 同上論文、収録書、一二九頁。
(23) 同上論文、収録書、一五六頁。
(24) 前掲『日本出版販売史』一八八頁。
(25) 前掲『日本出版販売史』一八九頁。
(26) 石塚純一『金尾文淵堂をめぐる人びと』新宿書房、二〇〇五年、一〇、三四～三五頁。
(27) 同上書、六～七頁。
(28) 同上書、六頁。
(29) 前掲『本の百年史』八九～九〇頁。
(30) 同上書、九〇頁。
(31) 前掲『金尾文淵堂をめぐる人びと』二七～二八頁。
(32) 前掲『本の百年史』一一九頁。
(33) 前掲『東京堂百二十年史』八九頁。
(34) 櫻井忠温『肉弾』中央公論新社(中公文庫)、二〇一六年収録、長山靖生「解説」。
(35) 前掲『出版文化人物事典』二五七頁。
(36) 前掲『肉弾』五頁。
(37) 前掲『東京堂百二十年史』九一頁。
(38) 田山花袋「水野少佐の『此一戦』」(明治四四年五月『文章世界』収録)。櫻井忠温著者代表『明治戦争文學集』(明治文學全集九七)筑摩書房、一九六九年収録。同書、三八〇頁。
(39) 前掲『本の百年史』七八頁。

(40)同上書、七八～七九頁。
(41)同上書、七九頁。
(42)同上書、八〇頁。
(43)前掲『金尾文淵堂をめぐる人びと』一三八頁。
(44)前掲『本の百年史』一〇一頁。
(45)前掲『日本の出版界を築いた人びと』一二三～一二五頁。
(46)同上書、一二三頁。
(47)前掲『本の百年史』一〇二頁。
(48)同上書、一〇二～一〇三頁。
(49)前掲『出版興亡五十年』二〇二頁。
(50)同上書、二〇九頁。
(51)八木福次郎「「煩悶記」を追って――左久良書房・也奈義書房のこと」、池内紀編『日本の名随筆 別巻四九　奇書』作品社、一九九五年収録。同書、五六頁。
(52)同上論文、収録書、同頁。
(53)同上論文、収録書、五八～六三頁。
(54)同上論文、収録書、五九頁。
(55)鈴木徹造『出版人物事典』出版ニュース社、一九九六年、一七三頁。
(56)前掲『出版興亡五十年』二〇九頁。
(57)前掲『漱石の印税帖』三～二八頁。
(58)同上書、二八頁。
(59)鈴木恵子「近代日本出版業確立期における大倉書店」『英学史研究』第一八号、日本英学史学会、一九八六年収録。同誌、一〇三頁。
(60)前掲『漱石の印税帖』五頁。
(61)前掲『本の百年史』一二四頁。
(62)前掲「近代日本出版業確立期における大倉書店」、収録誌、一〇七頁。
(63)前掲『漱石の印税帖』六～七頁。
(64)前掲『本の百年史』一二八頁。

Ⅱ 大正期

大正の歴代ベストセラーリスト

※出口一雄 編著『出版を学ぶ人のために〜出版ジャーナリズム文献綜覧 増補新版』附録のリスト(『本の百年史』と『出版年鑑』に多くを拠っている)、および瀬沼茂樹『本の百年史』を基本として作成のうえ、橋本求『日本出版販売史』、大橋信夫 編『東京堂百二十年史』、松本昇平『業務日誌余白〜わが出版販売の五十年』、岩波書店 編『岩波書店百年』を参照し、また筆者が原書を確認して追補した。
※初版の刊行年と刊行元を基準に掲載しているが、特別の事由がある書籍については＊で注記している。なお各年の掲載順は部数の順ではない。
※一九一二年は大正改元後の作のみ挙げた。『千曲川のスケッチ』は本書第三章で、『現代日本文学全集』は第六章で扱っており、他の作は大正期を扱った本書第四章、第五章で取りあげ説明している。
※講談社は「大日本雄弁会」と「講談社」という二つの社名を使っていたが、大正一四年(一九二五)、これを統一して「大日本雄弁会講談社」となった。そして昭和三三年(一九五八)、社名を「講談社」と改称している。ただし本書ではこの間も併せ、「講談社」とする。別巻現代篇も同じ扱いである。

大正元年(一九一二)

島崎藤村『千曲川のスケッチ』左久良書房
増田義一『青年と修養』実業之日本社

大正二年（一九一三）

柳川春葉『生さぬなか』全四巻、金尾文淵堂

石川啄木『啄木歌集』東雲堂書店

ダンヌンチオ 著、生田長江 訳『死の勝利』新潮社

和田垣謙三『兎糞録』至誠堂

渡辺霞亭『渦巻』隆文館

徳冨健次郎（蘆花）『みゝずのたはこと』新橋堂

大正三年（一九一四）

夏目漱石『坊っちゃん』新潮社

有本芳水『芳水詩集』実業之日本社

川合春充『心身強健術』武侠世界社

阿部次郎『三太郎の日記』三書（～七年）第一部：東雲堂書店、第二部：岩波書店、第三部を含む合本：岩波書店

三宅雄二郎（雪嶺）『世の中』実業之日本社

藤森良造 編『幾何学——考へ方と解き方』青野文魁堂

下中芳岳（彌三郎）『ポケット顧問 や、此は便利だ』成蹊社のち平凡社

徳冨健次郎（蘆花）『黒い眼と茶色の目』新橋堂

独帝カイゼル 著、クリユール 原訳、樋口麗陽 訳『朕が作戦』武田博盛堂

大正四年（一九一五）

新渡戸稲造『一日一言』実業之日本社

岡本米蔵『牛』博文館
タゴール 著、三浦関造 訳『森林哲学 生の実現』発行：三浦関造、発売：玄黄社

大正五年（一九一六）

江馬 修『受難者』新潮社
朝永三十郎『近世に於ける「我」の自覚史』東京宝文館
速水 滉『論理学』岩波書店
徳富猪一郎（蘇峰）『大正の青年と帝国の前途』民友社

大正六年（一九一七）

倉田百三『出家とその弟子』岩波書店
ゲーテ 著、秦 豊吉 訳『若きヱルテルの悲み』新潮社
島崎藤村『幼きものに』実業之日本社
奥野他見男『学士様なら娘をやろか』東文堂のち白羊社
河上 肇『貧乏物語』弘文堂書房

大正七年（一九一八）

有島武郎『カインの末裔』新潮社
有島武郎『生れ出る悩み』叢文閣
有島武郎『小さき者へ』叢文閣
加藤美侖『社交要訣 是丈は心得おくべし』誠文堂

大正八年（一九一九）

島田清次郎『地上』全四部〔〜一一年〕新潮社

有島武郎『或る女』叢文閣

島崎藤村『新生』春陽堂

大正九年（一九二〇）

賀川豊彦『死線を越えて』改造社

菊池 寛『真珠夫人』前・後篇〔〜一〇年〕新潮社

有島武郎『惜みなく愛は奪ふ』叢文閣

厨川白村『象牙の塔を出て』福永書店

藤森成吉『若き日の悩み』新潮社

島崎藤村『ふるさと』実業之日本社

鈴木三重吉『古事記物語』上下巻　赤い鳥社

大正一〇年（一九二一）

西田天香『懺悔の生活』春秋社

倉田百三『愛と認識との出発』岩波書店

吉田絃二郎『小鳥の来る日』新潮社

江原小彌太『新約』全三冊、越山堂

江原小彌太『旧約』越山堂

矢田挿雲『江戸から東京へ』全九冊〔〜一四年〕金櫻堂書店のち東光閣書店　＊東光閣は金櫻堂の改名。

エリザベート・シェーエン 著、窪田十一 訳『人肉の市』講談社
西田幾多郎『善の研究』岩波書店 ＊元版は明治四四年、弘道館書店刊。
石原 純『アインスタインと相対性原理』改造社
伊藤証信『無我愛の原理』蔵経書院

大正一一年（一九二二）
エミール・ゾラ 著、宇高伸一 訳『ナナ』新潮社
久米正雄『破船』前・後篇〔〜一二年〕新潮社
谷崎潤一郎『愛すればこそ』改造社
石丸梧平『人間親鸞』蔵経書院
石丸梧平『受難の親鸞』小西書店
厨川白村『近代の恋愛観』改造社

大正一二年（一九二三）
中里介山『大菩薩峠』春秋社 ＊元版は大正七年、玉流堂刊。
谷崎潤一郎『愛なき人々』改造社
ドロロサ 著、窪田十一 訳『肉の栄光』講談社
松岡 譲『法城を護る人々』全三巻〔〜一五年〕第一書房
大日本雄弁会 編『大正大震災大火災』講談社

大正一三年（一九二四）
岡本綺堂『半七捕物帳』全五巻、新作社 ＊一部は大正六〜七年、平和出版社刊。

大佛次郎『幕末秘史・鞍馬天狗』博文館

大正一四年（一九二五）

菊池 寛『第二の接吻』改造社

白井喬二『富士に立つ影』全八巻（〜昭和二年）報知新聞社

谷崎潤一郎『痴人の愛』改造社

吉川英治『剣難女難』講談社

江戸川乱歩『心理試験』春陽堂

細井和喜蔵『女工哀史』改造社

筑田多吉『家族的看護の秘訣』廣文館

大正一五年（一二月二四日まで。以後昭和元年。一九二六）

江戸川乱歩『屋根裏の散歩者』春陽堂

武者小路実篤『愛慾』改造社

行友李風『修羅八荒』前・中・後篇、朝日新聞社

後藤新平『政治の倫理化』講談社

木村 毅 他編『現代日本文学全集』六三巻（〜昭和六年）改造社

第四章

再販制の導入と哲学・修練書の時代——大正期①

読書人口の拡大

大正時代は近代日本の転換期といわれるが、出版の在りようも大きく変わった時期である。維新以来「坂の上の雲」を目ざして急坂を登ってきた新興国日本は、大正に至り、ヴェルサイユ体制下、世界の五大国に列せられる存在へと至る。ただもとより急成長は安定を意味しない。世は不況におおわれ、騒擾が相次いだ。日比谷焼打ち事件や米騒動は日本史に特記されている。政治も経済も混乱やまぬ時代だったのである。社会は動揺し国民意識は変化を余儀なくされた。民本主義が思想界を席捲するとともに、不安や虚無、没落の気分はむしろ蔓延して、社会主義が伸張する。大震災が襲いかかったのはこうした社会相のさなかである。

出版界も有為転変にさらされた。読者層の拡大が起き大衆化が進む一方、出版不況といわれる苦境がおとずれ、用紙など資材の高騰も深刻になった。新興出版社が台頭し明治期の大手と主役交替がなされる。また「返品ありの定価販売」という出版特有の再販制が導入されたのも大正期だった。そして関東大震災で出版界は一時壊滅的ともいえる打撃を受ける。出版業は紙での生産物を流通させることで成立する。しかも出版・取次の主要社は東京都心に集中していた。そのため大震災とその後の大火災による被害は甚大だった。

これらの内実は本章と次章で逐次取りあげられる。一五年という短い期間にめまぐるしく変動が繰り返された大正期出版界のなかで、ベストセラー書はいかにして生まれ、どのように伸長していったのか。それは大正という時代相とどのような関連性があったのか。こうした問いに向き合いながら、以下、大正期のベストセラー史を辿っていくことにしよう。

さて本章ではまず、ベストセラー事情を含む出版販売の特有な現象を呼び込んだ、大正期の基盤的出来事について述べておかねばならない。それは読者人口の増加である。

明治末から大正期にかけて、全国に図書館が増設されていったのは読書人の育成に一定の役割を果たした。読者の拡大にとってさらに決定的だったのは、大正期に起きた大学生の増加である。大正七年（一九一八）一二月の大学令公布はとりわけ重要で、これを機にそれまで帝国大学のみだった高等教育の世界に、公立、私立大学が加わっていく。大学は次々と認可された。慶應義塾、早稲田、同志社、中央、明治といった私学が大学になる。東京商科大学（現在の一橋大学）や東京工業大学が官立の専門学校から大学へ昇格したのも大学令に基づいている。高等学校や実業専門学校も増設された。

これらによって高等教育が拡充していき、青年学生を中心に読書力の向上に結びついた。大正期に難解な哲学書や専門書籍、また文学や思想、科学関係の教養書が評判となる理由の一端はここに見出せる。

大正期は教養書ばかりか大衆的な読み物も売上げを伸ばした。知識を得る一方で、楽しみも、実用情報も得たいとして行動するのが、群となった「読書力」なのである。新たに高等教育を経る青年ばかりではなく、国民各層に読書人口が増えた。読書する「力」とともに「層」が厚くなったのだ。これは「本好き」の国民性を持つ（四〇頁参照）日本人の性質が背景にあるのだろう。一つのきっかけがあれば、「本好き」のスイッチが入る。読者が増えれば、それに対応して出版物も増える。書籍や雑誌の受け手が拡大していくなら、編集製作する出版社も増加していく。大正期に入った日本がそうであった。

国民の旺盛な読書欲を背景に、出版社も旺盛な生産活動に邁進した。明治から続く業界の取り組みと交通網や物流体制の整備によって、出版物の販路が拡大されたことも出版の発展に大きく寄与した。次項で説明する定価販売の確立も関与は大きい。

興隆はまず雑誌からはじまった。当時取次最大手だった東京堂の『百二十年史』は次のように記している。〈明治四十四年ごろまでは、よく売れる雑誌といっても、五千部か七千部であって、東京堂一店の取扱った部数が一万部を超えたのは「婦人世界」が初めてだった（中略）ところが、明治末期から大正期に入ると、何万部、十何万部という雑誌が現われるようになった〉[*1]。こうした大正初期の雑誌の飛躍的発展は、書籍の出版、販売にも好影響をもたらした。

なお、引用に出てくる『婦人世界』は実業之日本社が刊行する「実生活に役立つ婦人誌」であり、明治のベストセラー作家村井弦斎が創刊時に関わったことは前述している（七四頁）。

入銀制から定価販売・委託制へ

生産者や販売業者が販売価格を指定して維持させるのが再販売価格維持契約制度、すなわち再販制である。戦後になって一九五三年の独占禁止法改正で法的にも承認されたこの制度は、出版業の特徴をあらわすまでになっているが、成立は大正期である。

背後には前項で触れた、読書人口の拡大と出版社の増加、出版物が多く出回ってきた事情が挙げられる。もう一つに販売体制が整ってきたことがある。書店の経営が安定すれば書店への貸倒れも減り、取次業は前金にこだわらなくてもよくなった。出版社が刷り部数に、取次が配本に消極的とならざるを得ない時代、そして、小売店（書店）が引受け部数にこだわらざるを得ない時代は過ぎ去ったのだ。

それまでの出版界は、入銀《にゅうぎん》制といって、「普通の正味より安い正味での買切り」が通常だった。本にあるのは「値段」であって「定価」ではない。この価格で売るという定価の縛りはなく、しかも返品がきかない買切りだった。当然ながら小売店は割引販売をする。仕入れた本はそうして売切っていたのである。買う方も値切りが当たり前だと思っていた。それが大正期、業界の自主的な取り組みをもとに、「定価」の設定と厳守へと制度変更がなされる。

それが確立されるまでに紆余曲折《うよきょくせつ》はあったが、大正二年（一九一三）八月五日に小売書店を開業して創業した岩波書店が、古本・新刊を問わず定価販売を実施し、これを貫いたことは先駆的な取り組みとして意義深い。当時は客に値切られれば割引くのが習慣であったが、岩波茂雄は正札販売を示した。〈〝正札販売厳行 仕《つかまつり》候〟〝正札高価なれば御注意被下度《くだされたく》候〟という二通りの札を柱という柱にベタベタ貼った〉という。破天荒な試みゆえ批判は大きい。〈「古本を云い値で売るものがあるか」と叱る客ばかりで、毎日店先で喧嘩ばかりしている始末だった〉[*2]。しかし岩波の志操は高い。抵抗が多いなかで彼はやり通した。それは〈一般に書籍販売に定価販売の良習慣を作るに至った〉のである[*3]。

定価販売の実現とともに、返品がきく制度が広まってくるのも大正期の特徴であった。口火を切ったのは実業之日本社による返品自由制である[*4]。最初におこなったのは『婦人世界』で、『日本出版販売史』は、〈まだどこの社でもやっていないこの新方式を、思いきって採用したのは増田義一の大明断で、明治四二年の新年号からこの方式でやると発表すると、小売店は俄然活気を呈し、危ぶんでいた取次方面の心配を蹴散らすように「婦人世界」の売行きはめきめきと伸びて、たちまちの間に同類の雑誌を大きく抜き去った〉と書いている[*5]。

もちろん、返品は取らんという主義の出版社もあった。出版の雄博文館がその路線を堅持したわけで、老舗大手の守旧からだが同社落日の原因の一つにもなった。逆に「実業之日本路線」へ積極的だったのが新興の講談社で、いかに返品があっても強気で刷るという姿勢で臨んだ[*6]。

こうしたドラマを含みながら返品自由制は雑誌ではじまり、書籍へ拡大していった。かくして書籍の世界でも、明治期の買切り制原則に根本的な変更がおこなわれていく。もちろん、こちらも一気呵成に進んだわけではない。明治期にすでに「返品つき買切り制」という例外があらわれ、それが大正期に「返品ききの委託制」へと段階的に転じていくのだった。これらを経て、「返品あり定価販売」という現在のかたちへと出版販売の在りようは、全体的に着地していく。

ベストセラーの産出に関しても、この制度変更の影響は大きい。書店は売れる見込みがあれば大量の本を仕入れて店頭に並べられる。売れなければ返品すればいいのだからと、販売上で攻めてくる。出版社は取次や書店の要請に従って沢山の部数を刷る。書籍・雑誌の場合、「売れた」というのは実際の販売数ではなく刷り部数なので、「〇〇部突破のベストセラー」が出版社からアナウンスされやすくなる。入銀時代、買切り制のもとでの慎重姿勢は、「返品あり」となれば意味がない。売れると踏んだら攻めていきやすいこうした制度変更は、円本そして昭和の一〇万部クラス期、戦後のミリオンセラー（一〇〇万部クラス）時代へと結びついていくのである。

定価販売プラス返品自由制への移行は大正期の画期的な制度変更だったが、もとより値引き販売をなくす定価制は、過当競争への対応策であった。大正三年三月に東京雑誌組合ができた動機について、東京堂支配人の大野孫平（博文館・東京堂の大橋一族の一人）はこう述べている。

〈当時は雑誌なども定価はあってもないと同様で、定価十一銭の「実業之日本」の原価は八銭一厘か二厘であったが、原価を切って八銭で売るという始末。また取次業者は、これまた二十何年間を血みどろの競争をしていて、一厘か二厘の利益で小売店に送っていた。都会も田舎もほぼ似たり寄ったりであった。〔中略〕取次業者も次第に窮地に陥って、地方へは前金でなければ雑誌を送らない。自然小売店は引込みがちとなり、配達販売などは思いもよらない状態であった。これでは小売店も取次店も窮地に陥る外はないから、何らかの打開の途を考えなければならない。[*7]〉

このままでは共倒れとなる。著者にも読者にも迷惑がかかる。第一、こうした状況で出版文化

7月の新刊 ●13日発売

筑摩選書

0177

ベストセラー全史【近代篇】

文芸評論家
澤村修治

明治・大正・昭和戦前期のベストセラー本を全て紹介。近代の出版流通と大衆社会の成立、円本ブーム、戦争と出版統制など諸事情を余さず描く壮大な日本文化史。

01684-3
1800円

好評の既刊 ＊印は6月の新刊

終わらない「失われた20年」――嗤う日本の「ナショナリズム」・その後
北田暁大 ネトウヨ的政治に抗し、リベラル再起動へ！
01669-0 1700円

民主政とポピュリズム――ヨーロッパ・アメリカ・日本の比較政治学
佐々木毅 編著 各国の政治状況を照射、来るべき民主政とは？
01668-3 1500円

骨が語る兵士の最期――太平洋戦争・戦没者遺骨収集の真実
楢崎修一郎 人類学者による戦地からの遺骨鑑定報告
01670-6 1500円

魔女・怪物・天変地異――近代的精神はどこから生まれたか
黒川正剛 中世末期、なぜ怪異現象が爆発的に増殖したか
01671-3 1600円

教養派知識人の運命――阿部次郎とその時代
竹内洋 一個の生涯が告げる「教養」の可能性
01672-0 2000円

いにしえの恋歌――和歌と漢詩の世界
彭丹 和歌と漢詩の世界を「恋の歌」から読みとく
01673-7 1600円

「もしもあの時」の社会学――歴史にifがあったなら
赤上裕幸 「歴史のif」の可能性を探究した意欲作！
01675-1 1600円

ルポ プーチンの戦争――「皇帝」はなぜウクライナを狙ったのか
真野森作 続くウクライナ戦争。ハイブリッド戦争の真相
01676-8 1800円

フーコーの言説――〈自分自身〉であり続けないために
慎改康之 初めて明かされる思考の全貌
01674-4 1600円

美と破壊の女優 京マチ子
北村匡平 破壊者にして美の体現者、京マチ子の全て！
01677-5 1600円

「抗日」中国の起源――五四運動と日本
武藤秀太郎 百周年を迎える歴史的事件を新たな角度から分析
01679-9 1700円

内村鑑三――その聖書読解と危機の時代
関根清三 時代の危機と斬り結んだ生涯
01678-2 1800円

掃除で心は磨けるのか――いま、学校で起きている奇妙なこと
杉原里美 奇妙なことが起きている教育現場を徹底取材
01680-5 1500円

台湾物語――「麗しの島」の過去・現在・未来
新井一二三 台湾の歴史、言葉や文化、街と人々を語る
01681-2 1500円

林彪事件と習近平――中国の権力闘争、その深層
古谷浩一 今も謎を残す事件と中国共産党の深層を剔抉
01682-9 1600円

＊**ベストセラー全史【現代篇】**
澤村修治 1945〜2019年のベストセラー本大全
01683-6 2200円

6桁の数字はISBNコードです。頭に978-4-480をつけてご利用下さい。

7月の新刊 ●11日発売

ちくま文庫

アサイラム・ピース
アンナ・カヴァン　山田和子 訳

その叫びは、美しい歌になる

出口なしの閉塞感と絶対の孤独、謎と不条理に満ちた世界を先鋭的スタイルで描き、作家アンナ・カヴァンの誕生を告げた最初の傑作。（皆川博子）

43603-0
860円

沙羅乙女
獅子文六

こんなに面白い小説がまだある!!

遠山町子は一家を支え健気に暮らす。そんな彼女に惹かれる男性が現れ幸せな結末かと思いきや、恋敵や父の思わぬ行動で物語は急展開。（安藤玉恵）

43601-6
840円

佐武と市捕物控　杖と十手の巻
石ノ森章太郎

居合の達人で盲目の市、その仕込み杖がひときわさえる。剣が引き起こす難事件を若き佐武との名コンビが解決する。文庫オリジナル。（中野晴行）

43606-1
780円

ブルース・リー
●李小龍の栄光と孤独
四方田犬彦

ブルース・リーこと李小龍はメロドラマで高評を獲得し、アクション映画の地図を塗り替えた。この天才俳優の全作品を論じる、アジア映画研究の決定版。

43598-9
1000円

年収90万円でハッピーライフ
大原扁理

世界一周をしたり、隠居生活をしたり。「フツー」に進学、就職してなくても毎日は楽しい。ハッピー思考術と、大原流の衣食住で楽になる。（小島慶子）

43607-8
740円

6桁の数字はISBNコードです。頭に978-4-480をつけてご利用下さい。
内容紹介の末尾のカッコ内は解説者です。

chikuma primer shinsho

さいしょのしんしょ

ちくまプリマー新書

★7月の新刊 ●6日発売

329
何のための「教養」か
桑子敏雄
東京女子大学教授、東京工業大学名誉教授

単なる〝飾り〟か、それとも〝命綱〟か。教養の力で人びとの合意形成を図る「地を這う哲学者」が斬り込む。すぐれた選択を導く知、思慮深さとはどういうもの？

68355-7
780円

330
日本人にとって自然とはなにか
宇根豊
農と自然の研究所 代表理事

日本人はなぜ自然が好きなのか。近代的自然観や、百姓の体験に根ざした自然への見方から日本人独特の自然観を明らかにし、新しい自然へのアプローチを提唱する。

68357-1
860円

好評の既刊 ＊印は6月の新刊

生きものとは何か——世界と自分を知るための生物学
本川達雄　生物の最大の特徴はなんだろうか？
68344-1 950円

その情報はどこから？——ネット時代の情報選別力
猪谷千香　情報の海を上手に渡る方法を教える1冊。
68346-5 740円

教授だから知っている大学入試のトリセツ
田中研之輔　変わる大学入試への向き合い方を教えます
68348-9 780円

イラストで読むAI入門
森川幸人　AIって何？ 今さら聞けない初歩から解説
68349-6 780円

中高生からの日本語の歴史
倉島節尚　言葉は人びとの暮らしや文化を映し出す鏡
68345-8 860円

イネという不思議な植物
稲垣栄洋　イネの種子・米と日本人の深くて長い関係
68350-2 820円

5日で学べて一生使える！ プレゼンの教科書
小川仁志　これからの時代、必須のスキルを徹底伝授！
68347-2 780円

物語は人生を救うのか
千野帽子　人生の困難を乗り越えるには物語が必要!?
68351-9 840円

＊**動物園は進化する**——ゾウの飼育係が考えたこと
川口幸男／アラン・ルークロフト　ゾウの飼育法から考える、未来の動物園とは
68352-6 840円

＊**糸を出すすごい虫たち**
大﨑茂芳　ミノムシはなぜ落ちないのか？
68353-3 780円

6桁の数字はISBNコードです。頭に978-4-480をつけてご利用下さい。

7月の新刊 ●6日発売

ちくま新書

1333-6 長寿時代の医療・ケア【シリーズ ケアを考える】
会田薫子（東京大学大学院特任教授）
▼エンドオブライフの論理と倫理

超高齢化社会におけるケアの役割とは？ 介護現場を丹念に調査し、医者、家族、患者の苦悩をすくいあげ、人生の最終段階における医療のあり方を示す。

07239-9 900円

1412 超速読力
齋藤孝（明治大学教授）

※新刊案内2019年6月号において『瞬読力』を6月の新刊として掲載いたしましたが、『超速読力』へと改題および刊行延期により、再掲いたします。

「超速読力」とは、本や書類を見た瞬間に内容を理解し、コメントを言えるという新しい力。本質をつかむためには必須の能力なのだ。日本人なら誰でも鍛えられる。

07231-3 820円

1419 夫婦幻想
奥田祥子（近畿大学教授）
▼子あり、子なし、子の成長後

愛情と信頼に満ちあふれた夫婦関係は、いまや幻想なのか。不安やリスクを抱えつつも希望を見出そうとして苦闘する夫婦の実態を、綿密な取材に基づいて描き出す。

07238-2 880円

1420 路地裏で考える
平川克美（著述家）
▼世界の饒舌さに抵抗する拠点

様々なところで限界を迎えている日本。これまでのシステムに背を向け、半径三百メートルで生きていくことを決めた市井の思想家がこれからの生き方を提示する。

07236-8 780円

1421 昭和史講義【戦前文化人篇】
筒井清忠 編（帝京大学教授）

柳田、大拙、和辻ら近代日本の代表的知性から谷崎、乱歩、保田與重郎ら文人まで、文化人たちは昭和戦前期をいかに生きたか。最新の知見でその人物像を描き出す。

07240-5 880円

1422 教育格差
松岡亮二（早稲田大学留学センター准教授）
▼階層・地域・学歴

親の学歴や居住地域など「生まれ」によって、子どもの学歴・未来は大きく変わる。本書は、就学前から高校まで教育格差を緻密に検証し、採るべき対策を提案する。

07237-5 1000円

1423 ヒューマンエラーの心理学
一川誠（千葉大学教授）

仕事も勉強も災害避難の判断も宝くじも、直感はもちろん熟考さえも当てにならない。なぜ間違えてしまうのか。錯覚・錯視の不思議から認知バイアスの危険まで。

07235-1 860円

1424 キリスト教と日本人
石川明人（桃山学院大学准教授）
▼宣教史から信仰の本質を問う

日本人の99％はなぜキリスト教を信じないのか？ 宣教師たちの言動や、日本人のキリスト教に対する複雑な眼差しを糸口に宗教についての固定観念を問い直す。

07234-4 900円

6桁の数字はISBNコードです。頭に978-4-480をつけてご利用下さい。

も何もあるだろうか。そう考えた出版人の、とりわけ販売関係者が中心になって窮地打開の策が練られていく。

とはいえ、一度でき上がった制度を根本的に改めるのは、易き道ではありえない。定価制の導入もそうであった。これが成し遂げられたのには、切実な状況を何とかしたいという出版販売業を担う者たちの獅子奮迅の努力はあったが、前記した出版の拡大上昇期が好条件をもたらしたことは指摘できよう。

一方で、背景の一つに、第一次世界大戦（一九一四年七月二八日から一九一八年一一月一一日）の影響による紙価の高騰が挙げられる。『岩波書店百年』の年譜をもとに時系列で主要な出来事を追ってみたい。[*8]

大正五年二月三日、洋紙の市価暴騰を受け、東京図書出版協会は書籍の定価を二〇%内外値上げすることを決定した。大正六年六月一八日、紙価調整の出版四団体連合委員会が五洋紙店、四製紙会社に紙価低減を要求するも、二三日、拒否回答。これを受けて出版側は七〜九月、衆議院への請願書提出、農商務大臣への陳情を実施する。大正七年四月、紙価・印刷費・製本代の値上げによってとくに雑誌界が苦境に陥り、定価値上げ・頁数半減・紙質低下・一時休刊などの現象があらわれる。一〇月、東京雑誌組合員一五社、各誌の定価を一斉に値上げ。――こうしたなか、値引き販売はありえない状況下となってくる。

いくつかの段階を経て、大正八年、ついに重い扉は開かれた。まず雑誌である。同年二月、東京雑誌組合と東京雑誌販売組合は定価販売を実行する。満を持したものであった。大正三年には一割弱の線で割引販売を認め、大正七年にはこれを五分とした。それを通して小売店や購買者（読者）の理解を徐々に進めていったのである。この賢明な漸進主義が大正八年の正式導入をスムースにした。

雑誌に続いて書籍も同じ年に定価販売に踏み切った。東京書籍商組合は七月、神田南明倶楽部で臨時総会を開き、定価販売実行を眼目にした規約修正案と、新設の販売規程案を提出した。両案成立のうえ、新制度は同年一二月より実施されたのである。[*9] これらを考えると、雑誌・書籍ともに定価販売という悲願を達成した大正八年は、日本の出版界にとって、記憶にとどめなければならない年といえよう。

東京ではじまった書籍定価販売の動きは、まもなく全国に拡張された。主要な書籍業者が集まって全国書籍商組合連合会の設立がなされたのは翌大正九年五月である。この組織のもと定価販売の全国普及は軌道に乗っていく。

ベストセラーの登場と普及の様相も、大正半ばのこれら制度変革の影響を受けることになる。大正後期そして昭和以降のベストセラー史は、明治や大正前期とは違う流通販売上の前提を、考慮せねばならない。

人気作家の続作

大正中期になされた制度改革について先に述べたが、ここで大正期のはじめに戻り、登場した個々のベストセラーを取りあげていきたい。

「生《な》さぬなか」は大阪毎日新聞で大正元年八月一七日から翌二年四月二四日まで連載された新聞小説で、好評を得て新聞の部数を伸ばしたほか、新派悲劇として上演されて人気を博し、題名を冠した饅頭やせんべいもよく売れた。[*10] 著者の柳川春葉は本書明治期ですでに名前が登場している。尾崎紅葉門下で泉鏡花、小栗風葉、徳田秋聲とともに「四天王」と呼ばれた俊才であった。すでに文壇の大物だったが、新聞小説に乗り出すとこちらでも成功し、先行するベストセラー作家・菊池幽芳（七一頁参照）のあとを受け、一時期、春葉時代を築いたといわれる。[*11] その春葉の一大傑作と評されるのが「生さぬなか」であった。

書籍化刊行は大正二年（一九一三）、金尾文淵堂にておこなわれた。全四巻で、翌大正三年には合本も出ている。文淵堂は『生さぬなか』刊行にさいして造本に力を入れた。鰭崎英朋《ひれざきえいほう》の口絵を使い、多色刷り木版で印刷したのである。[*12] 本づくりに妥協せず、費用をかけて良い本をつくることが信条だった文淵堂らしい出版物となった。採算第一主義をとらない背筋よき姿勢は、出版社としては見事ではあったが、そのため経営はいくたびも苦境に陥ったことは本書でもすでに触れている。取次の東京堂は大正三年以来、さまざまな契約を取り交わして、その出版路線を援助していた。『東京堂百二十年史』にはこう出てくる。

〈文淵堂金尾種次郎は天才肌の出版人で、明治末期から大正初期にかけて、優れ

柳川春葉『生さぬなか』

『生さぬなか』口絵（鰭崎英朋）

た文芸書や、思い切った美装本を出して鳴らしたものだが、凝り過ぎてほれ込むと採算を考えず、惜しいことに経営に破綻をきたした。東京堂は金銭的にも販売的にも、立直りのために手を貸したが及ばなかった。立直ったかと思うと、また行詰るという有様であった。[*13]〉

こうした金尾文淵堂にとって、大正初期、柳川春葉は経営上頼りになる作者である。なかでも『生さぬなか』の売上げは大きく、大正二年から三年にかけての文淵堂に充分な資金を提供し、その出版活動を支えた。[*14] 春葉作品として文淵堂は他にも『縁の糸』（明治三九年）、『女一代』（上下、大正二年）、『かたおもひ』（全五冊、大正三年）、『母』（前後篇、同）などを刊行しているし、大正七年の春葉逝去にさいしては、これまでの関わりを尊重するように、『春葉全集』全六巻の編集発行（大正八～一〇年）もおこなった。

大正二年にはまた、渡辺霞亭『渦巻』と徳冨蘆花『みゝずのたはこと』という、明治以来の人気作家の二作が、ベストセラーになっている。

渡辺霞亭は明治四一年のベストセラー『渡辺崋山』の作者渡辺碧瑠璃園《へきるりえん》で、多くの筆名のうちの一つだった。彼は名前を変えることで複数の新聞に小説を連載しており、一時は同時に一〇篇も量産したといわれる。その霞亭の、まさに脂《あぶら》が乗りきった時期の小説であり代表作ともいわれる作品こそ、『渦巻』であった。華族の家督相続争いを背景にヒロインの苦悩と成長を描いた家庭小説である。

「渦巻」は大阪朝日新聞に連載され、大正二年の一〇、一一、一二月にそれぞれ上中下篇が書籍化刊行された（大正三年三月に続篇も出ている）。版元は隆文館で、自らも家庭小説の作家である草村北星が、勤務していた金港堂を退職して興した出版社である。『渦巻』は大阪浪花座で上演され、作品の人気をさらに高めた。百貨店には渦巻人形、渦巻染などが売り出されたほか、ヒロインの髪型までが流行して、女性の間に「渦巻熱」を巻き起こしたといわれている。[*15]

徳冨蘆花『み﹅ずのたはこと』は大正二年三月、野村鈴助の新橋堂より刊行された。新橋堂は東京京橋にあった。医学健康書とともに文芸書も出していた出版社で、永井荷風『腕くらべ』（大正七年）の刊行元にもなっている。『み﹅ずのたはこと』は八章百篇から成る随筆集で、田園暮らしのなかの生活記録といえるもの。既刊のベストセラー『自然と人生』（一二四頁参照）と同じ傾向の本だといえよう。同社から翌大正三年一二月に刊行された『黒い眼と茶色の目』とともに、広く普及していった。

『黒い眼と茶色の目』は若き日の恋愛事情を織り込んだ自伝的小説である。出す作品ごとに本が売れ、〈明治随一のベスト・セラー作家〉（『本の百年史』）とも評される蘆花は、大正になってもその人気は衰えなかった。[*16]『み﹅ずのたはこと』と『黒い眼と茶色の目』は、大正九年に福永書店へ出版権が移ったが、その時点で前者は一〇〇版、後者は二六版を数えている。[*17]

なお『み﹅ずのたはこと』には縮刷版（新橋堂）もあり、「縮み﹅」との愛称も使われた。大手取次の東京堂で大正期に現場販売員をしていた松本昇平は、「縮み﹅」が一時期、〈毎日の注文集計のトップであった〉と回想している。[*18]当時、この本は東京堂が一手販売をしており、好評ぶりが取次のデータからも判る。

人気を確立した作家のベストセラーというなら、大正三年の漱石『坊っちゃん』（新潮社刊）

も挙げておかねばならない。「坊っちゃん」は明治三九年『ホトトギス』に発表された小気味よい漱石の最初期作で、既述したように明治四〇年刊の『鶉籠《うずらかご》』に収録されて書籍化されている(一三七頁)。単体形式ではじめて出たのがこの新潮社版で、「代表的名作選集」の第二篇として刊行された。

松岡譲「漱石の印税帖」には、漱石逝去後、大正六年一月から一二年八月までの統計が公表されているが、新潮社版『坊っちゃん』は累計四万三八八〇部である。大正初期の『坊っちゃん』単体には春陽堂版(大正五年、袖珍本)もあり、同じ統計では四万七四〇〇部だった。この数字は同時期の各社すべての漱石本のなかで、『縮刷版 猫』(大倉書店)の六万七六〇〇部に次ぐ、二位と三位である。[*19] 人気があった漱石作品のなかでも、ズバ抜けた売れ行きを誇っていた様子がわかる。なお、岩波文庫が創刊二五周年を機に発表した同文庫のベストスリー一位は『坊っちゃん』であり、ロングセラーという点でも『坊っちゃん』の存在感は確固としている。

石川啄木は与謝野晶子と並ぶ明治の実力歌人で、世評を高めていた『一握の砂』と『悲しき玩具』の合本、『啄木歌集』(東雲堂書店)が大正二年に出て、その人気は本格化した。同書が広く普及されるのを機に、〈明治歌人中の最大のベスト・セラー作家〉と見なされるようになる。[*20]

哲学書への関心

大正三年(一九一四)、一冊の本が登場して、哲学的思索書が求められる時代状況をあらわにした。阿部次郎『三太郎の日記』である。「第壱」は大正三年四月に東雲堂から、「第弐」は大正四年六月に岩波書店から、第参を加えた合本が大正七年六月に同じ岩波書店からそれぞれ刊行された。著者は夏目漱石門下の哲学者で、雑誌『思潮』の主宰者（大正六年から）でもある。『三太郎の日記』は著者三〇歳代の文章で、〈自分の内面生活の最も直接な記録である〉と告げつつ、憂愁や希望、自信と廉恥、愛や寂寥などを率直に記して青年読者の圧倒的支持を得た。明治から大正へ向かう社会変動の一季に、不安と煩悶にさらされていた若者の心を捉えたのだ。

同書は「第弐」が刊行二か月後に三版へ達したと『岩波書店百年』の年譜にある。初版一〇〇〇部、一回の重版は五〇〇部で、それは当時の習慣だったと付記される。[*21]一方、合本版は大正九年一〇月に一〇版へと達しており、[*22]青年層を中心に着実に読者を広げていた事情が判る。この本はさらに時代を超えてロングセラー化していった。

唐木順三は『現代史への試み』のなかで、「教養派の一見本」の項を立てて『三太郎の日記』を論じている。その冒頭で、昭和の大戦中、〈有力な高等学校の二三《にさん》で生徒の愛読書をしらべ〉た調査が紹介され、〈多くの生徒がきまって阿部次郎の『三太郎の日記』を挙げていた〉と出てくる。[*23]大正はじめの作品が、昭和一〇年代終わりに至るもなお若い読者を獲得し続けていた様子がここに見出せる。

哲学的思索的著作といえば蘆花の『みゝずのたはこと』も広い意味でその一書であり、こうした傾向の著作が多くの読者を得ていたのは、明治末から大正中期頃までの出版界の特徴といってもよい。

大正初期で売行きが好調だった哲学書を挙げれば、タゴール『森林哲学　生の実現』（三浦関造訳、大正四年、玄黄社発売)、朝永三十郎『近世に於ける「我」の自覚史』(大正五年、東京宝文館)、ゲーテ『若きヱルテルの悲み《かなし》』(秦豊吉 訳、大正六年、新潮社)となる。また、大正一〇年の西田幾多郎《きたろう》『善の研究』(旧著[明治四四年、弘道館書店]の再刊。岩波書店)がこの系統のベストセラー書として挙げられる。

思索書のブームはこうした単体のヒットにとどまらず、たとえば大正四年にはじまる『哲学叢書』一二巻(岩波書店)を好調に推移させた。編者は阿部次郎、上野直昭、安倍能成で、みな若い文学士である。岩波茂雄は、第一次大戦の影響や西欧思潮の流入によって日本の思想界が混乱している様相を見て、これは自国の哲学が貧困なるがゆえにであり、いまこそ哲学知識の普及が出版人の使命だと思い立ってこの叢書刊行に乗りだした。当初は売れ行きが危ぶまれたが、予約申し込み段階で八〇〇部に達しており、当時の初版・重版の常識的部数から見ても、申し分のないところである。かくして、出してみれば成績は上々のうえに、「哲学書の岩波書店」というブランドづくりにも役立ち、『哲学叢書』は成功した企画となった。[*24]

なお同叢書刊行にさいして、岩波茂雄が発した文書(大正四年一〇月、安倍能成の筆による)のはじまりは、〈オイケン、ベルグソン、タゴール。わが思想界の送迎もまた実に多事を極む〉である。同時期の流行思想が示されているわけだが、このうちタゴールは、大正二年(一九一三)にノーベル賞を受賞し注目を浴びており、大正四年には初来日を果たしてブームになっていた。上記『森林哲学 生の実現』はそのタイミングに合わせた刊行ということもあって、〈数万部を売りつくした〉といわれる。[*25] 発売元の玄黄社は国民文庫刊行会の別名である。

さて、『哲学叢書』は灰色木綿の瀟洒な装幀で、大正六年八月まで刊行された。このシリーズを成功裡に終えることができたのは、装幀も含めて学生層に支持された点が大きい。実際、シリーズ各書は旧制高校の教科書として幅広く使われた。[*26] 一二巻のなかで最も売れ行きがよかったのは、速水滉『論理学』（大正五年四月刊）である。『岩波書店百年』によれば、大正末までに七万五〇〇〇部へと達している。[*27]

『哲学叢書』は編者以外に顧問を置いており、波多野精一、西田幾多郎、朝永三十郎、大塚保治、夏目金之助（漱石）、桑木厳翼、三宅雄二郎（雪嶺）の七人である。このうち西田と朝永は大正期ベストセラー哲学書の作者でもあった。上記『善の研究』と『近世に於ける「我」の自覚史』がそれだが、復刊ものの前者は刊行から一年弱の翌大正一一年二月にはもう五四版を数えたから、大正期の哲学書ブームは前提にしても相当な売れ行きといってよい。青年たちは「わからなくとも読む」で、みなこの本に読みふけったのだ。

後者『近世に於ける「我」の自覚史』はこの『善の研究』とならぶ大正期哲学書のベストセラーであったと『本の百年史』が伝えている。[*28] こちらは、売れ行きが一度落ち着いたあと、関東大震災以後に再び売れ出した。[*29] 版元の東京宝文館は、岐阜出身の大葉久吉が大阪の宝文館（吉岡平助書肆）で修業したのち、明治三四年七月、東京神田駿河台に創業している。『近世に於ける「我」の自覚史』を刊行したときは、教科書、学習参考書の出版に重きをおいて活動していた。[*30]

心身修養書ブーム

東京堂の『新刊図書雑誌月報』大正六年一月号は、大正元年から五年にかけて（一九一二〜一九一六）発売された書籍のベストセラーを掲載しており、次の七点が挙がった。

徳冨健次郎（蘆花）『み丶ずのたはこと』（大正二年三月一三日初版、六九版、新橋堂）
三宅雄二郎（雪嶺）『世の中』（大正三年六月一六日初版、六五版、実業之日本社）
岡本米蔵『牛』（大正四年六月四日初版、六五版、博文館）
徳富猪一郎（蘇峰）『大正の青年と帝国の前途』（大正五年一一月一日初版、五九版、民友社）
川合春充『心身強健術』（大正三年三月一五日初版、四一版、武俠世界社）
和田垣謙三『兎糞録』（大正二年七月一四日初版、三六版、至誠堂）
新渡戸稲造『一日一言』（大正四年一月一日初版、三四版、実業之日本社）

これらのうち『み丶ずのたはこと』はすでに触れている。他の六書について触れていくが、哲学書と似た傾向ながら、思索にとどまらず実践の道を併せて示した、広い意味の心身修養書といえる本が集まったといえよう。大正初期はこうしたジャンルもまた、読者の興味を呼び込んでいたのである。

三宅は志賀重昂らと政教社を結成、雑誌『日本人』を創刊して欧化主義を批判した明治の代表的言論人である（六四頁参照）。『世の中』はその三宅による人生論、処世訓の本で、〈人は善くも言われ、悪くも言われるのがよい〉といった格言めいた言葉が次々と登場し、修養の書として幅広い読者を得た。

岡本米蔵は神戸商業学校を経て、行商などで苦労をしたうえで、ニューヨークに渡り土地開発事業をおこなった。成功者としてアメリカから凱旋帰国すると話題を集め、〈貧しき百姓の倅《せがれ》〉として生を享《う》けたことから始まる自伝『牛』が人気となる。表題『牛』は長野善光寺参りの希求から付けたようだが、海外雄飛とはミスマッチなところは、日本の読者にかえって親近感を与える効果があったのかもしれない。

本は読み切りやすい二二〇頁で、冒頭に岡本原作の歌「海外雄飛」の歌詞と楽譜が見開きで掲載されている。その一節に、〈身を海外に　雄飛し得ずば　手を海外に　ひろくひろげよ　手を海外に　出し得ぬものは　目を海外に　とほく注げよ　ゆけや海外に　ゆけ海外に〉とある。立志伝的記述にあこがれて本を手にする読者を、いきなり鼓舞するかのような構成だった。

岡本は「日本のカーネギー」といわれることもあったが、成功は一時的で毀誉褒貶もあった。なお、不遇な幼少期を送るなか自力で運命を切り開いていく者の実話は、のちにベストセラーがいくつかあり本書、また別巻現代篇で登場する。

徳富猪一郎（蘇峰）『大正の青年と帝国の前途』は第一次世界大戦のさなか、三か月で全一六〇篇を脱稿したもので、国民新聞掲載ののち書籍化された。新日本を担う青年に向けて、自由主義的な立場を改め「国家への献身」を説いており、国家主義的立場を明示した著者転換点の書と位置づけられる。政治の世界から離れた時期の蘇峰が集中して書きあげ、その筆達者ぶりが存分に発揮されたゆえに、内容は読みやすく、広く普及していった。

川合春充『心身強健術』は、気合術を基礎にした体育法である。自己療法の本であって、内容は筋肉の発達、内臓の壮健、体格の均整、動作の敏活をめざすものとされ、方法としては「腹力」が実行の要《かなめ》とされる。ベストセラー史では戦後（第二次大戦後）を中心に健康実用書が目立つようになるが、本書はその走りの作といえるだろう。

なお健康実用書はメソッドが簡便で、金銭もかからず、自宅で誰もができることが読者受けのポイントになる（現代篇第五章参照）。その点『心身強健術』は、冒頭に置かれた「強健術」の項にて、〈一日の修練に、僅々《きんきん》「五分間」を費せば足る〉、〈相手を要せず、場所を要せず、機械を要せず、金銭を要せず〉とあり、このポイントをちゃんと押さえている。普及する条件を揃えていたのだ。

和田垣謙三は経済学者で東京帝大教授。専門書のほか、青年に向けての処世訓話本も何冊か出しており、一三二本の随想を集めた『兎糞録』にもそうした面はある。この奇妙な題名の所以《ゆえん》について、同書自序は、〈折に触れ時に応じ、興来《きようきた》り情湧く毎《ごと》に、ポツリ〳〵ポロリ〳〵飛び出したるもの、即ち是《これ》〉と述べ、まさに兎のフンのごとき随想を集めた書だとユーモアたっぷりに説明している。

同書は武士道精神や高潔の士を語っており、また書中一八頁では、〈世界より偉大なりと認めらるゝものなきにては、我国も誠に心細きことならずや〉と訴えている。ナショナリズム高揚期に合わせ、青年の精神を教導する観点をふまえた一冊といえる。

新渡戸稲造は、日本の武士道を、プロテスタント精神と融合させることでより普遍的な思想へ高めようとした『武士道』の著者として有名だが、『一日一言』はその新渡戸が日本の一般読者へ向けて、歴史上の人物の格言を紹介した本である。人格向上に役立つ心の糧を読者に届けようとしており、こちらも修養書のジャンルに入れることができよう。発売まもなく好評を得て広く普及していった。

さてこれら修養書人気の背景として、第一次大戦という世界史的事件を迎える時勢のなか、日本ならびに日本人はどう振るまえばよいのかについて、読者に切実な関心が生まれていた事情はやはり大きい。世界はどうなるのか、そのなかで日本はどうなっていくのか、いくべきなのか。こうした問いを多くが抱く。それが大正はじめの特殊な知的雰囲気をつくった。

関連して、同時期の本のなかで、大戦下のヨーロッパの実状を知りたいという読者の要望を巧みに捉えたベストセラーがある。独帝カイゼル著、クリユール原訳、樋口麗陽訳の『朕が作戦』（大正三年、武田博盛堂）だった。同書は緒言で、〈フランスの一軍事探偵が、カイゼル陛下出陣の御不在に乗じ苦心惨憺ポツダム宮殿の奥深く忍び込み、厳重なる警戒を冒して、其の秘密室より窃《ぬす》み出したるカイゼル陛下の秘密書、其れをクリユール氏が仏訳して私費を投じ、出版公頒したのが即ち本書である〉と述べている。相当怪しげではあるが、ドイツ皇帝の戦争遂行に関する真相暴露本として、大衆的関心を引き寄せた。

同書を刊行した武田博盛堂は赤本関係の出版社である。赤本とは元々、江戸中期の草双紙が表紙の赤いものだったことからくる名称だが、近代になると、簡易な造本による滑稽で教訓に富んだ講談本や小説本の類いを指すようになった。地本ともいう。赤本（地本）を出す出版社は、東京の浅草橋から蔵前あたりを中心にかなりの数にのぼっていた。通常の書籍版元とは一線を画すゲリラ的な小版元ばかりであり、そのなかからベストセラーが出たのである。[*31]

付言すれば、赤本系は定価を付けないのが通常だった。そのため大正八年の定価販売導入のさい、販売方法が一挙に改められないというので、赤本（地本）については例外とすることが認められている。[*32]

さて、修養書に戻るが、『一日一言』を出した実業之日本社から、社長増田義一の著『青年と修養』が大正元年一一月に刊行されたことにも触れておきたい。社会人となる青年に向けて処世の要領を示した本だが、商業学校などで教科書や参考書に採用されたこともあって、コツコツと版を重ねた。縮刷版を合わせると昭和五年一二月段階で八六版へ達し、さらに増補版となり、計一〇〇版近くを数えるまでになっている。

好評を博した文芸書

大正三年までの間で、明治以来の人気作家による文芸書ベストセラーについてはすでに扱ったが、大正九年（一九二〇）まで対象を広げて、好評を得た他の文芸書を次に取りあげてみたい。

実業之日本社は明治三九年創刊の『婦人世界』躍進で頭角をあらわし、『日本少年』（明治三九年創刊）、『幼年の友』（明治四〇年に発行を引き受けた『家庭教育絵ばなし』を明治四二年に改題）、『少女の友』（明治四一年創刊）も高い発行部数に押しあげて成功させ、『実業之日本』とともに、大正期に入ると有力五大誌を擁する版元へと大発展を遂げていた。その勢いは、「博文館時代は去り、実業之日本社の時代が来る」と出版界の主役交替もささやかれたくらいである。

同社五大誌の一つ、『日本少年』の名編集長といわれたのが有本芳水で、編集者であるとともにすぐれた抒情詩人だった。その芳水が『日本少年』に発表した詩を主に集めたのが『芳水詩集』（大正三年、実業之日本社）である。旅の詩を多く収め、竹久夢二の抒情的な装幀挿画も相まって、少年少女の心を捉えてベストセラーになった。

雑誌界の新たな主人公になりつつあった実業之日本社は、大正期に書籍でも成功を収めており、ベストセラーになった本としてほかに、やはり文芸書で二書がある。どちらも島崎藤村の童話集で『幼きものに』（大正六年）と『ふるさと』（大正九年）だった。藤村は大正二年に渡仏し三年間にわたってかの地で過ごすが、日本には四人の子どもを残していた。

その子どもたちに聞かせたい話としてまとめたのが『幼きものに』である。七七篇の短編童話を収録し、うち一一篇がフランスやロシアなどの童話を再話したもの。それもあって、当初は「仏蘭西土産」と副題が付いていた。『ふるさと』は『幼きものに』の姉妹篇ともいえる書で、子どもたちに聞かせるかたちで、藤村の幼い頃を物語っている。両書は今日の新書サイズに近い小型本で、昭和一二年に『幼きものに』が五五版、『ふるさと』が六二版へ達した。[*33]

有本芳水『芳水詩集』

なお藤村の作品では、『幼きものに』と『ふるさと』の間に、大人向けの小説『新生』（二巻、大正八年、春陽堂）がある。自伝的告白小説として話題を呼び、一月一日に刊行された第一巻は早くも八日に再版となった。大正中期に刊行された本のなかでは、〈ベスト・セラーの一つに算えられる〉作品だといえよう。[*34]

すでに評価を得た既成作家の本が売れるとともに、無名の新人が唐突に話題作を出すのも出版界の面白いところだが、大正期にもそれがあった。藤村をはじめ明治以来の人気作家の作に交じって、江馬修《なかし》の長編小説『受難者』が文芸書のベストセラーに名を連ねている。

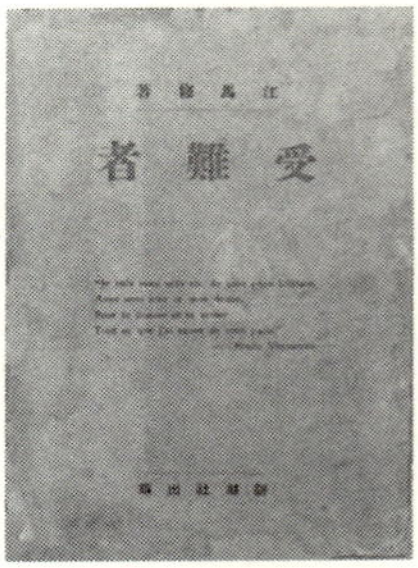

江馬修『受難者』

江馬は『早稲田文学』などに小説を発表していたが、無名に近い存在だった。新潮社の佐藤義亮は、雑誌『新潮』の編集者中村武羅夫の紹介で江馬青年を知ると、生活費を与えて執筆を支援する。青年は期待に応えて長編を書き上げ、佐藤のところへ持ってきた。このときは、朝早くに新潮社へ出向き開門まで二時間、門前に立っていたという。なるべく早く佐藤に見せたかったからだ。[*35]

かくして江馬の『受難者』は大正五年九月、新潮社から発売される。五四〇頁の大著で新人のデビュー作としては冒険だったが、佐藤は積極的だった。当時流行《はや》っていたトルストイやルソーの人道主義を体現するような若い書き手の大作は、「新しい恋愛小説」として打ち出され、上々の売れ行きを示した。文壇はほとんど沈黙したというが、一般読者の支持は大きく、感激の言葉を連ねた手紙が江馬のもとへさかんに舞い込んだという。[*36] 大正一三年五月に四一版まで達しており、広く普及したのは間違いない。[*37]

ベストセラーを出すことで、無名の新人は一夜にして文学の成功者と見なされる。新潮社はその登場を実現させたというので、その後、無名氏の書き下ろし長編持ちこみが増えた。佐藤は困惑することもあったようだが、そうしたなかから大正期を代表するベストセラー、島田清次郎の『地上』が生まれるのである。この作品については第五章で述べる。

新潮社の新人系長編小説でベストセラーとして記録されている作品として、他に藤森成吉『若き日の悩み』（大正九年七月刊行）がある。元々は著者東大生時代の大正三年六月、『波』と題して中興館から自費出版された処女作だった。[*38]「青春の記念」として読者に支持され、鈴木三重吉の高評もあったこの作を、内容をより直截に伝える新しい表題にして新潮社は刊行したのである。青春の苦悩を率直に描く作品が好まれる時代の風潮もあって、広く読まれることになった。藤森はのち重要な左翼作家の一人となり、『文芸戦線』同人を経て、ナップ（全日本無産者芸術連盟）結成に参加、初代委員長に任じられる。

大正時代、日本文学では自然主義に反発する耽美派・白樺派・新思潮派が登場し、自然主義の系譜とともに四つの潮流が文壇を主導することになった。ベストセラーになる作品もそれらの書き手から世に送りだされるわけで、明治末以来の自然主義からはすでに島崎藤村の三作が取りあげられた。それと歩を揃えるように、大正七年から九年にかけて白樺派の有島武郎が三作、ベストセラーとなっている。

有島は作家的出発こそ遅かったが、本格的に書き出すと矢継ぎ早に作品を発表、華麗さとスケール感で多くの読者を捉えてたちまち流行作家になった。大正の文壇史において、有島武郎の出現ほど華々しいものは絶無だと『新潮社史』にあり、ドラマティックでさえあったことを指摘し

有島武郎『生れ出る悩み』

ている。[39]

ただし当初は、白樺派の本をよく出していた洛陽堂、春陽堂で出版の交渉をしたが断られ、新才能の登用に積極的だった新潮社の佐藤義亮が、「売れても売れなくても出し続ける」と名乗りをあげた。かくして有島の本は新潮社から陸続と刊行された。大正六年一〇月の『死』を初作として、『宣言』（同一二月）、『カインの末裔』（大正七年二月）、『叛逆者』（同四月）、『迷路』（同六月）とほぼ隔月刊行のペースで出され、〈非常な好評、みな忽ち何十版という有様〉（『新潮社史』）となった。[40]

ところがここで有島は、小樽の貸本屋独立社を経て大正七年八月に出版業をはじめた足助《あすけ》素一《そいち》に望まれ、彼の叢文閣へと版元を変えてしまう。足助は札幌農学校時代からの知り合いで、有島の社会思想研究会にも参加していた者だった。一方の佐藤義亮のほうは、茅ヶ崎の結核病院南湖院を退院して出版業に入ったばかりの足助の頼みを引受け、出版権を譲ったという。

叢文閣時代の第一作は『生れ出る悩み』（著作集第六輯、大正七年九月）で、自死後に出た最後の作『ドモ又の死』（同第一六輯、大正一二年一一月）に至る。有島人気のなかでどれも部数を伸ばしたが、『生れ出る悩み』『小さき者へ』（大正七年一一月）、『或る女』前後篇（大正八年三月、六月）、『惜みなく愛は奪ふ』（大正九年六月）の四作の売れ行きがことのほか大きかった。『惜みなく愛は奪ふ』は女性の間で共感を呼び、有島ブームを巻き起こしたという。[41]

大正九年までの文芸書ベストセラーといえば、もう一点、菊池寛の『真珠夫人』を挙げておかねばならない。東京日日新聞、大阪毎日新聞に連載され、女性を弄ぶ男性を逆に手玉に取り、破滅させていく華族令嬢を描いて時流に乗った。

連載中すでに、新聞小説の新生面をひらいた作品として好評を得ており、新潮社から前後二篇として書籍化刊行（前篇は大正九年一二月、後篇は大正一〇年一月）されると、ベストセラーとなった。情熱的な歌風で知られる歌人の柳原白蓮がモデルだという噂も手伝って、話題性は増したのである。なお、菊池は大正一四年にも『第二の接吻』をベストセラーにしているが、この作品については第五章で扱う。

新潮社翻訳書の成功

新潮社は前身・新聲社を経て、日露戦争勃発まもない明治三七年（一九〇四）五月に出発したが、その存在を大きくしたのは大正期であり、本章でも新潮社発のベストセラーはすでに紹介されている。その新潮社が早くから目を付けていたのが翻訳出版であった。佐藤義亮は回想録「出版おもいで話」でこう記している。

〈明治〉四十年頃から、私は外国文学の出版について考えだした。日本の文壇の革新運動といったところが、畢竟《ひっきょう》するに、外国文学の影響によるのが大きいから、今後必ず外国文学翻訳の要求がさかんに起るに相違ない。それを見越して翻訳出版をやろうと決心し、第一番にツルゲーネフから始め段々他に及ぼそうと思った。〉[*42]

なぜツルゲーネフかといえば、二葉亭四迷の「あひゞき」（『猟人日記』の一部。明治二一年『国民之友』に発表）を読んでいたく感心したからだという。佐藤は刊行作業に着手し、ツルゲーネフ作品で『父と子』（明治四二年）をまず出した。訳者は相馬御風で、ガーネットの英訳からの重訳である。翻訳ものは売れないといわれていたが、五回の重版となり小成功となる。続いてツルゲーネフ、草野柴二訳『散文詩』が出され、さらに相馬御風訳のツルゲーネフ『貴族の家』（明治四三年）、ロシアの作家八人のアンソロジー『毒の園』（昇曙夢《のぼりしょむ》訳、明治四五年。原文直訳）と続けた。[*43]

これを助走期とすれば、大正に入ってさらなる飛躍がなされる。「近代名著文庫」と銘打ったシリーズの第一作にガブリエエレ・ダンヌンチオ『死の勝利』を刊行すると、大きな評価を得た。『死の勝利』は生田長江《いくたちょうこう》の訳だが、元々『趣味』発行所の易風社から出す予定だった。しかし易風社は訳文に満足せず、小栗風葉に補筆をしてもらい共訳とするのはどうかといってくる。生田は金を急ぐ事情があり、原稿を引き上げ元通りの単独の訳書として新潮社で刊行することになった。[*44]

このとき、たまたま漱石門下の森田草平が平塚らいてう（雷鳥）と心中しようとした事件が新聞で大々的に報道され、その決意の行動は『死の勝利』の影響からだと知られると、この本への関心は一気に広がった。〈全く記録やぶりの売れ行きを示した〉と佐藤は回想している。[*45]

新潮社はこの成功もあって、翻訳書の刊行を出版活動の重要な一翼とする。大正六年（一九一七）一月には秦豊吉訳で『若きヱルテルの悲み』を、「ヱルテル叢書」一八冊の第一篇として刊行した。こちらも大変な評判となり、またロングセラー化もして、大正一四年一二月に一一〇版へと及んでいる。訳者の秦豊吉は昭和のはじめ、中央公論社のベストセラー『西部戦線異状なし』の訳者として本書で再登場する。人物についてはそのときに紹介したい。

なお「ヱルテル叢書」にはメリメの『カルメン』やアベ・プレヴォ『マノン・レスコオ』などが収められている。この〈小型本の青春文学叢書は実によく売れた〉のだった。*46

『や、此は便利だ』と『是丈は心得おくべし』

埼玉師範で教諭をつとめ、国語・漢文・修身・教育の授業を受けもっていた下中彌《しもなかや》三郎《さぶろう》は、学生に文字の知識が不足し、用字用語が乱れていることを日頃から問題視していた。そこで「間違いやすい文字とその使い方」を話して聞かせると、学生は興味を持った様子である。下中は〈新用語の解説と文字便覧を一本にすれば喜ばれるだろう〉と考え、かねてから執筆を依頼されていた成蹊社の主人秋永東洋に提案する。秋永はこれを承諾し出版に至ったのが『や、此《これ》は便利だ』である。*47

大正二年（一九一三）に同書は出たが、まもなく成蹊社は他の出版物に失敗して破産してしまう。下中は一念発起してこの本の紙型を買い取り、大正三年春、自ら出版を思い立った。平凡社の創業である。小型判で三〇〇頁余、角《つのが》書きとして「ポケット顧問」が付いたこの本を、下中は「や便」と呼んで、もっぱら通信販売で売り捌《さば》いた。

巻頭の例言に従うと、『ポケット顧問　や、此は便利だ』は〈一種の社会語・常識語の辞書といふを得べき〉本である。〈日常の談話に上《のぼ》り、新聞・雑誌に現《あら》はる、新意語・流行語・故事・

下中芳岳（彌三郎）『ポケット顧問　や、此は便利だ』

熟語等の中、や、難解のものを蒐《あつ》めて簡明に解説を試み、更に、実用文字便覧をも附して一冊となし〉たものであった。目を引く口語的表題の誕生の経緯《いきさつ》は、〈友に示して批評を乞ひしに、友頁《ページ》を繰りつゝ微笑して曰く、「や、此は便利だ！」と。これ、本書の名ある所以《ゆえん》なり〉と記される。[48]友とは成蹊社秋永のことである。[49]

下中彌三郎は出版の創業者に再々見出せる、個性的な独立力行タイプの人物だった。兵庫県に生まれ、幼少で父を亡くした。小学校に三年間在学しただけで、陶器職人などをして働きながら独学苦学の日々を送る。教員の資格は検定で得ており、まず兵庫県の小学校教員をしたのち、上京して埼玉県師範学校に勤めることになった。そうした開拓者型の下中だからこそ、急場で出版社立ち上げを決意して、実行できたのであろう。下中は平凡社立ち上げの頃、埼玉師範を依願退職するも、以後四年間は嘱託として同校の教壇に立った。[50]『ポケット顧問　や、此《これ》は便利だ』は半年で一八版を数え、[51]一年で三万部ほどを売り切った。その後はロングセラーとなって大正末までに一〇〇万部を超える部数を獲得、昭和に入ってからも売れ続け、昭和五年時点で一二八版を重ねている。[52]

この本の成功は平凡社の出発点となり、大正一二年、株式会社へと改組して本格的に出版活動を開始する。昭和のはじめ出版界に円本合戦が起こると、改造社、新潮社などとしのぎを削りながら、『現代大衆文学全集』や『世界美術全集』をヒットさせた。その後、創業期の『や、此は便利だ』を意識するように『大百科事典』（昭和六～一〇年、全二八巻）を刊行、戦後は『世界大百科事典』を出して「百科事典の平凡社」といわれる存在となる。その意味で『や、此は便利だ』は、平凡社を誕生させるきっかけとなったばかりでなく、出版活動の中心線をつくった本だといえよう。

さて、『や、此は便利だ』の成功をみて、これに倣《なら》うように『是丈《これだけ》は心得おくべし』を刊行したのが当時の新興出版社、誠文堂である。社主は茨城出身の小川菊松だった。

小川は高等小学校を三年で退学して上京、出版取次の至誠堂へ入店する。寝る間もないほど一心不乱に働き店主の信任も得たことで、明治四五年、独立して自分の取次販売店を開く。これが誠文堂であった。進取の気性に富む小川はまもなく、利益が知れたものである取次店から、リスクはあるが成功の妙もある出版の世界へと突き進んでいく。

大正二年九月にはもう渋川玄耳（藪野椋十、元朝日新聞社社会部長）の『わがまゝ』を処女出版、好評を得た。小川の回顧によれば、〈初版は二千部であったが、しばらくの内《うち》に八千部を売尽して完全に儲かった〉という。[*53] 誠文堂は休むことなく同じ著者の『世界見物』『日本見物』の縮刷合本を濱井松之助の大阪屋との共同出版で、また米窪太刀雄（満亮）『海のロマンス』『マドロス悲哀』を矢島一三の中興館との共同出版で出すと、前者は六万部、後者も数万部という成果をあげた（『海のロマンス』の序文は夏目漱石）。[*54] その勢いに乗って刊行したのが、加藤美侖《みろん》の『社交要訣 是丈は心得おくべし』（大正七年）なのである。

これは持ち込みの企画だった。あるとき、〈一見大神宮の御《お》札売《ふだうり》か、大本教《おおもときょう》の幹部とでもいつた風采の〉者が突然尋ねて来て、原稿を見てくれと言うのである。加藤美侖というのは全く聞き慣れない名前だったが、持って来た原稿「処世禁物百ケ條」は読んで見るとなかなか面白い。〈これは売れるナと直感した〉小川菊松は、〈即座に原稿料金六十円也で引受けた〉[*55]。小川は『や、これは便利だ』から思いついて、キャッチーな表題『是丈は心得おくべし』に変え、一般読者の手に取りやすいタテ長のハンディ判として世に送った。

全一〇章で各題は、〈洋服を着るなら是だけは心得置くべし〉〈日本式礼法も是だけは心得置くべし〉〈人と接するに是だけは心得置くべし〉〈手紙を書くに是だけは心得置くべし〉〈法律も是だけは心得置くべし〉〈歌俳諧も是だけは心得置くべし〉〈茶の湯生花も是だけは心得置くべし〉〈料理店宿屋に就《つい》ても是だけは心得置くべし〉〈音曲演芸に就ても是だけは心得置くべし〉〈健衛生に就ても是だけは心得置くべし〉である。バラエティに富んでおり、一冊あればさまざまな局面で役に立つかの目次立ても、読者心理を読んで、小辞書的実用書としては巧みなところがある。

小川の直感通り企画は当たった。本は〈段違いの売れ行《ゆき》を示し〉、たちまち四版、五版へと進んで、誠文堂の名を高らしめたのである。売れた理由として小川は、〈著者加藤君の軽妙洒脱な筆の運びの内容が第一であつたが、この「是丈は心得おくべし」という奇抜な書名が注目を引き、更に当時として思い切つて大広告を敢行したので、素晴しい売行を呈したのである〉と記している[*56]。

成功すればフットワークよく攻めていくのが新興出版社の常であるが、小川菊松もその一人だった。小川は実用叢書と銘打ってこれをシリーズ化する。『日常法律　是丈は心得おくべし』『金銭活用安全利殖　是丈は心得おくべし』など一六冊を矢継ぎ早に刊行、〈どれ一つロスが出なくて、かくて百二十万部も売れた〉とは、本人の言である。[*57]

誠文堂はのち雑誌にも展開して、大正一一年に『商店界』を継承、大正一三年には『子供の科学』を創刊している。関東大震災後に『科学画報』の発行所だった新光社の経営を引き継いで、昭和一〇年（一九三五）には同社と合併し誠文堂新光社となった。なお小川菊松が太平洋戦争終結翌月の一九四五年九月一五日、この誠文堂新光社から『日米会話手帳』を出してベストセラーとしている（現代篇第一章参照）。

関連して付記すれば、『商店界』を清水正己から引き受けないかと話をもちかけたのは岡崎廉三で、小川の取次販売店時代、北隆館社員として世話をしてくれた人物だった。岡崎はその後独立して日本橋に出版社白羊社を興し、当時の軽《かる》文学を次々と刊行していく。[*58] そのなかに奥野他見男のユーモア小説『学士様なら娘をやろか』（大正六年、東文堂のち白羊社）があり、大正期ベストセラーに挙げられる。奥野の小説は『高い山から谷そこ見れば』（大正七年、文名社）、『赤い顔して女優を待てば』（大正八年、白羊社）なども好評で、一時は他見男ブームと騒がれた。

小川にとって岡崎は販売業界の先輩ではあるが、出版については小川のほうが一日《いちじつ》の長があるので、白羊社の事業では〈よく相談をうけた〉という。しかも白羊社の本はその頃、誠文堂の一手販売だった。[*59]『学士様なら娘をやろか』の好調な売行きには、『是丈は心得おくべし』シリーズなどでヒット作を打ち続けた小川菊松のアイデアが反映されているはずである。

(1) 大橋信夫編『東京堂百二十年史』東京堂、二〇一〇年、一六六頁。
(2) 岩波茂雄「回顧三十年」。佐藤義亮・野間清治・岩波茂雄『出版巨人創業物語』書肆心水、二〇〇五年収録。同書、三四七頁。
(3) 岩波書店編『岩波書店百年〔刊行図書年譜〕』岩波書店、二〇一七年、年譜三頁。
(4) 前掲『東京堂百二十年史』一五二頁。
(5) 橋本求『日本出版販売史』講談社、一九六四年、一七七頁。
(6) 前掲『日本出版販売史』一七八頁。
(7) 前掲『東京堂百二十年史』一二三頁。
(8) 前掲『岩波書店百年』七～一一頁。
(9) 前掲『東京堂百二十年史』一七八～一八四頁。
(10) 石塚純一『金尾文淵堂をめぐる人びと』新宿書房、二〇〇五年、五〇頁。
(11) 瀬沼茂樹『本の百年史――ベスト・セラーの今昔』出版ニュース社、一九六五年、八九頁。
(12) 前掲『金尾文淵堂をめぐる人びと』五〇～五一頁。
(13) 前掲『東京堂百二十年史』一五三～一五四頁。
(14) 前掲『金尾文淵堂をめぐる人びと』五〇頁。
(15) 前掲『本の百年史』九四頁。
(16) 同上書、八二頁。
(17) 同上書、八一頁。
(18) 松本昇平『業務日誌余白――わが出版販売の五十年』新文化通信社、一九八一年、五頁。
(19) 松岡譲『漱石の印税帖』朝日新聞社（朝日文化手帖六一）、一九五五年、一一一～一一七頁。
(20) 前掲『本の百年史』一一六頁。
(21) 前掲『岩波書店百年』五頁。
(22) 前掲『本の百年史』一三一頁。
(23) 唐木順三「増補　現代史への試み」。『唐木順三ライブラリー』第一巻、中央公論新社（中公選書）、二〇一三年収録。同書、一五〇頁。

(24) 前掲『岩波書店百年』五頁。
(25) 前掲『本の百年史』一二八～一二九頁。
(26) 同上書、一二九頁。
(27) 前掲『岩波書店百年』五頁。
(28) 前掲『本の百年史』一三二頁。
(29) 前掲『業務日誌余白』三六頁。
(30) 前掲『日本出版販売史』七〇頁。
(31) 同上書、一一一頁。
(32) 同上書、一〇九、二五六頁。
(33) 前掲『本の百年史』一六四頁。
(34) 同上書、一四一頁。
(35) 佐藤義亮「出版おもいで話」。前掲『出版巨人創業物語』収録、同書、六八～六九頁。
(36) 同上回想、収録書、六九頁。
(37) 前掲『本の百年史』一三二～一三三頁。
(38) 同上書、一三四頁。
(39) 同上書、一四五頁。
(40) 同上書、一四六頁。
(41) 前掲『東京堂百二十年史』一七三頁。
(42) 前掲「出版おもいで話」、収録書、五五頁。
(43) 河盛好蔵「新潮社七十年」。新潮社編『新潮社一〇〇年』新潮社、二〇〇五年収録。同書、四三～四四頁。
(44) 同上文、収録書、四四頁。
(45) 前掲「出版おもいで話」、収録書、五七頁。
(46) 前掲『東京堂百二十年史』一七二頁。
(47) 下中彌三郎伝刊行会編『下中彌三郎事典』平凡社、一九六五年、四〇八～四〇九頁。
(48)『ポケット顧問　や、此は便利だ』例言。
(49) 前掲『下中彌三郎事典』四〇九頁。
(50) 同上書、一三一頁。

(51) 同上書、四〇九頁。
(52) 前掲『本の百年史』一六五～一六六頁。
(53) 小川菊松『商戦三十年』誠文堂、一九三二年、四七頁。
(54) 前掲『商戦三十年』五二～五九頁。前掲『本の百年史』一六六頁。
(55) 小川菊松『出版興亡五十年』誠文堂新光社、一九五三年、三九七頁。
(56) 同上書、三九七～三九八頁。
(57) 同上書、三九八頁。
(58) 前掲『商戦三十年』七〇～七一頁。
(59) 同上書、七一頁。

第五章

社会変動と震災のなかで――大正期②

『出家とその弟子』

取次最大手の東京堂で大正期の出版販売の現場を経てきた松本昇平は、回想記『業務日誌余白』のなかで、大正の五大ベストセラーは『出家とその弟子』『地上』『死線を越えて』『人肉の市』『小鳥の来る日』だと指摘している。[*1] このうち『出家とその弟子』『地上』『死線を越えて』は、瀬沼茂樹『本の百年史』でも大正の三大ベストセラーと位置づけられており、[*2] また『東京堂百二十年史』は、大正六年以後に最もよく売れた本の双璧として、『出家とその弟子』と『死線を越えて』を挙げている。[*3] 五書のうち三書（瀬沼が挙げた本に当たる）は、著者が書き手として無名に近い存在なのが共通点だった。

倉田百三『出家とその弟子』

本章でこれらは順次取りあげられていくが、まずは、最も早い刊行の『出家とその弟子』である。

著者は倉田百三《ひゃくぞう》。結核にかかり一高を退学し、療養生活を送るなかで書き上げた本作（長編戯曲）はまず雑誌『生命の川』に発表された。親鸞『歎異抄』の教えを受け、キリスト教の影響も背景に恋愛や宗教を問うものだった。倉田はこれを岩波書店へ送り出版を求める。当時について岩波茂雄は、〈全然無名の人ですが、読んで感心したので思い切って出した。境遇もまことに気の毒で印税は療養費の一端にもなろうかと思う。また無名の人を世に送るのは私の義務〉と語っている。[*4]

かくして『出家とその弟子』は大正六年(一九一七)六月一〇日に刊行された。箱入り美本で二九八頁、初版八〇〇部。自費出版の扱いで、当初はごく地味な存在だったが、刊行まもなく好評を得たので、岩波は印税契約に切り替えたという。[*5]

『出家とその弟子』は大正期宗教文学ブームの先駆けとなった作とされ、青年層を中心に読者を広げていった。大正末までに百数十版を重ね、一四万部近くを売上げたといわれる。[*6] 各国語に翻訳されて海外にも流布していく。フランス語版への序文はロマン・ロランが書いている。

『出家とその弟子』の評判とロングセラー化を受けて、岩波書店は倉田本を次々と刊行していった。『歌はぬ人』(大正九年六月)、『愛と認識との出発』(大正一〇年三月)、『父の心配』(大正一一年三月)、さらに震災後の『標立《しめた》つ道』(大正一四年二月)、『一夫一婦か自由恋愛か』(大正一五年九月)、『赤い霊魂』(同一一月)が大正期の刊行書となる。なお『赤い霊魂』は戯曲だが、岩波書店発行の図書としてははじめて発禁処分を受けた本としても知られている。

これらの倉田本のうち『愛と認識との出発』は、倉田が二〇歳代に書いた文章一七篇を集成した本で、西田幾多郎やキリスト教の考えを取り入れて善や真理、友情と恋愛、そして信仰を、清新の筆で綴った作品だった。この本もまた大正から昭和期にわたり、青年層、とりわけ旧制高校生の愛読書として伝説的な存在となり、『出家とその弟子』に次ぐ倉田のベストセラーといえよう。〈爆発的な売れゆきを示した〉と『岩波書店百年』の年譜にある。[*7] ちなみに、『愛と認識との出発』のなかに『善の研究』に関する記述があったことから、『善の研究』の売れ行きも増える好事が起きている。[*8]

大正期の岩波書店は岩波茂雄を中心とした小所帯で、大正末でも人員四一人であった。刊行するのは書籍・雑誌ともに所謂「堅い本」ばかりで、初版も一〇〇〇部あるいは一五〇〇部だった。ごく手堅い出版経営のなか岩波書店が成長していけたのは、刊行点数に比して社員が少数精鋭で、宣伝も小規模にとどめ、また当時は税金も割安で、総じて経費が抑えられたこともあったが、漱石全集の経営への寄与とともに、〈哲学叢書や、倉田百三・西田幾多郎・鳩山秀夫氏等の著作の如くたえず増刷されるものがあって、それが高率の利益をもたらした〉ことは大きいとされる。[*9] 岩波茂雄が「出版は利益追求の仕事ではない」との高踏的態度を貫けたのも、これらが背景にあるわけで、倉田百三の『出家とその弟子』『愛と認識との出発』のロングセラーは重要な貢献をなした。

親鸞ブーム

さて、『出家とその弟子』が広く普及したことは、大正一一年（一九二二）からの数年間に起こった「親鸞ブーム」に大きな役割を果たした。親鸞関係の小説や劇、評論などが多様にあらわれる潮流が出来たわけだが、このなかから別のベストセラーも生まれている。石丸梧平《ごへい》の小説

『人間親鸞』（大正一一年一月、蔵経書院）、『受難の親鸞』（同六月、小西書店）がその代表格といえよう。

『人間親鸞』はその一部が「山を下りた親鸞」として東京朝日新聞に連載されたもので、蔵経書院は『真宗全書』（妻木直良《つまきじきりよう》編、大正二～三年）の刊行元でもある。二月一〇日に一五版に達しており、刊行後は二、三日ごとに重版をするほどの勢いだったことがわかる。半年後に出た『受難の親鸞』もひと月足らずで一二版まで達している。[*10]

これらの著書は表題が示す通り、苦悩する人間としての親鸞を描き、幅広い大衆読者に受け入れられた（その点では、哲学や宗教論の観点を示し学生層に読者を集めた倉田の作品とは異なる）。石丸梧平は大阪府豊能郡熊野田村出身で、早稲田大学国史学科卒業。大阪での中学教師をへて執筆生活に入った。人道主義に立ち、人生論的テーマを織り込んだ作風が特徴で、上記二作の成功で流行作家となっている。

真宗ものではまた、夏目漱石の女婿・松岡譲の『法城を護る人々』（全三巻、大正一二～一五年）も当時のベストセラーに数えられる。松岡の父は真宗大谷派の僧侶で、松岡もまた僧侶になることを期待されたが、生家に反発して作家の道を歩む。『新思潮』に参加したのち漱石門下生となり、長女筆子と結婚した。このときに生じた久米正雄との確執から一時筆を折っている。

その松岡の復活の作が自伝小説『法城を護る人々』であった。第一部の刊行は大正一二年六月。長谷川巳之吉が独立してはじめた第一書房の最初の出版物で、新聞にて事前宣伝を行き届かせたこともあり、世の注目を集めて増刷を重ねた。六月一二日の刊行で一五日に二版、一九日に三版、二二日に四版というペースで、八月二五日には二〇版へ進んでいる。

折からの関東大震災の災禍から、一時刊行に影響を受けるものの、同年一二月一日に二一版が出ると再び早いペースの重版が続き、大正一三年二月二三日時点で三二版へ達した。この書の成功は松岡譲の作家的地位を確立させたといわれる。

『懺悔の生活』と『無我愛の原理』

大正前期に哲学的思索書や心身修養書のブームがあったことは第四章で既述しているが、後期に宗教的著作が評判を呼んだのも相通じる時代状況のなせるところで、大正期全体の出版史を特徴づけている。明治国家の「完成」と矛盾の表面化、世界の五大国入りによる自信と成長の果ての閉塞感の増大、知識人層の拡大、大戦争と社会主義革命の成立といった世界史的変動の影響などが背景事情として挙げられる。自らの生きる社会の不安定、不全感と、それに表裏となる「よりよきもの」への関心は、人びとを宗教的著作へと向かわせていた。親鸞ブームもそれが背景にある。もっとも、「宗教」とはいえそれは人生論、修養論、人道主義的観点を含んだ広域的側面を持ち、ゆえに各種「ブーム」をもたらしベストセラーを生んだのである。

人気となった宗教書として、時期的にはまず、西田天香の『懺悔の生活』(大正一〇年、春秋社)が挙げられる。西田は滋賀県長浜市の紙問屋に生まれた。北海道開墾事業に従事したのち、二宮尊徳やトルストイの影響などもあって、明治三八年(一九〇五)、京都に宗教道場一燈園をひらく。そこで托鉢《たくはつ》・奉仕・懺悔《ざんげ》の共同生活を営み、宗教家として一家を成した。一燈園は上記の倉田百三が一時身を寄せていたこともある。

『懺悔の生活』はそうした西田天香の新しい宗教的実践をもとに、人生論や修養論も含みつつ語りかけるような内容で、刊行まもなく版を重ね、戦後まで続くロングセラーとなった。

一燈園と同じ明治三八年に創立された伊藤証信《しょうしん》の無我苑の存在も、大正期精神史のうえで忘れることはできない。伊藤は三重県員弁《いなべ》郡久米村坂井（現在の桑名市坂井）の農家に生まれ、清沢満之のもとに学んで得度を受けるが、霊的体験から僧籍を返上して真宗大学（現・大谷大学）を退学、東京巣鴨に無我苑を設立する。その「無我の愛」運動はキリスト教や西洋哲学の知見を取り入れて、幅広い青年層、知識人に影響を与えた。徳冨蘆花、幸徳秋水、堺利彦、綱島梁川が運動を支持し、河上肇《はじめ》は学習院の教職を辞し一時無我苑に入っている（のち誤りだったと自己批判した）。

伊藤証信は大正一〇年、『無我愛の原理』を刊行する。同年五月一日の脱稿で刊行は一二月六日、版元は上記した蔵経書院で「仏教文学会選」の一冊であった。京都の出版社とされるが、同書奥付で蔵経書院は東京の芝公園を所在地としている。この『無我愛の原理』は伊藤の運動が広く支持された背景もあり、同年の『懺悔の生活』とともに、当時、〈ベスト・セラーの王座に位した〉のであった。[*11]

同じ大正一〇年（一九二一）の宗教関係書として、江原小彌太の『新約』全三冊と『旧約』もベストセラー史上、重要な存在である。ともに「創作」の角書《つのが》きがあり、キリスト教の基礎文献を題材にした〈一つの長編小説〉であった。[*12] 著者は新聞記者を経て神田中猿楽町で書店をひらいており、〈店番をしながら〉『新約』の原稿を書いた。大正六年五月の起稿で、打ち込んでいくにつれて、〈商売が無意義に感じられ、損失も重なるので〉、ついに店を閉めて創作に専念したという[*13]。作品はキリスト教の伝統上の解釈から離れて、人間としてのキリスト、そして叛逆者ユダの人間性などに着目して綴られたもの。江原は自身の書店を同郷（新潟）の、やはり新聞記者だった帆刈芳之助に売り渡していたが、原稿はその帆刈に託され、出版事業に進出した帆刈の「越山堂」から刊行された。

江原作にはほかに『復活』（聖書文学会刊）もあったが、それらのうち『新約』と『旧約』は広く普及した本に数えられ、東京堂の松本昇平も当時を回顧するなかで、両書を出した越山堂を、登場一躍、盛んになった出版社として名を挙げている[*14]。

社会主義の引力

大正期は社会不安や、表層的な繁栄の背後にへばりついた「没落」の予感が、人びとをして宗教的文学や人生修養的著作へ向かわせたが、一方で、オルタナティヴへの関心へと向かわせており――社会主義への引力が本格的に生じたのだ――、事情は同根からだといえる。

大正の翻訳書の一つに、マルクス主義の紹介本であるカウツキー『マルクス資本論解説』（高畠《たかばたけ》素之《もとゆき》訳、売文社、大正八年五月）がある。『東京堂百二十年史』では、〈ベストセラーの中に顔を出すようになった〉本というが[*15]、大正一三年七月刊の改訂版（而立社）「訳者序」によれば、売文社版は大正一一年（一九二二）一一月までに一万三五〇〇部の発行であった。なおこの本は大正八年刊として三田書房版もあった。のち元版は関東大震災で紙型をすべて焼失してしまい、而立社版は改訂新版である。

この新版のほうも別刊化はめまぐるしい。大正一四年にアテネ書院で出て、さらに昭和二年、改造社から決定版の刊行となった。これらを併せるとかなりの部数になると思われる。原書（『カール・マルクスの経済学説』）は『資本論』入門のよき手引きとされ、『資本論』よりも多くの読者を獲得したといわれる。その訳書『マルクス資本論解説』が売れ筋本となり、勢いよく普及していった。社会主義は燎原《りょうげん》の火のように思想界を席捲しはじめていたのだ。

なお、前節で伊藤証信の教えに一時期、強く影響されて実践活動もおこなったとして名前が出た学者河上肇は、後年、マルクス主義経済学の研究者となり、昭和に入ると共産党へ入党して『赤旗』の編集に参加する。大正・昭和の左翼の興隆に身を合わせるように思想的軌跡を経た河上だが、マルクス主義者になる以前の著に『貧乏物語』があり、初期代表作とされている。

この書は貧窮という現象を分析し、その原因と救済策を述べたもので、大正デモクラシーを牽引した本として名高いが、一方で、大正期のベストセラー史に名が残る存在にもなっている。

大阪朝日新聞に「貧乏物語断片」としてまず連載されたのち、翌大正六年三月、京都の弘文堂書房から書籍化刊行がなされた。刊行後は着実に売上げを伸ばして、大正八年五月には三〇版へと至った。[*16] 西田幾多郎『善の研究』などとともに、大正期に出た思想・教養分野の名著として、広く読まれた一冊とされている。[*17]

島田清次郎『地上』

本章のはじめに紹介した大正期の「三大ベストセラー」のうち、倉田百三『出家とその弟子』を時期的に継ぐのは『地上』である。版元の新潮社は明治末から大正前半、文芸書でベストセラー入りを重ねていたことはすでに紹介してある。無名作家の書き下ろし長編小説のヒットも、同社は江馬修『受難者』で大正五年に実現させている（一七〇頁参照）。

これらの経験のうえに、新潮社は、大正期の大ベストセラーとして後年まで語り草となる本を世に送り出した。島田清次郎の小説『地上』である。

登場の経緯は佐藤義亮の回顧録「出版おもいで話」にあり、要所を引いてみたい。無名の島田が書き上げた長編を持って上京してきたのは、『受難者』の成功に刺激を受けたからだと佐藤はいう。当時の文学青年はみな長編書き下ろしの刊行に野心をもっていた。島田もその一人で、〈その証拠には、『地上』刊行前、江馬氏を訪ねて、いとも懇《ねんご》ろに長篇についての教えを請《こ》うたということでもわかる〉[*18]。

島田清次郎『地上』

佐藤の回顧では、大正八年の春、〈「多少ながらいいものを有《も》って居るようです。会ってやって下さい」。と云う意味の生田長江《いくたちょうこう》氏の紹介状を持って、極めて謙譲で無口な青年が、私を訪ねて来た〉という[*19]。生田はニーチェの『ツァラトゥストラ』の翻訳出版で新潮社と縁がある評論家で、佐藤はかくして持ち込まれた原稿を受けとると、社の二、三の者に読んでもらった。〈相当見られるというのと、いや、大したもんじゃないという、二様の意見だった〉。[20]河盛好蔵「新潮社七十年」によれば、評価したのは校正担当の大戸喜一郎と『新潮』記者の水守亀之助で、〈なかなかよく書けて居り、青年らしい情熱があふれてゐる〉〈これは面白いし、うまく書けてゐますから一つ出版して見てはどうですか〉という意見だった。[21]

とはいえ、一方で出来に首をかしげる者もいて、結局は、冒険をしてまで出すことはなかろうという流れになった。実績もなく、名前で読者を引っ張ることができない作者の本は、いつの時代、どこの版元でも慎重にならざるを得ない。

それでも社長佐藤義亮は、『地上』にどこか未練があった。〈なるほど稚拙な点は否めないが、而《しかれど》も何処《どこ》か不思議な迫力があり、いい意味の大衆性を有《も》って居る〉という印象が残っていた。はじめのほうを改めて読み返し、佐藤はついに刊行を決断する。郵便でその旨を伝えると、島田は飛んできて喜んだ。学業優秀ながら反抗的な態度で周囲とうまくいかず、貧しい暮らしのなか作家になることで人生の雄飛を夢見ていた島田であったから、喜びもひとしおであった。

かくして『地上』第一部「地に潜むもの」は大正八年六月に刊行された。初版は三〇〇〇部である。当初はごく普通の売れ方だったが、〈二十日ばかり経《た》ってから俄然売れ出し〉た。[22]生田長江、堺利彦、長谷川如是閑《にょぜかん》、徳富蘇峰らによる新聞紙上での高評価もあって、売行きは加速していく。〈十版、二十版と増刷して、発売高は三万部に達した〉のである。[23]続いて翌年一月、第二部が刊行されると初版一万部はたった二日で完売、まさに〈奇蹟以上の売行〉となった。

鬱屈していた青年が、一夜明けてベストセラー作家としてのスポットライトを浴び、多額の金銭も舞い込んでくる。まさに奇蹟であるが、唐突な人気は作家の運命を狂わせる場合がある。島田清次郎がその典型であった。自作の爆発的な売行きに、「これは政友会が自分を民衆に知らしめないよう、買い占めをおこなっているに違いない」と訴えてきた。佐藤義亮はこの時点で作家の精神状態に危惧《きぐ》を感じた。

第三部は〈支離滅裂〉な内容に佐藤自身が驚くばかりだったが、それでも一度盛り上がった人気というものはおそろしく、〈初版の三万部は事なく消化されてしまった〉。第四部の出版は躊躇せざるを得ないものだったが、〈騎虎《きこ》の勢《いきおい》どうにもならないで出した〉という。[*24] こちらも相当に売れた。

まもなく島田清次郎は、「日本の若き文豪が、民意を代表して欧米各国を訪れる」との奇妙な発言を残して豪遊し、傲岸奇矯な行動で顰蹙《ひんしゅく》を買ったうえに、帰国すると婦女子誘拐事件を起こして世間を騒がせた。挙げ句に松沢病院で死を迎えることになる。昭和五年四月のことであった。享年三一、哀れな最期である。〈彗星のように突如現われて四辺を眩惑し、僅《わず》か両三年にして又忽《たちま》ち彗星のように消え去った〉と佐藤義亮は書いている。[*25]

ベストセラーは作り手に強烈な光があたるゆえ、作者を眩惑していく面がある。新人の場合はとりわけ自分を見失うきっかけになりやすい。魔物が潜む、というのは、ベストセラーによって人生が変わってしまったいくつかの実例から語れるが、その端的な見本となってしまった作者こそ、島田清次郎だといってよい。『新潮』六月号の匿名欄「文芸手帖」は、悲惨ともいえる彼の晩年を見つめ、〈『若き天才』の淋しき死に対して、哀悼の意を表するものである〉と書いている。

改造社と「スラムの聖者」の本

大正期は出版社の新旧交替がおこなわれた時代でもある。博文館や春陽堂をはじめ明治からの有力版元が勢力を後退させ、入れ替わるように、中央公論社、新潮社、実業之日本社、講談社、岩波書店、平凡社、小学館、文藝春秋社など、現在まで主要な存在であり続ける会社が台頭してくる。しかも後四者は大正時代に創業がなされた当時の新興勢力であった。

同じ大正期の新興版元で、ベストセラー史上も特記せねばならないのが改造社である。改造社を興した山本実彦《さねひこ》は鹿児島県川内《せんだい》町の出身。法政大学を出て新聞記者となりロンドン特派員として国際舞台も踏んだ。大正八年（一九一九）四月に総合雑誌『改造』を創刊して出版人としての活動をはじめる。〈第一号から第三号までは、われわれの雑誌は〔発行部数の〕半分以下の読者しか持ちませぬでした〉と自身で回顧するように、当初はふるわなかった。第三号に至っては、二万の発行部数に対して返品が一万三〇〇〇という有様だった。[*26]

しかし、ここで誌面刷新を図った『改造』は、その革新性が当時の社会変革の気運に乗り、〈第四号から約二年間というものはほとんど売切れの状態〉となるのである。背景事情として山本は、〈その当時は、日本の社会運動の啓蒙期に当りまして、社会主義及び労働運動に関する刊行物が、ほとんど幾ら刷っても売切れるような時代でありました〉と説明している。[*27] 本書ではこれまで、大正期のベストセラーとして修養書や哲学書を、あるいは社会主義啓蒙書をいくつか挙げてきたが、いずれの好評も現状変革の潮流が広まっていたことが背景にあり、『改造』の伸張もこれと関係が深い。

『改造』は部数を伸ばし、総合雑誌の雄として『中央公論』と並び称される存在へと成長する。もっとも一方で、変革志向の論文を載せていることから当局の忌諱に触れ、発売禁止処分を受けることも繰り返された。これでは経営は安定しない。山本は家財や家屋宅地を売って急場に備えなければならなくなった。運転手の妻からも借金をし、古本屋に本を売って当座の資金を用意した。スタートまもなく陥ったこの苦境を跳ね返した出来事こそ、書籍出版の成功なのである。第一弾がたいへんな売上げをみせ、改造社の危機を救い、経営基盤を安定化させた。賀川豊彦の『死線を越えて』がそれである。

神戸市に生れた賀川は一六歳で洗礼を受け、明治学院高等部神学予科へ進む。やがて神戸・葺合新川で貧しい人々とともに暮らしながら、キリスト教の伝道に従事するようになった。その活動を通じて彼は社会問題にも目覚め、労働運動へ献身していく。

賀川豊彦『死線を越えて』（上巻）

改造社の横関愛造は、大阪毎日新聞の支局員から賀川の噂を聞いて興味を持ち、彼を訪ねてみた。[*28] これが縁のはじまりとなる。やがて賀川から自叙伝風の原稿が改造社に届いた。編集会議にかけると、「いかにも素人的な書き方だ」と反対意見も多かったが、山本実彦の判断で大正九年新年号の『改造』に載せることにした。作品ははじめ「鳩の真似」のち「再生」と題されていたが、雑誌発表にさいして「死線を越えて」と改題された。[29]

こうして世に出た「死線を越えて」だが、専門家筋の評価が低かったのは、『木佐木日記』に出てくる『中央公論』編集長滝田樗陰の次の発言からもわかる。

〈〈大正八年〉十二月二十七日　今朝、樗陰氏は出社するとさっそく、「昨夜広告の原稿を書き始めたが、『改造』を買わせて読み出したら書けなくなってしまった」と言っていた。樗陰氏は創作欄を見たが力作は少なかったと言い、ことに賀川豊彦の「死線を越えて」は創作ではないが、これはひどいもので、文章などまるで中学生の作文のようで、読むにたえないので途中で止めてしまったが、『中央公論』なら没書だとけなしつけていた。[30]〉

目利きのプロから「没だ」と言われたこの著作は、しかし、一般読者には幅広く受け入れられたのである。好意的な問い合わせが編集部に来るのを受けて、山本実彦は連載を四回で切り上げ、思い切って書籍化することにした。刊行は大正九年一〇月三日である。

これが大当たりした。山本自身が記すには、〈大分《だいぶ》社会の読書階級の記録を破って、二十万、三十万というような数の売行きを見た〉のだった。[31]そのため、はじめは原稿料一〇〇〇円での買い切りのかたちだったが、ただちに印税契約に改められた。高名な識者には顧みられなかった「スラムの聖者」の本は、一年たらずのうちに二〇〇版に達し、その後も版を重ねて三〇〇版に至る。[32]まさに、〈出版史上に我が国で予想だにすることのできなかった数十万部がプロやインテリの汗手に購《あがな》われた〉のである。[33]

改造社は半頁大の新聞広告を出し、〈英国のシエクスピアの書の如く、我国の家庭に必ずなくてはならぬ人道的感激の多い小説〉と打ち、これに併せて大正一〇年一月には、五万部の増刷という、当時としては画期的な攻めの販売をおこない成功させた。かくして『死線を越えて』は大正期最大級のベストセラーとなったうえに、海外の評価も受け、〈ほとんど世界各国語にも翻訳され〉ることになった。続篇『太陽を射るもの』（大正一〇年一一月）、『壁の声きく時』（大正一三年一二月）も併せると、六〇万部を売り切ったという。[*34]

賀川豊彦は〈颯爽として社会の正面に躍り出〉る。彼の行くところ、その姿に感激する者、握手を求める者が続出した。まさに〈支配階級の錦繍綾羅《きんしゆうりようら》にふれるより、この一青年のボロ服にさわって見るのを喜ぶ奇現象を生んだ〉のである。[*35] それは大正八年以降に大きくあらわれた、社会の独特な革新的雰囲気が生んだものでもあった。

なお賀川豊彦は、のち昭和六年、ベストセラーを再び世に送っている。『一粒の麦』であり、第七章にて扱う。

若者の「一度は通る門」

三大ベストセラーには入らなかったが、本章冒頭で紹介した松本昇平回想録で大正の五大ベストセラーに挙げられる作品に、吉田絃二《げんじ》郎《ろう》『小鳥の来る日』（新潮社）とエリザベート・シェーエン著、窪田十一訳『人肉の市』（講談社）があり、ともに大正一〇年（一九二一）の刊行書である（『人肉の市』は大日本雄弁会での刊行物だが、講談社とした。同社の社名表記については一四三頁参照）。

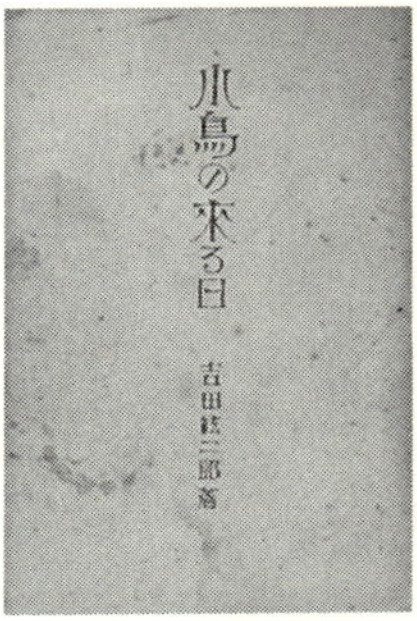

吉田絃二郎『小鳥の来る日』

吉田絃二郎は佐賀の生まれで、源次郎が本名。早稲田大学英文科を出たあと、『六合雑誌《りくごう》』の編集に参加する。キリスト教系の雑誌であった。のち早稲田で教鞭をとり、また小説家、随筆家、戯曲家として活躍した。絃二郎のペンネームは坪内逍遙によって命名されている。

その作風は自然や人生を人道主義的にとらえ、愛惜と悲哀の情をたたえて語りかけるように綴るもので、青年男女を中心に多くの愛読者を得た。なかでも随筆集『小鳥の来る日』には作者の特徴がよくあらわれており、二〇〇版以上を重ねる驚異的なベストセラーに至っている。*36〈若い人々の、一度は通る文学の門として一世を風靡《ふうび》した〉のだった。*37一部を引用してみよう。

〈心から人間を信ずることのできないのは、神を信ずることのできないのよりも更に不幸である。／疑ひ深い近代人の一大痛恨は人を信ずることのできないところにある。身も心も打ち委ねて人を信ずることのできないところにある。〉（「柔かな草」）

〈曇つた日や、風の強い日は滅多に鳥の声を聴かない。小鳥もやつぱり青い空の下でなければばうたひ出す気になれないらしい。／ちよつと見たところではいかにも冬ざれの草地のやうに思はれるが、枯草の下を分けて見ると、そこには既に色々な草が新らしい芽を出してゐる。〉（「冬日抄」）

こうした調子で、『小鳥の来る日』は、当時の青年層が抱く精神的要求に柔らかい筆致で応えたのである。この本を中心に、大正末から昭和はじめにかけて青年男女の間で絃二郎ブームが起き、昭和六年頃まで続いた。*38

吉田絃二郎は多作であり、全集や選集も幾度か刊行された。映画になった作品も複数あり、小説「清作の妻」（大正七年）は、大正一三年（村田実監督、日活京都）と戦後の昭和四〇年（増村保造監督、大映東京）の二回、映画化されている。

〈寄せ来る敵軍〉と〈危急を救う援兵〉

「五大ベストセラー」最後の一作は『人肉の市』である。この本は『クロニック 講談社の80年』（講談社八十年史編集委員会編、一九九〇年）で、講談社初の大ベストセラーと位置づけられている。[*39]

講談社は野間清治が明治四二年（一九〇九）に設立した大日本雄弁会にはじまる。野間は群馬県桐生に生まれ、東京帝国大学臨時教員養成所を卒業。沖縄の中学校教員を経て、東京帝大法科大学書記を務めていたとき、弁論好きが高じて出版の世界に入るのだった。

大日本雄弁会の設立翌明治四三年二月、弁論誌『雄弁』を創刊して出版社として第一歩を踏み出した。明治四四年には雑誌第二弾の『講談倶楽部《くらぶ》』を創刊し、発行所として講談社を立ちあげる。大日本雄弁会と講談社は並立していたが、大正一三年（一九二四）末、『キング』創刊を機に合併、大日本雄弁会講談社とした（本書表記は「講談社」）。

講談社は上記二誌に続いて『少年倶楽部』（大正三年）、『面白倶楽部』（大正五年）、『現代』『婦人くらぶ』（大正九年）と成功させ、雑誌王国を築いていく。一方、書籍は明治四四年の『明治雄弁集』前篇（昭文堂発行）を第一号とし、大正六年末までに七七点を見たが、ある程度の評判

エリザベート・シェーエン『人肉の市』

を得たのは『南洋遊記』（鶴見祐輔《ゆうすけ》、大正六年三月）くらいであった。当初、講談社の書籍出版は雑誌の片手間になされていたにすぎず、それもあってごく地味な存在といえた。そればかりか、当時、書店ではもっぱら〈評判が悪かった〉という。[40]「講談社の書籍は売れない」である。

その講談社が出した初のベストセラー書籍こそ、翻訳小説『人肉の市』だった。元々、雑誌『現代』に連載されたもので、一一月末の刊行である。初版は一五〇〇部ながら、[41]刊行のち〈疾風の如き売れ行き〉をみせて、翌年に三万部、翌々年に九万部売れ、〈数年間にわたり一三万六五〇〇部〉を発行した。当時としては〈驚異的な数字〉といえる。[42]広告（『肉の栄光』奥付広告）では、〈一ケ年に満たずして版を重ぬる茲《ここ》に参百七十版総売高驚く勿《なか》れ実に数十万〉と、意気高く記されている。製本を運ぶにも箱車では間に合わず、講談社はこのときはじめて貨物自動車を使った。[43]

ベストセラーになった要因として、サーモンピンクの背景色に蜘蛛の巣に掛かった裸婦を描いた表紙画（高畠華宵《たかばたけかしょう》による）はアイキャッチとして効いたはずだし、〈恋愛・探偵小説として世界随一の名著〉と宣伝コピーを打って、兆《きざ》し始めた第二次探偵小説ブーム（二二四頁参照）にあやかった面はあるのだろう。

『講談社の80年』は次のように述べている。〈題名が刺激的だったこと、薄いベール越しに裸の女の姿が見える広告や挑発的なキャプションなど、広告作戦の成功ともいえた〉と。[44]〈挑発的なキャプション〉というのは、広告中にある、〈美少女が国際的誘惑団の毒手に陥《お》ちて、不知不識《しらずしらず》の中《うち》に堕落の淵に沈み行く〉という内容紹介、〈原名を『廿世紀の恥辱、白き女奴隷』と言ふ〉〈カイゼル（前独帝）本書を読みて社会の裏面に潜める驚くべき怪事実を知り直《ただち》に出版し、之《これ》を広く一般に読ませし〉などを指すとみられる。

それらもあって起きた『人肉の市』の〈疾風の如き〉成功は、ベストセラーが版元および著者に対してしばしば吹きつける「賛否両論の嵐」を招いた。講談社は〈あんな本をだすような出版社とはつきあいたくないと、学校・教育の現場からの批判も受けた〉し、野間清治は〈羊頭狗肉《ようとうくにく》的宣伝をいさめた〉という。[*45]

それでも、大衆とともに歩み、「面白くてためになる」出版物を世に送ることを信条としていた野間清治にしてみれば（この信条は博文館の大橋佐平も実業之日本社の増田義一も同じである）、売れることが是でないはずはない。〈赤は恰《あたか》も寄せ来る敵軍の如く、黒は味方の危急を救う援兵の如くである。味方少くして強敵頻《しき》りに来襲す、如何にしてこれを切抜けて行くべきか〉という証言にもあるように、[*46]出版社経営に苦しみ、借金の重圧に身動きできない体験を重ねた野間ならば、なおさらであった。

実際、講談社は批判を恐れぬかのように、大正一二年四月一日、ドロロサ著、同じ窪田十一訳で小説『肉の栄光』を、やはり高畠華宵の女性画を使って出版している。表紙絵はさすがに着衣としたが、〈挑発的〉であることは変わらない。こちらも評判を集め、三万一四〇〇部を売った。[*47]

講談社の成功は翻訳書刊行を活性化させ、とりわけ、若い女性が主人公の作品なら注目を集めると見なされた。事実、『人肉の市』刊行の翌大正一一年三月一三日、『世界文藝全集』の一冊として新潮社から刊行されたエミール・ゾラ著、宇高伸一訳『ナナ』は〈圧倒的な売れ行きを示した〉のである。[*48] 主人公が女優にして高級娼婦という同書は、版元が新聞に一頁大の広告を載せ、販売に力を注いだこともあり、六月二八日には三二版を数えるほどのベストセラーとなった。

大正一一年八月に新潮社は社屋の新築に着手し、翌大正一二年八月末に完成したが、新社屋の登場は『ナナ』の利益からだろうと世間は捉え、「ナナ御殿《ごてん》」と呼ぶ者もいたくらいだ。[*49] それほどまでに、『ナナ』の快調な売れ方は人びとの耳目を集めたのである。

大正後期の好調書①——書斎から街頭へ

ここで、大正後期において、これまで未登場のベストセラー書をまとめて紹介していきたい。まずは関東大震災以前の書である。

厨川白村の二書、『象牙の塔を出て』（大正九年六月、福永書店）、『近代の恋愛観』（大正一一年一一月、改造社）がまず挙げられる。白村は明治末の『近代文学十講』の著者として、本書にてすでに登場している（一二八頁）。二書刊行時は京都帝大教授であり学者として一流の存在といえた。そのうえ『近代文学十講』で名を成していた白村は、文明批評の自在な筆に移り、大正期後半にはベストセラーの常連作者となっていく。

『象牙の塔を出て』は表題が示す通り、「書斎から街頭へ」という当時の流行を受けた主張を収めた本である。版元の福永書店は、本書明治期で登場した警醒社福永文之助の息子一良が大正七年（一九一八）に興した。前章、徳冨蘆花のところで社名は一度出ている（一二六頁）。同書はのち刊行元を改造社へ移した。一方の『近代の恋愛観』は、〈"Love is best"をもって「朝日新聞」の読者をわかし、白村ブームの尤《ゆう》なるもの〉となった。[*50]
二書はそれぞれ一〇万前後の部数にのぼっている。[*51] なお白村は、関東大震災のとき鎌倉で遭難、不慮の死をとげたことで本の売行きはさらに伸びたという。

矢田《やだ》挿雲《そううん》『江戸から東京へ』は、大正九年六月一六日から大正一二年九月一日（関東大震災の当日）まで、報知新聞に連載された歴史読物。東京の名所旧跡を訪ね、現地取材を重ねたうえで成され、「足で書かれた連載もの」といわれた。報知新聞は大衆紙として、当時抜群の活気を持っていた。大衆文芸の連載に力を入れており、そのなかには後述する白井喬二「富士に立つ影」もある。同時期の報知社会部記者として、挿雲は「江戸から東京へ」の連載を書いたのだ。題名は社会部長・野村胡堂《こどう》の命名である。[*52] なお紙面では大正一一年まで無署名となっている。

矢田挿雲は金沢生まれで、本名義勝。東京専門学校（のちの早稲田大学）在学中に正岡子規の門下となり、俳人として出発する。九州日報など各地の新聞社勤務を経て、報知新聞に入った。その筆による「江戸から東京へ」は当初、五〇～六〇回の予定だったが、人気を得て継続された。のち関東大震災の影響で未完のまま中絶している。

連載開始翌大正一〇年、第一篇が金櫻堂書店から書籍化出版され、以後、大正一四年まで新聞発表分の九冊が刊行されている。その間、金櫻堂は東光閣書店と改名した。このシリーズは〈頗《すこぶ》る版を重ね、出版社・著者をいたく喜ばせた〉という。[*53] 国会図書館蔵の第一篇（金櫻堂書店）は大正一〇年七月一五日発行で、一八日にはもう再版が掛かっている。巻末には第一篇への書評が列記されているが、東京朝日新聞、読売新聞、時事新報、国民新聞など二六紙が好評価しており、さぞや本の人気押上げに与《あずか》ったであろう。

同じ大正一〇年の一二月に改造社から出た『アインスタインと相対性原理』も、この時期のベストセラーの一冊。著者の石原純はドイツとスイスに留学し、相対性理論および量子論の研究で学士院恩賜賞を受賞した理論物理学の俊才にして、新短歌運動を推進する歌人でもあった。歌人原阿佐緒《はらあさお》との恋愛事件のため大学を辞した一件は有名である。

その石原の書『アインスタインと相対性原理』（一二月二三日刊）は難解な内容であるにもかかわらず、〈二、三万売れた〉というから、[*54]当時としては、また物理学の書としては破格の売行きといえた。ただこれには背景事情がある。本刊行の翌大正一一年（一九二二。ノーベル物理学賞受賞の年）、改造社はアインシュタイン本人を日本に招聘《しょうへい》したのだった。当時のことを山本実彦は改造社小史「十五年」（『改造』昭和九年四月号）のなかで、次のように書いている。

〈かくて十一月十八日アインシュタイン教授夫妻は東京駅についた。その夜の光景はまるで凱旋《がいせん》将軍を迎うる如く、プラットホーム及び停車場の広場は数万の人の山で、教授夫妻は三十分近くもプラットホームに立往生したのであった。[*55]〉

アインシュタインは滞在中、東京帝大で特別講義をしたほか、大阪、神戸、仙台、福岡と全国をめぐって講演をおこなう。〈至るところ、偉人としての風貌を慕われた[*56]〉。すなわち、本人を迎え、〈偉人〉として接することで、当時アインシュタイン・ブームが一気に高揚していた。こうした時期に『アインスタインと相対性原理』は刊行され、ベストセラー化したのである。同時期のトピックに合わせれば、専門的な内容で通常一部にしか売れないはずの本であっても、一般読者を巻き込んで売上げを伸ばせる好例といってよかろう。

大正後期の好調書②——浪曼と愛欲肯定

続いて、文芸関係書を挙げていきたい。

大正時代中後期、日本の児童向け文学は大きな質的変貌を遂げる。「お伽噺《とぎばなし》から文芸へ」である。小川未明、浜田広介、坪田譲治といった童話作家が台頭し、鈴木三重吉《みえきち》主宰の『赤い鳥』が活動をはじめた。

鈴木三重吉は広島市に生まれる。東京帝国大学英文科入学後、病気休学中に書いた小説「千鳥」が夏目漱石に賞賛され、作家的出発を果たす。しかしとき自然主義全盛時代であって、叙情性豊かで浪曼的なその作風は時代と合わず、次第に寡作となった。そのなかで三重吉は、自身の資質に合う児童文学へ作者的転向をおこなう。さらに大正七年（一九一八）七月、児童雑誌『赤い鳥』を創刊し、芥川龍之介、有島武郎、島崎藤村、北原白秋らの応援を受けて発展させる。『赤い鳥』は数々の童話作家を育てあげ、明治時代のお伽噺を近代的な児童文学に高める歴史的役割を果たした。

ざっと大正期の児童文学の事情に触れたが、ベストセラーということでは、新しい童話作家の作品はまだ、大きく普及するまでに至らない。児童書としてあえていえば、ベストセラーに挙がってくるのは、前述した島崎藤村の『幼きものに』と『ふるさと』である(一六九頁)。

ただ大正期のベストセラーリストには、三重吉の本が一点見出せる。三重吉は『赤い鳥』を編集し、率いる一方、自身も書き手として同誌に作品を寄せていた。日本の古典や外国の童話や小説を、子どもにふさわしいよう再話して発表したのである。そのうちの「古事記物語」(大正八~九年)は、のち赤い鳥社から二巻で書籍化(大正九年)され、大いに話題を集めた。子ども向けということで、平明さと音読のしやすさを心がけた古事記入門の書で、日本人が馴染んできた古典世界を親しみやすく示したことが人気を得た理由と見られる。

児童書から一般向け文芸書に目を転じてみよう。

大正前期に有島武郎のブームがあったことは前述している(一七一頁)。これに対して、後期でベストセラー史に名前と作品が複数出てくるのは谷崎潤一郎である。ただしその三書中の二書は小説ではなく戯曲だった。『愛すればこそ』(大正一一年六月)と『愛なき人々』(大正一二年二月)で、ともに改造社から出ている。前者は表題作とともに短編三本の戯曲「永遠の偶像」「彼女の夫」「或る調書の一節」を集めたもので、一〇〇版を超える売れ行きを示した。

後者『愛なき人々』は前者のヒットを受けて刊行されたもので、「本牧夜話」「お国と五平」「白狐の湯」「愛なき人々」を収録。装幀を同じにして姉妹書の位置付けをしている。二書をセットで販売していく改造社の戦略もあったはずだ。

大正時代、哲学・修養・思索の書が求められたことは述べてきたが、一方で、精神と肉体の対立をめぐって、結局は恋愛や愛欲を取り込む(結晶化作用も含めて、だが)方向へと、読者の傾向が向かったことも確かである。青年男女の読者がこの方向性を支持した。そこから愛欲肯定まではあと一歩にすぎない。

愛欲肯定は文芸書が先導的に表現し、読者の関心を集めていくつかのベストセラーを生んだ。谷崎の『愛すればこそ』『愛なき人々』はその好例といえ、大正一四年七月に刊行された同じ谷崎の『痴人の愛』も、この潮流が生んだベストセラーである。こちらは長編小説で、サラリーマンの男が奔放な美少女ナオミに引きずられていくさまを時代風俗的に描き、ナオミズムという言葉まで流行らせる人気作となった。

愛欲文学のもう一つのベストセラーは、白樺派の武者小路実篤の作で大正一五年三月に刊行された、そのものずばりの表題をもつ『愛慾』である。こちらも改造社の本で、谷崎の前二書と同じく戯曲集だった。土方与志《ひじかたよし》の演出により築地小劇場にて上演され、本の人気に拍車をかけている。

傾向をやや異にするが、男女の奔放な恋愛模様を描いた小説として、久米正雄の『破船』（大正一一～一二年、新潮社）と菊池寛『第二の接吻』（大正一四年、改造社）も挙げておきたい。『破船』は雑誌『主婦之友』に連載のちに出版された。夏目漱石の長女筆子と久米正雄、松岡譲の間で起こった恋愛事件（久米は失恋）を題材としており、当事者が書いた実話的興味から連載中より反響を呼び、書籍化されるとベストセラー入りを果たした。本の題名から取って、三人が引き起こした事件そのものは「破船事件」と呼ばれたくらいである。

『第二の接吻』は東京朝日新聞、大阪朝日新聞に連載された新聞小説で、『真珠夫人』を成功させ流行作家になった菊池の筆が放つ、メロドラマ的展開のエンターテイメントである。書籍化した改造社は売れると見込んで大広告を打っており、こうした積極策もあって大人気となった。

同書は「接吻」を題名に使った最初といわれるが、映画化にさいして内務省から指摘を受け、題名を『京子と倭文子《しずこ》』に変える一幕もあった。「接吻」は公序良俗に反するから駄目だというのは、なんとも今昔の感がある。もっともこうした事件が惹起されたのは、作品が勢いよく普及したからだ。

なお、大正後期の文芸書ベストセラーには、上記小説群とは別に、歴史小説と探偵小説の系譜があり、のちの項で取りあげる。

不況の深刻化と出版界の状況

大正期に社会不安が広がり、人びとに現状打開の願望が宿ったことは、すでに指摘済みである。第一次世界大戦の経緯とソビエト革命の成立は、この傾向の重要な背景となった。維新前はアジアの果ての可憐な小国であり、遅れて近代社会に入った日本だが、それから五〇年ほどで世界の五大国といわれるまでに至り、ある意味「大国ぶり」を強いられる存在となった。日本人の意識も変貌し、あるいは変貌せざるを得ないなかに投げ出された。これらがベストセラーという、一種興奮的な時代現象に影響を与えた面は否めない。

変転めまぐるしい大正期において、ベストセラーという海面上の派手な出来事ばかりを追うわけにはいかない。水面下で起きていた出版業界の構造的苦境にも触れていかざるを得ないのだ。

ベストセラーも出版という海域のうえに起こる現象なのであるから。

大正期は好不況がめまぐるしく交替し、社会は不安定度を増したが、出版業界にとっても苦難と転換の時代だった。とりわけ後半（定価販売実施の大正八年以降）はそうである。苦難をもたらした第一は、出版物生産の基礎的条件の揺らぎだった。出版をめぐる大正半ばの状況を小林善八『日本出版文化史』は次のように記している。

〈出版界の振《ふる》はざるは夥《おびただ》しいものであつたが、其《そ》の直接の原因は用紙、印刷代の騰貴であつた。先《ま》づ紙は戦争〔第一次世界大戦のこと〕前に比して二倍三倍の値段となり、而《しか》も日々月々騰貴する〔中略〕印刷費は職工の賃銀値上げの為《た》め著しく嵩《たか》まり、其の材料の騰貴も之に手伝ひ、四割五割と膨脹を示した。〉[*57]

それでも世が好況で、読者に購買の要求が高ければ問題は少ない。しかし社会は視界不良で不景気が読書人を直撃していた。『日本出版文化史』から続けて引けば、事情はこうである。

〈読書界を支配する主なるものは俸給取《ほうきゆうとり》の所謂《いわゆる》中産階級である。其の俸給生活者は成金の最も収入の少ないもので、白米は一円に一升《しよう》八合《ごう》と云ふ此物価騰に遭遇しては思ふやうに書籍を購《あがな》ふことも出来ぬ境遇にある。〉[*58]

不況下の人びとが生活必需の「糧」を得るほうを優先すれば、精神的な「糧」である本の購入は抑制される。出版物が構造的に売れなくなった。出版界は追いつめられるしかない。実際、業界は疲弊し青息吐息だった。当時の事情に関し、出版の主軸だった雑誌をまず襲った危機的状況について、『日本出版販売史』は端的にこう述べている。[*59]

〈大正九年になると、一月の株式暴落をきっかけに、四、五月には諸物価がいっせいに暴落し、恐慌の状態にさえなった。そこへ持ってきて、雑誌は却って値上げである。すでに雑誌は全国的に返品率が増加していたが、ことに東京、大阪、京都、兵庫県、愛知県などの大都会のあるところは返品が甚《はなは》だしかった。それでこの年四月、東京雑誌協会は、これらの五地域の雑誌販売業組合に対し、それぞれ次のような懇請状を出して、協力を求めた。〉

その懇請状「雑誌ノ返品ニツキ注意」（大正九年四月七日付）はこう書き出される。

〈サテ世界大戦争平和ニ帰シ候暁ニハ諸物価ハ順調ニ復スベキコトト期待致居リ候処《トコロ》、事実ハソレニ反シ、紙価ハ戦時ノ最高価格以上ニ昂《タカブ》リ印刷製本料ハ近ク突飛ナル値上ヲモ承諾セザルベカラザルコトト相成、諸経費亦《マタ》月毎《ゴト》ニ増加イタシ候。〉

出版物の製作に関わる諸価格が高止まりし、経費の増大が出版社経営を圧迫しているとある。大正九年（一九二〇）は四、五月頃から米価など物価の根幹は急激な下落をみた。しかし出版界では、賃金や原稿料などが過去の物価騰貴に出遅れており、むしろ値上げを要求される状況であった。「懇請状」はそのことを背景としている。これでは物価下落の時代に合わせて出版物の定価を下げることはできない。それどころか、この時期に値上げをしないといけなくなっていたのである。「懇請状」から続けて引用してみよう。

〈ソレニモ不拘《カカワラズ》雑誌ノ定価ハ他ノ一般商品ト趣《オモムキ》ヲ異ニイタシ居リ候ニ付、値上モ容易ナラザル次第ニ候間、其《ソノ》発行業者ノ現況ハ実ニ名状スベカラザル苦境ニ瀕シ居リテ今回止ムヲ得ズ少額ノ値上ヲ断行イタシ候事ト決定イタシ候得共、他面ニ於《オイ》テ冗費ヲ省キ鋭意経営ノ改善ヲ謀《ハカ》ラザルベカ

ラザル次第ニ候。〉

簡単に値上げができないのは、読者がたちまち離れるからだ。それは重々判っていたが、もはや値上げより道はなく断行するしかなかったのである。経費削減を必死に訴えており、出版界の苦境が生々しく伝わってくる。なおこれは雑誌の状況だが、書籍も連動しており事情は基本的に変わらない。

不況で読者の購買資金もか細くなる。経費削減はすべての業種に及んでいるはずで、賃金の抑制、収入の減少は読書人を直撃する。生活必需品ではない出版物へは財布の紐《ひも》も堅くなる。そのなかでの〈少額ノ値上ヲ断行〉だった。

本書ですでに述べてきたように、大正期は出版界の勢力交替がおこなわれた。新興勢力は刊行点数と部数で攻めてくる。老舗系も受けて立つ。一定のジャンルに特化し読者対象も限定的な中小版元ならともかく、大手総合出版、そして積極策を取る新興系なら、薄利多売は基本方針となる。博文館の例を挙げるまでもなく、それは幅広い読者層を相手にする出版社の基本戦略だった。値上げはいくら遅ればせに均衡をとるためであっても、こうした基本に逆行する。刊行物は変わらず出回り、しかも値上げもおこなわれたのなら、本が売れなくなる事態は充分予測できた。

それを受けて「懇請状」は〈返品部数モ増加スベキハ必然ノ勢〉、〈当組合員数需給関係ノ調和ヲ破リ候位ニ増加〉などと分析し、〈共倒レトナラザルマデモ組合員相互ノ利益ハ逓減セラルル道理〉であると告げ、小売店の引受部数を〈御留意〉し、返品率の抑制に協力してほしいと訴えるのだった。

ここに大正後期における出版界の構造的苦境が見てとれる。〈必然ノ勢〉の語のごとく、出版物が売れなくなり、返品増もあったのが背景となり、諸物価下落の大勢に準じて、値下げをしたらどうかという声も出てきた。ついに大正一二年一月二二日、東京雑誌協会は定時総会で、重要議題として「定価引下の可否」を取りあげるに至る。

〈先年諸物価暴騰の結果、雑誌も遅ればせながら値上げしたのであるから、物価下落のこの際値下げしてはどうか。文化の指導者を以て任ずる雑誌が、暴利を貪《むさぼ》るように思われては心外である〉という、いささか正論的な意見を第一とすると、これに対して、「出版社各社で実状が違うのだから、個々の自由に任せてはどうか」という第二の意見、「用紙などは下落したが、原稿料をはじめ下落しないものも少なくない。雑誌の種類によっても考え方が異なるから、まず分科会において協定し、幹事会に承認を求めるようにしたらどうか」というのが第三の意見で、この第三に大勢が賛同した。

結局、この問題はどうなったのか。分科会協議の結果、値下げしたところはほとんどなかったのである。[*60]かくして不況下の日本で、構造的問題を抱えた業界の苦境は、緩和されることはなかった。本は売れないままだ。返品も重くのしかかっている。

各社が体力的に疲弊していくなか、出版界はさらなる大難に見舞われる。大震災とそれに伴う大火災であった。震災から一五年後に上梓された『日本出版文化史』の記述に従えば、事態はこうなる。

〈東京にある書肆の類焼数は九百五十六店と云ふ多数に上り、焼失した図書の類は確実には調査

は出来ぬが、約六百万冊乃至《ないし》八百万冊に上った。[*61]〉

これは書店で売るはずだった図書の数で、出版社、取次店の在庫、出版社の原版〔紙型〕は入っていない。〈出版元で焼失した原版の損害が大略三千万円、家屋、什器等の損害が約五百万円、その他を合算して、一朝にして七八千万円の損失を蒙った〉[*62]と見られる。当時の貨幣価値は二〇一〇年代と比べれば概算で五二〇分の一とされるから〔企業物価戦前指数より〕、当代なら四〇〇億円程度にあたる。途方もない額の損害を受けたのだ。

関東大震災

大正一二年（一九二三）九月一日午前一一時五八分、関東南部を強烈な地震が襲う。加えてその後の大火災が歴史的な被害をもたらした。紙による生産物を扱う出版は火災にとびきり弱い。また出版界は前記もした通り、地域集約的な産業である。狭い地域に出版社、取次、印刷、製本業者が集まるかたちを自然にとり、明治大正期は東京の日本橋、京橋、神田がその地域だった。大地震と大火災はそこを直撃したのである。

罹災状況については、一日から三日までの直接的な被害に絞って、岩崎勝海の論文「関東大震災の罹災状況・覚書――一九二三（大正一二）年九月一日の出版界」[*63]が各社社史をもとに整理している。同論文から主要な社の被害状況〔本社建物の被害〕を見ていくと次のようになる。

日本橋区〔焼失面積は全区の一〇〇％〕／全くの焼け野原となった。博文館：全焼、春陽堂：焼失、丸善本店：全焼。博文館の近くにあった大手取次の至誠堂もすっかり焼けた。

京橋区（同八六％）／印刷所・秀英舎：全焼、大手取次・東海堂：焼失、同・北隆館：全焼（金庫三つだけが残ったという）、実業之日本社：仮社屋全焼。京橋区内で全焼した印刷所は八五に達した。当時、京橋界隈は印刷、製本の事業所が密集していたのである。

神田区（同九四％）／岩波書店：店舗二棟、倉庫三棟、印刷工場など全部を焼失、紙型も多くを焼失させた。大手取次・東京堂：木骨鉄網コンクリート三階建の本店（当時は目立つ建物だった）を焼失。三省堂書店：店舗を焼失（出版部は大手町に移っていたが、そこも焼失）。冨山房：社屋に火がつき、早速、社長坂本嘉治馬の小石川の自宅を営業所とした。有斐閣：店舗は全焼、鉄筋コンクリートの倉庫は無傷。平凡社：全焼、やっとできあがった『漢和辞典』などもすべて焼けてしまった。このほか、小川菊松の誠文堂も罹災し、また明治書院、相賀祥宏の小学館なども社屋が全焼した。加えて、神田区内だけで印刷所の焼失数は六一を数えた。

「出版村」ともいえた上記三区の被害は甚大といえる。どの社でも火災が迫るなか、帳簿や原稿、重要書類などを安全と思われる地帯へ総出で伝送し、懸命に守ろうと行動した。

三区以外の状況を続いて見ていきたい。

芝区（同二四％）／一年前に愛宕下に移転したばかりの改造社の社屋は倒壊し、全焼。山本実彦は、「われわれが五年間築き上げたところの鉄壁は一夜にして壊れた」と嘆いた。

麴町区（同二二％）／中央公論社：丸ビルに移転していた。ビルの壁にはところどころ電光形の割れ目が入り、停電した。そこは到底使えず、嶋中主幹の家（小石川）を臨時の編集室とする。

なお、当時、主要な日刊新聞社もみな東京に集まっており、一七社を数えた。東京日日新聞社は有楽町にあった。一七社のうち類焼または倒壊を免れたのは、この東京日日と報知新聞、都《みやこ》新聞（東京新聞の前身）の三社だけである。

本郷区（同一八％）／講談社：団子坂にあった社屋は当座の建物だったが、ごく一部が損害を受けた程度で無事。新築した返品用倉庫が潰れた。野間清治出資のいくつかの会社は被害を受け、製作中の雑誌および用紙も少なからず焼失したが、全体から見ればわずかな被害で済んだ。

牛込区（同〇％）／新潮社：完成したばかりの新社屋は無傷。倉庫も焼けず出版物は全て残った。小石川にある印刷部（富士印刷）も活版部が半倒した程度で被害は軽微で済んだ。東洋経済新報社：社屋の災害を免れた。なお、秀英舎が京橋の本社工場を全焼させたことは前述しているが、加賀町の工場は焼けず被害は軽く済んだ。とりわけ、活字鋳造課が損害を受けなかったので、活字の供給に支障をきたさず済んでいる。また、大手印刷所である日清印刷（職工数四八三）も被害は僅少で済んだ。

下谷区・本所区（同四八％）／凸版印刷（職工数五九〇）：平屋建ての工場は建物が焼けたが、機械類は修理すれば使える程度の損害で済んだ。事務所は焼けないで完全なかたちで残った。下谷区・本所区も印刷所が多かったが、下谷区では凸版印刷を含め二〇社が焼失、本所区では焼失一九社に及んだ。

上記が被害状況だが、下町である日本橋・京橋・神田は全壊に近い状態ながら、山の手になると被害を免れたところもあるのが判る。

とはいえ全体としては、東京出版協会員二一二社のうち、倒壊もしくは類焼の被害を受けたのは一六七社。東京雑誌協会員のうち罹災焼失は二一〇社、中等教科書協会員では五九のうち四八社、東京書籍商組合員では一七二五のうち九五六社であった。東京の焼失した印刷所は二八五工場、倒壊は一四工場で被害は全体の八二％に達しており、製本所の被災は九二％に及んでいる。この数字をみれば、〈関東の出版業務ほとんど壊滅状態に陥る〉（『岩波書店百年』年譜）状況というしかない。[*64] 大手取次は東京堂、東海堂、北隆館、至誠堂、上田屋など、ことごとく全焼の被害に遭った。これらの影響から『白樺』『解放』などの雑誌が休廃刊となっている。[*65]

大阪朝日新聞は九月八日付の記事で〈雑誌が全滅した〉と見出しを掲げた。もっとも「全滅」は極端で、一部は被害を免れたし、何より人的被害は少なかった。地震そのものよりも火災が出版界にとって打撃だったわけで、火災は時間差をもって襲ってくるゆえ逃げることができたのだ。印刷所でも助かっているところがあるのは上述もした。しばらくは茫然自失で、どうすればいいかわからなかったが、出版人はもとより独立独歩の猛者《もさ》が多い。意気消沈もひとときのことで、業界の面々はさっそく復興策へと乗りだしている。

震災後の雑誌に関する配本取り扱いは、大手取次の協力で、九月一〇日にはもう対策が決まった（東京雑誌協会の臨時幹事会での決議）。雑誌の種類ごとに配本日が決定したのである。ほとんどが一〇月上旬であり、対応は早い。罹災した出版物の代金決済の問題は切実だったが、なにより返本率および焼失雑誌の算出法という難問があった。こちらも同じ一〇日の臨時幹事会で見積り算出法と代金支払方法が具体的に決まった。[*66]

また、東京出版協会は、著作者に対する印税軽減の方針を策定し、〈震災前製本完了しながら販売に至らずして焼失したものは全免、紙型が焼失して新組をなすものは二〇〇〇部まで三〇%軽減〉との要請状を作製、配布した。この方針は九月中に実施されている。[*67]出版界は復興に向けてすみやかに動き出したのだ。そのなかから、一つのベストセラーが登場する。講談社刊『大正大震災大火災』であった。

「雑誌的な書籍」の成功

関東大震災は日本の出版界の様相をも一変させた。それを象徴する言葉に〈大橋博文館時代から野間講談社時代へ〉がある。[*68]すでに大正期はじめの時期、「博文館時代は去り、実業之日本社の時代が来る」と主役交替がささやかれていた件は前述したが（一六八頁）、王者博文館は、今度は講談社という巨大な相手に出版王国の地位を奪われる事態を迎えていた。入銀制から再販制へと販売体制に大変革がおこなわれたことも含め、大不況、震災、主役交替と大正期は出版界にとってまさに疾風怒《しっぷうど》濤《とう》の時代だったのである。

講談社は本書ベストセラー史において『人肉の市』などを登場させ（二〇〇頁参照）、すでに存在感を示しているが、より飛躍して新・出版王国へとのし上がる契機となったのは、雑誌では『キング』の成功であり、書籍では『大正大震災大火災』の大ヒットであった。

大日本雄弁会編『大正大震災大火災』

関東大震災で一時休刊を余儀なくされた雑誌に代わって、単発が基本の書籍がまさに「ピンチヒッター」のように出版の軸となり、そのなかから『大正大震災大火災』が巨大鯨のように海面からジャンプしてあらわれる。いうまでもなくこれは、ジャーナリスティックな視点をもとに同時代の歴史的事件の内実を読者に伝えた本である。それなら取材力を背景につくられる企画ゆえ本来新聞社が強いはずだが、新聞の出版部門ではなく出版社が出したことに意義があった。

　こうした出版物は何よりスピードが重要である。それが鍵となる。新聞社が得意とする速報性を、出版社が、しかも雑誌ではなく書籍が実現したのだから、大きなトピックになったのだ。歴史的災害のさい、講談社は他社に比べてさほど被害を受けなかったことは前項で述べた。社員と社屋を確保できた野間清治が、〈未曾有の大震災を詳しく報道するのは、出版に与えられた義務である〉と社員たちを鼓舞して、休刊中の雑誌の編集者も総動員してつくったのがこの本だった。[*69]〈雑誌の定期台帳で小売店に割り当て、書籍便で送るのだから、書籍委託店なら三百店そこそこだった小売店（新刊委託は小売店からの指定による）が三千数百店という膨大な数になる。『大正大震災大火災』はこうして、出版生産地東京全滅のニュースを背景に雑誌の販売ルートに乗ってベストセラーの記録をつくった[*70]〉。つまり『大正大震災大火炎』は雑誌扱いの書籍だったのである。雑誌を扱う小売店は通常の書店だけではなく、文具店から呉服店、旅館からくすり屋まで幅広くあったから、売れ方が違う。雑誌休刊の急場にピンチヒッターとして登場した同書は、震災後の混乱期という事情もあり、雑誌扱いで普及していくという幸運を得た。

　不眠不休で取材し、書き、編集製作したこの本は、本文が〈大震災記〉〈大火災記〉〈地方の惨状〉〈機敏なる当局の措置〉〈経済界の大打撃と将来〉〈鬼神も面を掩《おお》う悲話惨話〉〈人情美の発露！　美談佳話〉〈日本地震史の大要〉など二〇余章で、この章題からも雑誌的な構成・内容であることがうかがい知れる。実際、中身は政治の対応から経済状況の解説、社会面的な記事まで盛りだくさんであって、大杉栄が不法殺害された甘粕事件や朝鮮人虐殺は報じられなかったが、まさに「一冊ですべてがわかる」というつくりで、総合雑誌の編集者が得手とする「総ざらい企画」の典型であった。表紙は横山大観の画で紅蓮《ぐれん》の炎につつまれる東京の町を描いており、赤を全面に配する絵柄はアイキャッチには充分だ。作製のスピード感も雑誌なみで、大震災から一か月後、一〇月一日の刊行であった。

初版は三〇万部で、[*71]かなり強気である。通常の書籍単体ではとても考えられない数字だった。にもかかわらず、同書は刊行のち一〇月一八日には売り切れ、講談社は一〇万部を増刷する。その後は、用紙など資材の不足とともに、社が雑誌の新年号体制に入ることもあって、重版製作を打ち切った。[*72]それでもベストセラーになった事実は揺るぎない。

『大正大震災大火災』は次の二点において、大震災後の出版業界を救う存在になったと講談社社史は書いている。〈ひとつは、出版界の復旧は無理だと思っていた全国の読者に安心感を与えたこと。二番めにはストップしていた地方書店から取次への送金が、復旧近しということで再開され、版元にも普通に支払いができるようになったからである〉[*73]。前記したように、大阪朝日新聞は九月八日付の記事で〈雑誌が全滅した〉と大見出しを掲げ、中見出しには〈十月からは殆《ほとん》ど出まい〉〈印刷文化の大打撃〉と報じていたのである。復旧未だ遠しの印象が全国に伝わっていた。そのなかで一〇月一日にこの本が出た。危機イメージはたちまち払拭された。同書の刊行は、出版界の信頼回復にとって大きな役割を果たしたといってよい。

『大菩薩峠』から『修羅八荒』まで——時代小説の系譜

大震災後の出版界に特徴的なのは大衆文学の興隆である。知識人や指導層というより一般庶民のほうに広く支持される文芸作品は、新聞連載小説の書籍化ものとして、すでに本書で村上浪六や渡辺碧瑠璃園、村井弦斎の本を扱ってきた。そこから進んで、「大衆文学」（または大衆文芸）というジャンルが本格的に始動するのは、この用語を使った白井喬二《きょうじ》が本格的に活動する大正末頃と考えてよい。この時期、「書く講談」の系譜から派生した時代小説が大衆文学を牽引し、大正一三年から一五年にベストセラーが集中してあらわれる。

その前に、先行作として中里介山《かいざん》『大菩薩峠』を挙げねばならない。著者は現在の東京羽村に生まれ、本名弥之助。社会主義に傾倒したのち都新聞に入り、同紙に連載小説を発表するようになった。『大菩薩峠』は幕末を舞台に、虚無的な剣士の生々流転のさまを描いた大河小説で、介山の代表作。大正二年九月一二日から都新聞で掲載される。単行本になったのは遅く、大正七年（一九一八）であった。それも介山の弟幸作の書店玉流堂にて、わずか二〇〇部の和綴じ本として自家出版で世に出ている。[*74]

『大菩薩峠』はのち春秋社から再刊され、和綴じ本（大正一〇年五月）、赤表紙四六縮刷本（大正一二年二月）、菊半截判本（大正一四年一一月）と三回にわたって書籍化された。大きく普及しはじめたのは四六縮刷本からであり、菊半截判本になって決定的なベストセラーとなった。『大菩薩峠』の人気が庶民層で高まったのは、この本の揃いを日本橋の商店が歳末大売出しの二等景品にしたというエピソードからも伝わってくる。[*75]

同作は昭和一六年まで書き継がれて一大巨篇となり、未完で終わった。それにもかかわらず後代まで息長く読み続けられ、また研究や評論が数多く成されてきた。二一世紀の今日では、日本大衆文学の歴史的名作として揺るがぬ地位を得ている。

岡本綺堂『半七捕物帳《とりものちょう》』は、老人として明治時代を生きる半七が、かつて岡っ引きとして経験した幕末期の事件について新聞記者に語るというかたちをとった連作説話体小説である。作者の綺堂は東京生まれで本名敬二。劇評家として各紙で活躍していたが、やがて自ら『修禅寺物語』などの戯曲を書き、小説にも筆を伸ばしていく。

綺堂は新聞人だが、江戸時代の考証を得意としていた。その綺堂がシャーロック・ホームズの推理小説にヒントを得て、江戸を舞台に推理ものが書けないかと発想して取り組み、ついに『半七捕物帳』を世にあらわしたのである。「半七捕物帳」は大正六年一月から博文館の『文芸倶楽部』で連載がはじまり、同年から翌大正七年にかけて、まず平和出版社から刊行された。その後、続篇が書き継がれ、それを合わせた五巻本が大正一三年に新作社から出ると本格的に売れはじめた。この作品によって時代小説と推理小説を組み合わせた「捕物帳（捕物帖）」というスタイルが生まれたとされ、その元祖として、『半七捕物帳』は今日に至るまで、時代を超えて愛読者を獲得し続けている。

大佛《おさらぎ》次郎の『鞍馬天狗』もこの時期に登場し、長く読み継がれることになった大衆文学である。

作者は横浜生まれで本名野尻《のじり》清彦。外務省に勤めながら筆名で翻訳小説を発表していたが、関東大震災を機に作家専念の道を選んだ。雑誌『ポケット』に大正一三年五月から「鞍馬天狗」を連載、大衆文学の書き手として早速読者の関心を集め、大正一三年一二月に同作が『幕末秘史・鞍馬天狗』として博文館から書籍化刊行されると、こちらも好評を博した。

翻訳を通じて得た外国文学の手法を自在に取り入れたことから特徴が出て、大佛は、時代小説に新風を与える作家として名をあげる。その後、「照る日くもる日」（大阪朝日新聞で大正一五年八月から連載）、「赤穂浪士」（東京日日新聞で昭和二年五月から連載）など新聞連載小説で立て続けにヒットを重ね、大衆文学の実力者になっていくのだった。そのきっかけとなった作品こそ、『幕末秘史・鞍馬天狗』だったのである。

白井喬二（横浜生まれ、本名井上義道）は前記したように、「大衆文学」の語を世に広めた作家である。大正一五年一月に「高級娯楽雑誌」と銘打ち『大衆文芸』が創刊されたが、白井はその主要同人であった。なお、『大衆文芸』同人には白井、長谷川伸、江戸川乱歩、直木三十五、甲賀三郎らのほか矢田挿雲もおり、関東大震災で中絶した報知新聞連載の「江戸から東京へ」は、この『大衆文芸』に引き継がれて再開する。

さて、「大衆文学」を今日使う意味で用いられるようにした功労者といえる白井は、自身、『富士に立つ影』（大正一四年）というベストセラーを出している。江戸末期から明治はじめを時代的背景に、富士の裾野に城を築こうとした者たちの運命を描いたこの作は、報知新聞で連載され（大正一三年七月から昭和二年七月まで。一〇七八回）、大正一四年から一五年にかけて、まず報知新聞社出版部から全六巻で刊行された（最終的に全八巻）。これが大変な人気を博した。同作は『大菩薩峠』と並ぶ大正期大衆文学の代表作と評されている。[*76]

吉川英治は現在の横浜市中区に生まれ、本名英次《ひでつぐ》。その『剣難女難』は江戸時代初期の丹波地方を舞台に、立派な武芸者に成長して敵討ちにも成功する若武者を描いた作品で、この時期の人気時代小説の一つである。〈かくて、その人々の過ぎた人生の街道、剣難の辻女難の追分へ、次にはどんな若い武士がさしかかるのであろうか〉という〆《しめ》の言葉を紹介するまでもなく、多くの読者を喜ばせる名調子を持っていた。

同作は講談社の雑誌『キング』の創刊号（大正一四年一月）から連載され、吉川のデビュー作にして出世作となった。吉川英治はのち昭和に入って、人気作家としての地位を揺るぎないものとするが、その最初期のベストセラーとして、『剣難女難』は大衆文学史に記憶される作品といえよう。主人公がさまざまな「難」を超えて成長していくこの小説には、震災後の日本人を励まし鼓舞する役割もあったはずで、人気を得た理由の一つとみられる。

吉川英治と大佛次郎は昭和に入り「大衆文学の双璧」といわれた。その両名の最初のベストセラーが大正一三年と一四年に出たというのは、大衆文学興隆期が大正末にあったことを改めて示している。

もう一点、大正末の異色の大衆小説を挙げておきたい。行友李《ゆきともり》風《ふう》『修羅《しゅら》八荒《はっこう》』前・中・後篇（朝日新聞社刊）である。李風は明治一〇年に広島尾道で生まれ、本名は直次郎。大阪新報へ入り社会部長に至ったのち、大阪松竹文芸部員へと転じ、やがて新国劇の座付作者として健筆をふるう。劇作家として「月形半平太」「国定忠治」（ともに大正八年初演）を世に送り人気を博すと、大衆小説家としての仕事も得るようになった。

「修羅八荒」は四千両の御用金が奪い取られた事件をめぐり、怪盗を探る主人公の活躍を描いた伝奇物語。仇討ち、恋、活劇と大衆時代小説のだいご味が満載の作品で、大正一四年一〇月二七日から翌大正一五年八月一三日まで朝日新聞にて連載、のち同社で書籍化刊行されるとベストセラーになった。新聞連載中から松竹蒲田、日活大将軍、マキノ御室による競作が行われた点からも、『修羅八荒』の人気のほどが知れよう。行友李風はこの作で人気作家の仲間入りを果たす。

なお、大衆文学には上記した時代小説群のほかに探偵小説という大きなジャンルがあり、次項で扱う。

江戸川乱歩の二書

大衆文学の重要な一翼に探偵小説があるのは、たとえば前節で紹介した『大衆文芸』の同人に、時代小説作家に交じって江戸川乱歩や甲賀三郎がいたことでも知れる。黒岩涙香の登場によって明治二〇年代、探偵ものがさかんになった事情は本書第二章で触れている（八三頁）。これを第一次のブームとすれば、第二次のブームは大正の終わりから昭和のはじめにかけて起こった。大正末の出版界では、時代小説とともに探偵小説も活発な展開を見せたのである。それは単なる推理小説というよりも、怪奇や幻想の要素を取り入れており、「探偵小説」という独自のジャンルとして捉えていかねばならない。[*77]

さてこの探偵小説ブームを牽引したのは、博文館の雑誌『新青年』である。日本の童話・児童文学の発展に鈴木三重吉主宰の『赤い鳥』（大正七年創刊）が決定的な役割を果たしたように、日本の探偵小説の質的展開を主導し、さまざまな作家を世に送ったことで推理・ミステリー界でバイブル視されるのが『新青年』だった。

『新青年』は、日露戦争期に博文館で創刊された『冒険世界』が廃刊（大正八年）になったのを受け、同誌を後継する雑誌として大正九年に創刊された。『冒険世界』は、押川春浪が主軸となったことからもわかるように、冒険主義をとりスポーツを鼓吹する面が強く出ていた。[*78]『新青年』の編集長となり探偵小説ブームの立役者となった森下雨村《うそん》も、『新青年』に参加する以前は、『冒険世界』の編集にたずさわっていた。

『冒険世界』は冒険主義が青年読者を惹きつけ、雑誌の特徴を出したわけだが、それに代わる、何らかの「読者を引き寄せるもの」が『新青年』に必要と考えた雨村は、自身が欧米のミステリー小説の翻訳をおこなっていたこともあり、探偵ものの翻訳掲載に力を入れることにした。かくして大正一一年新春増刊号は、ルブランやポーらの翻訳に小酒井不木《こざかいふぼく》の評論「科学的研究と探偵小説」を収録し、「探偵小説傑作集」として発刊される。これが評判を呼び、そこから『新青年』の伝説的な活動がはじまる。

『新青年』は翻訳ものに飽きたらず、日本人作家による創作ものに力を入れていく。きっかけとなったのは、江戸川乱歩であった。乱歩は三重県名張に生まれ、本名は平井太郎。さまざまな職業を経験したのち、独自の探偵小説「二銭銅貨」を書き上げて、『新青年』編集部に送りつけた。

これを手にして読んだ者こそ森下雨村である。当時、『新青年』はまだ、海外作品の名作を翻訳掲載していた時期だった。そのとき不意にあらわれた「二銭銅貨」は、一つのニュースからさりげなくはじまり、暗号解読あり、どんでん返しありの斬新な作風で、雨村を驚嘆させた。海外の作者に劣らない書き手が日本にいたことが判り、彼は歓んだ。[*79]「二銭銅貨」は雨村に認められ、大正一二年(一九二三)四月、『新青年』春季増大号「探偵小説創作集」に掲載される。日本人による探偵小説の礎《いしずえ》を打ち立てた作と評され、『新青年』の世評もまた高めた。

乱歩の作品は、この短編「二銭銅貨」をはじめ、同じく短編の「D坂の殺人事件」「黒手組」「心理試験」「一枚の切符」「二癈人」「双生児」「日記帳」「算盤が恋を語る話」「恐ろしき錯誤」「赤い部屋」が集成されて書籍化、大正一四年七月に『創作探偵小説集1　心理試験』として春陽堂から刊行された。

続いて大正一五年一月、「屋根裏の散歩者」「白昼夢」「百面相役者」「夢遊病者の死」「幽霊」「一人二役」「疑惑」「映画の恐怖」「踊る一寸法師」「指環」「盗難」「毒草」「接吻」「人間椅子」を収録した『創作探偵小説集2　屋根裏の散歩者』が同じく春陽堂から刊行、『心理試験』とともに好調な売行きを示した。『屋根裏の散歩者』のほうは、一月一日の刊行のち二月五日には八版へ達している。

乱歩の登場で「探偵小説ブーム」は一気に盛り上がり、甲賀三郎、横溝正史、大下宇陀児《おおしたうだる》などが次々と登場、昭和はじめのモダニズム運動と関わり合い、文化現象として興隆を見せた。その意味で、『新青年』の活動に加えて、『心理試験』『屋根裏の散歩者』という乱歩書のヒットは、日本の探偵小説を質量ともに豊かなものにしていく契機となったのである。

黒岩涙香が「探偵小説の父」なら、江戸川乱歩は「探偵小説の鬼」といわれている。[*80] デビューまでに苦労を重ねたのち、第二次「ブーム」の黎明期に台頭し、永続的な緊張感と創作力によって探偵小説の泰斗となるまでの道筋は、「鬼」として生きることで成立したといえるのかもしれない。

震災以後刊行の好調書

不況および震災というダブルパンチを受け、常ならぬ苦境に陥っていた出版界だが、「震災後」の復興は意外に早く、大衆文化の進展に合わせ売れる出版物がいくつか出ていたことはすでに述べた通りである。

書籍の場合、本格的な反転の契機は次章で述べる円本の登場だが、その間にあたる震災後三年で出たベストセラー本について、これまで触れていなかったものを以下、取りあげていきたい。細井和喜蔵《わきぞう》『女工哀史』、筑田多吉《つくだたきち》『家族的看護の秘訣』、後藤新平『政治の倫理化』の三点で、前二者は大正一四年（一九二五）、後藤の本は大正一五年の刊行である。

『女工哀史』は著者の体験にもとづく紡績工場の女子労働者の生活記録で、研究者でなく一介の労働者が成した点で、〈おそらくはまだ外国にも比類を見ない著作〉（藤森成吉）と評された。[*81] 細井和喜蔵は少年期から一五年間、紡績工場の職工として働き、また同じ職場の女工と結婚している。悲惨な労働実態をつぶさに見知ったうえで、この本を書き上げたのである。版元は改造社、刊行日は七月一六日。改造社は貧民窟の英雄といわれた地場の活動家賀川豊彦を登用してベストセラーを世に送った経験もあり（『死線を越えて』）、労働者の底辺的実態を生々しくえぐる作品には、無名の著者の作であっても関心を寄せたのであろう（藤森成吉らによる斡旋もあった）。『女工哀史』は巻末に著者が蒐集した「女工小唄」が収録され、〈工場は地獄よ主任は鬼で／廻る運転火の車〉〈十二時間がその間／煉瓦造りのその中で／辛いつとめをせにゃならん〉などの歌詞とともに、それぞれの楽譜も採譜記載されている。こうした異色の記録も併せて、女工が陥った非人間的な状況と、そのなかで必死に生きる彼女たちの心理を丹念に描いたのがこの本であった。刊行されるやいなや、知られざる世界を白日のもとに晒《さら》したとして、センセーションを巻き起こし、版を重ねていく。

筑田多吉『家族的看護の秘訣』（廣文館）は、看護にたずさわる人にとって有名な家庭医学の本であり、「隠れたベストセラー」といっても過言ではない。著者は海軍看護特務大尉、出版は大正一四年である。昭和二一年に同じ廣文館から新訂版が出たが、その「自序」には、〈過去十八年間に千三百版（百三十万冊）を重ねたのであります〉と記されている。文部省の認定図書になったことも、ロングセラー化した一因であろう。〈国内全警察及諸学校官衙《かんが》に備付けられ〉る本になったと、同じ「自序」にはある。

とはいえ、公的機関にとどまらない。この本は赤い表紙の判となって、ゆえにのち「赤本」と呼ばれ、戦前は多くの家庭で常備されていた。

なお、「隠れたベストセラー」ということなら、大正期を通じてのものとして、わが国最初期の受験参考書「考へ方」シリーズについても付言しておかねばならない。主導したのは明治末から学習書を世に送り、とりわけ数学的思考の普及につとめた長野県出身の藤森良蔵である。藤森は大正六年、塚本哲三とともに受験雑誌『考へ方』を創刊して、多くの受験生読者を迎えた。

書籍では代表的な受験参考書として、たとえば藤森良蔵他編の『幾何学――考へ方と解き方』（青野文魁堂）がある。刊行は明治四三～四四年で、のち何回か改訂され、大正三年九月二一日には藤森良蔵の単編著として同じ青野文魁堂から再刊されている。受験参考書という性格上、簡単に古びることはなく、大正期を通じてロングセラーであり続けたばかりか、昭和に入っても、受験生の友として戦後の学制改革のときまで売れ続けた。

さて、前記三書のうち残りの『政治の倫理化』だが、著者後藤新平は岩手に生まれた明治・大正期の著名な政治家で、満鉄総裁や東京市長などを務めたことで近代政治史に名を残している。関東大震災後まもなく、被災した首都東京を再建するために「帝都復興院」を創設し主導したことで、大正末の一時期、いわば「時の人」になっていた。

『政治の倫理化』は大正一五年四月二〇日夜、後藤が青山会館にておこなった演説の速記であり、〈政治倫理化運動の第一声〉（同書「はしがき」より）を記録したものである。同年九月二三日、講談社から書籍化刊行されると、後藤に大衆的人気が盛り上がっていた絶好のタイミングということもあって、たちまち好評を得た。

大手取次の至誠堂の店員を経て、同じく大東館の取締役となった藤井誠治郎は、『政治の倫理化』が一〇〇頁ほどの〈パンフレット風の単行本〉だったので、販売上の戦略から、〈全部雑誌扱いにして雑誌の販売店に送りつけた〉と証言している。[*82] 難しい内容だからそんなに売れないだろうと藤井は心配したが、ふたを開けると随分売れた。

版元の講談社で営業部長などを務めた堀江常吉は、藤井の発言を受けて、〈百万以上出ました。値段は十銭ですから。あれだの、その前の「大正大震災大火災」を雑誌販売店に配本してもらえたことが、単行本をそちらへ流すことの地ならしとなった〉と応じている。[*83] 書籍の販売ルートを広げることに、『政治の倫理化』はひと役買ったのである。

なお大正期の叙述を終えるにあたり付言しておけば、全集・叢書・辞典類が整備されロングセラーとなったのも、大正期出版界の特徴の一つといえよう。これらは多く予約販売のかたちをとり、その堅実な成果は、のちの予約販売全集企画「円本」登場を準備したのである。

(1) 前掲『業務日誌余白』二七頁。
(2) 前掲『本の百年史』一四〇頁。
(3) 前掲『東京堂百二十年史』一七三頁。
(4) 前掲『岩波書店百年』九頁。
(5) 前掲『本の百年史』一三〇頁。
(6) 同上書、同頁。
(7) 前掲『岩波書店百年』一九頁。
(8) 同上書、同頁。
(9) 同上書、三九頁。
(10) 前掲『本の百年史』一四一頁。
(11) 同上書、一四三頁。

(12)『新約』の「前書」より。
(13)同上。
(14)前掲『業務日誌余白』三八頁。
(15)前掲『東京堂百二十年史』一七三頁。
(16)前掲『本の百年史』一六四頁。
(17)前掲『東京堂百二十年史』一七三頁。
(18)前掲「出版おもいで話」、収録書、六九～七〇頁。
(19)同上回想、収録書、七〇頁。
(20)同上回想、収録書、同頁。
(21)前掲「新潮社七十年」、収録書、七三～七四頁。
(22)前掲「出版おもいで話」、収録書、七一頁。
(23)同上回想、収録書、同頁。
(24)同上回想、収録書、七二頁。
(25)同上回想、収録書、同頁。
(26)山本実彦「十年の辞」。『出版人の遺文　改造社山本実彦』栗田書店、一九六八年収録。同書、二頁。
(27)同上回想、収録書、同頁。
(28)松原一枝『改造社と山本実彦』南方新社、二〇〇〇年、一〇二頁。
(29)前掲『本の百年史』一三七頁。
(30)木佐木勝『木佐木日記』(上)中央公論新社、二〇一六年、一二五頁。
(31)前掲「十年の辞」、収録書、三頁。
(32)前掲『本の百年史』一三七～一三八頁。
(33)山本実彦「十五年」。前掲『出版人の遺文　改造社山本実彦』収録。同書、八頁。
(34)前掲『本の百年史』一三八頁。
(35)前掲「十五年」、収録書、八頁。
(36)前掲『本の百年史』一四三頁。
(37)吉田絃二郎『小鳥の来る日』新潮社(新潮文庫)、一九五七年収録、山崎安雄「解説」。
(38)前掲『本の百年史』一四四頁。

(39) 講談社八十年史編集委員会編『クロニック 講談社の80年』講談社、一九九〇年、一〇〇頁。
(40) 同上書、同頁。
(41) 前掲『本の百年史』一五〇頁。
(42) 前掲『講談社の80年』一〇〇頁。
(43) 前掲『日本出版販売史』二六五頁。
(44) 前掲『講談社の80年』一〇〇頁。
(45) 同上書、同頁。
(46) 野間清治「私の半生」。前掲『出版巨人創業物語』収録。同書、一八七頁。
(47) 前掲『本の百年史』一五一頁。
(48) 前掲「新潮社七十年」、収録書、四七頁。
(49) 同上文、収録書、同頁。
(50) 前掲『本の百年史』一三九頁。
(51) 同上書、同頁。
(52) 矢田挿雲『新版 江戸から東京へ』(一) 中央公論社 (中公文庫)、一九九八年収録、朝倉治彦「解説」。
(53) 同上。
(54) 前掲『本の百年史』一四〇頁。
(55) 前掲「十五年」、収録書、一一頁。
(56) 同上回想、収録書、同頁。
(57) 小林善八『日本出版文化史』日本出版文化史刊行会、一九三八年、九六〇頁。
(58) 同上書、九六〇~九六一頁。
(59) 前掲『日本出版販売史』二四三~二四五頁。
(60) 同上書、二四五頁。
(61) 前掲『日本出版文化史』九六五頁。
(62) 同上書、同頁。
(63) 岩崎勝海「関東大震災の罹災状況・覚書——一九二三(大正一二)年九月一日の出版界」、日本出版学会・出版教育研究所共編『日本出版史料』第一巻収録。
(64) 前掲『岩波書店百年』二五頁。

（65）同上書、同頁。
（66）前掲『日本出版販売史』二八六～二八八頁。
（67）前掲『岩波書店百年』二五頁。
（68）前掲『業務日誌余白』三九頁。
（69）同上書、四〇頁。
（70）同上書、同頁。
（71）前掲『講談社の80年』一〇九頁。
（72）同上書、同頁。
（73）同上書、同頁。
（74）前掲『本の百年史』一五六頁。
（75）同上書、同頁。
（76）前掲『本の百年史』一五七頁。
（77）安藤宏『日本近代小説史』中央公論新社（中公選書）、二〇一五年、一三八頁。
（78）堀啓子『日本ミステリー小説史――黒岩涙香から松本清張へ』中央公論新社（中公新書）、二〇一四年、一七八～一七九頁。
（79）同上書、一八五～一八六頁。
（80）同上書、一八四頁。
（81）山岸郁子「改造社の文学事業」。庄司達也・中沢弥・山岸郁子『改造社のメディア戦略』双文社出版、二〇一三年収録。同書、三六頁。
（82）前掲『日本出版販売史』三〇二頁。
（83）同上書、同頁。

Ⅲ　昭和戦前・戦中期

昭和戦前・戦中期の歴代ベストセラーリスト（昭和元年〜二〇年八月）

※塩澤実信『定本ベストセラー昭和史』、出口一雄『出版を学ぶ人のために——出版ジャーナリズム文献綜覧 増補新版』をもとに、橋本求『日本出版販売史』、瀬沼茂樹『本の百年史』、大橋信夫『東京堂百二十年史』を参照して整理加筆した。当時話題となり、多くの読者を得た本ということである。
※リストの書籍は刊行された年で記している。なお掲載順は部数の順ではない。
※必要な注記は＊にて付した。
※円本については主要なものを挙げており、詳細は第六章で説明している。
※作品はすべて本書第六、七、八章で取りあげられており、参照されたい。

昭和元年（一九二六）

【円本】『現代日本文学全集』全六二巻＋別巻年表一巻（〜六年）改造社
大佛次郎『照る日くもる日』前・中・後篇（〜二年）渾大房書房

昭和二年（一九二七）

【円本】『世界文学全集』全五七巻（〜五年）新潮社
【円本】『明治大正文学全集』全六〇巻（〜七年）春陽堂
【円本】『世界大思想全集』第一期一二六巻＋第二期二六巻（〜八年）春秋社
【円本】『現代大衆文学全集』全六〇巻（〜七年）平凡社
吉川英治『鳴門秘帖』前・後篇（〜八年）大阪毎日新聞社・東京日日新聞社

藤森成吉『何が彼女をさうさせたか』改造社
九条武子『無憂華』実業之日本社

昭和三年（一九二八）

【円本】『日本戯曲全集』歌舞伎篇三二巻＋現代篇一八巻〔～六年〕春陽堂
鶴見祐輔『英雄待望論』講談社
沢田謙『ムッソリニ伝』講談社
佐藤紅緑『あゝ玉杯に花うけて』講談社
大佛次郎『赤穂浪士』全三巻〔～四年〕改造社

昭和四年（一九二九）

レマルク著、秦豊吉訳『西部戦線異状なし』中央公論社
鶴見祐輔『母』講談社
菊池寛『東京行進曲』春陽堂
小林多喜二『蟹工船』戦旗社
徳永直『太陽のない街』戦旗社
谷譲次『踊る地平線』中央公論社
谷孫六『岡辰押切帳──金儲け実際談』講談社
井上準之助『国民経済の立直しと金解禁』千倉書房

昭和五年（一九三〇）

林芙美子『放浪記』改造社

細田民樹『真理の春』中央公論社
佐藤紅緑『麗人』新潮社

昭和六年(一九三一)

山中峯太郎『敵中横断三百里』講談社
郡司次郎正『侍ニッポン』尖端社
直木三十五『南国太平記』前・中・後篇、誠文堂(前・中篇)、番町書房(後篇)
佐々木味津三『右門捕物帖』博文館
野村胡堂『銭形平次捕物控』春陽堂
広津和郎『女給 小夜子の巻』中央公論社
賀川豊彦『一粒の麦』講談社
『大百科事典』本巻二六巻+補遺一巻+索引一巻〔~一〇年〕平凡社

昭和七年(一九三二)

田河水泡『のらくろ上等兵』講談社
谷口雅春『生命の實相』生長の家
猪俣津南雄『金の経済学』中央公論社
滝川幸辰『刑法読本』大畑書店
大槻文彦『大言海』全四巻〔~一〇年〕冨山房
島崎藤村『夜明け前』第一部、新潮社

昭和八年（一九三三）

谷崎潤一郎『春琴抄』創元社

南 洋一郎『吼える密林』講談社

西田幾多郎『哲学の根本問題——行為の世界』岩波書店

昭和九年（一九三四）

山本有三『女の一生』中央公論社

谷口雅春『生命の實相全集』光明思想普及会

友松円諦『法句経講義』第一書房

W・B・ピットキン 著、大江専一 訳『人生は四十から』中央公論社

田中貢太郎『旋風時代』全三巻、中央公論社 ＊元版は昭和五年、先進社。

冨山房 編『国民百科大辞典』一四巻＋別巻〔〜一二年〕冨山房

昭和一〇年（一九三五）

林 不忘『丹下左膳』新潮社 ＊昭和二〜一〇年、大阪毎日、東京日日、読売新聞で発表。作品は昭和六年頃から評判となっている。

尾崎士郎『人生劇場』竹村書房

島崎藤村『夜明け前』第二部、新潮社

石川達三『蒼氓』改造社

矢田挿雲『太閤記』全一一巻〔〜一一年〕中央公論社

菊池 寛『貞操問答』改造社

山本有三『心に太陽を持て』新潮社

新村 出 編『辞苑』博文館

昭和一一年(一九三六)

吉川英治『宮本武蔵』全六巻〔〜一五年〕講談社
山本有三『真実一路』新潮社
阿部知二『冬の宿』第一書房
江戸川乱歩『怪人二十面相』講談社
森田たま『もめん随筆』中央公論社
北条民雄『いのちの初夜』創元社
武藤貞一『戦争』宇佐美出版事務所
『講談社の絵本 乃木大将』講談社

昭和一二年(一九三七)

石坂洋次郎『若い人』正・続、改造社
川端康成『雪国』創元社
永井荷風『濹東綺譚』岩波書店
パール・バック 著、新居 格 訳『大地』第一書房 *昭和一〇〜一一年に一度刊行されたが、この年、『パアル・バック代表全集』(全七巻)に収録されて再刊、こちらがベストセラーになった。
志賀直哉『暗夜行路』改造社 *前篇は大正一一年、新潮社刊。後篇がこのとき『志賀直哉全集』第八巻としてあらわれ、同第七巻の前篇と合わせて全体の刊行となった。
島木健作『生活の探求』正・続〔〜一三年〕河出書房
豊田正子 著、大木顕一郎・清水幸治 共編『綴方教室』中央公論社

昭和一三年（一九三八）

小川正子『小島の春』長崎書店
火野葦平『麦と兵隊』改造社
火野葦平『土と兵隊』改造社
中河与一『天の夕顔』三和書房
石川達三『結婚の生態』新潮社
マーガレット・ミッチェル 著、大久保康雄 訳『風と共に去りぬ』全三巻、三笠書房
エーヴ・キュリー 著、川口篤・河盛好蔵・杉 捷夫・本田喜代治 訳『キュリー夫人伝』白水社
杉浦重剛『選集倫理御進講草案』第一書房

昭和一四年（一九三九）

谷崎潤一郎 訳『源氏物語』全二六巻〔〜一六年〕中央公論社
谷崎潤一郎『陰翳礼讃』創元社
火野葦平『花と兵隊』改造社
高見 順『故旧忘れ得べき』新潮社 ＊昭和一一年一〇月に人民社から刊行されたものを、新潮社が『昭和名作選集』の第一九篇として再刊、こちらがベストセラーになった。
和田 伝『大日向村』朝日新聞社
大川周明『日本二千六百年史』第一書房
徳富蘇峰『昭和国民読本』毎日新聞社
ポール・ブールジェ 著、広瀬哲士 訳『死』東京堂
ランスロット・ホグベン 著、今野武雄・山崎三郎 訳『百万人の数学』上下〔〜一五年〕日本評論社

昭和一五年（一九四〇）

吉川英治『三国志』全一四巻〔～二一年〕講談社
横光利一『旅愁』全四冊〔～二一年〕改造社
高見 順『如何なる星の下に』新潮社
野澤富美子『煉瓦女工』第一公論社
アンドレ・モロア 著、高野弥一郎 訳『フランス敗れたり』大観堂
三木 清『哲学入門』岩波新書
ヒトラー 著、室伏高信 抄訳『我が闘争』第一書房
田辺 元『歴史的現実』岩波書店
斎藤 瀏『獄中の記』東京堂

昭和一六年（一九四一）

吉川英治『新書太閤記』全九巻〔～二〇年〕新潮社
高村光太郎『智恵子抄』竜星閣
山本有三『路傍の石』岩波書店
下村湖人『次郎物語』小山書店
三木 清『人生論ノート』創元社
草場 榮『ノロ高地』鱒書房

昭和一七年（一九四二）

岩田豊雄『海軍』朝日新聞社 ＊岩田は作家・獅子文六の本名
富田常雄『姿三四郎』錦城出版社

棟田 博『台児荘 続々分隊長の手記』新小説社
藤澤桓夫『新雪』新潮社
児玉誉士夫『獄中獄外』アジア青年社
ランスロット・ホグベン 著、石原純 監修、今野武雄 訳『市民の科学』上巻、日本評論社
丹羽文雄『海戦』中央公論社

昭和一八年(一九四三)
清閑寺 健『江田島』小学館
山本有三『米・百俵』新潮社
芹沢光治良『巴里に死す』中央公論社
棟田 博『軍神加藤少将』講談社

昭和一九年(一九四四)
山岡荘八『御盾』講談社
山岡荘八『元帥山本五十六』講談社
獅子文六『おばあさん』新潮社

昭和二〇年(一九四五)八月まで
火野葦平『陸軍』朝日新聞社　＊敗戦のさい投げ売りされた異色本として掲載。

第六章

円本旋風と昭和初期のベストセラー——昭和戦前・戦中期①

〈一つの創作である〉

前記したように、大正期の出版界は新旧交替の動きが顕著になるなど一定の底力を示したが、荒波のなかをただよう小舟のごときであった。不況＋震災で出版界は前代未聞の二重打撃を受けた。大出版社でも倒産の瀬戸際まで来たところは珍しくなかったし、大正一四年には大手取次の至誠堂が破綻している。まさにどん底であった。

ただ一方で、大正期の日本では読者層の拡大も期初から起こっており、大正末には読者の大衆化が進んでいた。その事情は前記している。人びとは本を求めていた。本好き・活字好きは歴史的にも日本人の特質である。それなのに本がない。ここに一種の空白が出来ていたのだ。不景気は相変わらずだったが、割安ならば本に飛びつく状況にはなっていた。

また大正期には、既述の通り「返品ありの定価販売」が通常になるという構造転換が成し遂げられ、流通も格段に合理的となった。普及と販売がより円滑化することで大部数本が生まれやすくなっていたのである。全集や予約販売といったかたちも先行的に整備されていた。客観状況は整っていたのだ。

これらを背景に、出版界の「革命」とでもいうべき一大事変が唐突に起きた。円本の登場である。

円本ブームの仕掛け人は改造社の山本実彦だった。改造社は第五章で述べた通り、元々賀川豊彦『死線を越えて』をはじめとした書籍で、大正期ベストセラー史を賑わしていた出版社である。しかし大正末には、その改造社もまた、苦境に喘ぎ沈む版元の一つになっていた。雑誌の売れ行き不振に加え、藤森成吉『犠牲』や倉田百三『赤い霊魂』の発売禁止も影響を与えていた。出版社は浮沈がめまぐるしい。一本や二本、ベストセラーを出したといっても数年の利益であり、失速しはじめると、返品は増え販売は落ち込み、あっという間に経営はダッチロールをはじめる。追いつめられた山本実彦は起死回生の大勝負に出た。

出版人——とりわけ創業者や中興の祖といわれる出版人には、独立志向が強く型破りの人間が多い点は繰り返し指摘している。山本実彦もその一人だった。ある意味では荒地を開拓する挑戦者であり、別の面から見ればきわめて投機的な行動家であって、だからこそ円本に向かい突撃できたのである。山本は回想記「十五年」のなかで、出版事業について次のように述べている。

〈窮極のところ、こうした事業も、やっぱり一つの創作である。自分の腹からこみ上げてくる自信と創意とがなければ、世を動かし、人を動かすことはできぬように思う。他の人がやってうまく行ったのを真似てみたところで、要するにそれは猿真似にすぎぬ。猿真似は心もちのいいものではないばかりか、人の腹のなかになんらの手応えをも与え得ない。[*1]〉

こうした発想を持つ山本がどん底の出版界と改造社に直面し、まさにどんでん返しの曲芸としておこなったのが『現代日本文学全集』の刊行であった。円本の先頭走者であり、ブーム起動の書である。それは山本自身がいうがごとく、出版界が〈ひっくり返るように驚いた〉起死回生の企画であった。[*2]

山本の回想を引いてみよう。

〈あの大正十二年九月一日の関東大震災のために、東京のずいぶん大多数の図書が丸焼けになった。そして、それからはいろいろな書籍の蒐集には甚だしい困難が伴ってくるとともに、いくら金を出しても集めることの困難なものができてきた。クラシックな書物の値段が高くなってくる。このとき一ばん困るのは読書子でなければならぬ。〔中略〕というので、これには円本をやるよりほかに行く道がない。円本をやるとすればどこに第一着に手をつくべきかを協議したところ、それは明治から大正までの文学の大集成がよかろうというので『現代日本文学全集』は生るるに至ったのであった。そしてそれを大正十五年十一月発表するに至った。[*3]〉

刊行がはじめて公にされたのは『改造』一一月号の「編輯後記」である。

新聞宣伝とプロモーション事業

『現代日本文学全集』は、山本自身の説明によれば、〈何分、一冊に集録さるる枚数が二千枚内外であったので、市価十円のものが一円で買える〉のが特徴だった。[*4] 当時、単行本一冊の中心的価格帯は二円から二円五〇銭である。そのなかで『現代日本文学全集』は一冊一円とした。半額

木村毅他編『現代日本文学全集』

かそれ以下の、思い切った廉価書として打って出たのだ。しかも単行本四～五冊にあたる分量を一冊に収めている。従来の一〇分の一の値段で本が買える計算である。この壮挙が発表されると、改造社には、〈毎日毎日全国からは感激の手紙や端書が幾百通も、幾千通も来るという状態〉になった。[5]

一〇分の一という異様な設定ができたのは、初版の大部数である。一〇〇〇部か一五〇〇部という初版が主流の時代（二～三万売れたら大成功だった）に二〇万部、三〇万部の初版で打って出た。同時期、北米カナダで製紙用パルプの投げ売りがあり、[6]大量印刷用の紙の確保に役立った。八方塞《ふさ》がりのなか、乾坤一擲《けんこんいってき》の全集企画であるのはいうまでもなく、成否は会社存続問題にも直結する。〈そこで全社員は二週間も、着のみ着のままで芝愛宕下一丁目の元の改造社に籠城したのであった。妻子のあるものも、帰宅しない夜が多くあるという悲壮な決意のもとに〔取り〕かかった〉[7]。

『現代日本文学全集』は予約募集制をとった。申込金は一円。予約金は最終配本にあてるというから、中途でやめることはできない。そして、予約読者以外の一冊売りは原則おこなわないとした。ゆえに本の奥付に定価表示はない。大量生産によって、しかも読者からあらかじめ予約金をもらっての刊行事業である。こうした破天荒な方法で苦境を乗りきろうというのだから、まさに「一か八かの勝負」（ライバル中央公論社の編集者だった木佐木勝の日記にあることば）である。山本の冒険精神は並外れたレベルであった。総ルビとしたのは、より広い「民衆」を読者対象に考えたからで、大部数で勝負する本との位置付けから来ている。

かくして廉価全集「円本」のはじまりを告げる『現代日本文学全集』は、大正が終わる一五年一二月に刊行がはじまった。第一回配本は『尾崎紅葉集』である。

企画の成功は予約読者が二三万に達したことで早くも示された。のちには四〇〜五〇万を数えたというから、[*8]事実なら、まさに読者が「殺到した」ことになる。『現代日本文学全集』のこの奇跡的成功は、業界を仰天させた。予約獲得は六〇万という噂も販売関係者の間で飛び交ったようだ。[*9]「賭け」に出た改造社自身ですら、当初の売上げ見込みを一万部で計算していたくらいで、[*10]フタをあけてみたら、一〇倍をはるかに越える数字がもたらされたのだから、驚きは大きい。

出版不況で本が高くなり、しかも震災で本がなくなったところへ、一〇分の一にあたる安価な本が出た。ちょうど活字への渇望が起きていた頃だった。難しい教養書ではなく、現代作家の小説だったというのが、幅広い層に受けるためにはよかった。樋口一葉、国木田独歩から島崎藤村、谷崎潤一郎など新旧のベストセラー作家も顔を揃えている。読者はこれに飛びつく。かくして運命の女神は微笑んだ。改造社の「円本」は大成功となったのである。

もとより大量生産企画であり、大部数ゆえ何が何でも売り込まないといけない。『現代日本文学全集』は広告も積極的におこなった。宣伝文は、発した改造社自身の興奮がそこにあるかのごとく、アジテーション調だった。

〈善い本を安く読ませる！この標語の下に我社は出版界の大革命を断行し、特権階級の芸術を全民衆の前に解放した。一家に一部宛を！芸術なき人生は真に荒野の如くである。我国人は世界に、特筆すべき偉大なる明治文学を有しながら、英国人のセキスピアに於けるが如く全民衆化せざるは何故だ。これ我社が我国に前例なき百万部計画の壮図を断行して全国各家の愛読を俟《ま》つ所以《ゆえん》だ。日本の第一の誇!明治大正の文豪の一人残らずの代表作を集め得た其事が現代第一の驚異だ。そして一冊一千二百枚以上の名作集が唯《ただ》の一円で読めることが現日本最大の驚異だ。〉(読売新聞掲載)

内容見本には〈一、本全集あれば、他の文藝書の必要なし。〉〈八、本全集あれば一生涯退屈しない。〉などとある。「円本」という言葉も人気を導く理由だった。市内どこまで乗っても一円均一という安価なタクシーは大正一三年に大阪ではじまり、一五年には東京にも走りだす。「円タク」は当時、民衆の話題となっており、それと語感を合わせた「円本」登場はちょうどいいタイミングであった。

また改造社は、以前からおこなっていた文芸講演会を、『現代日本文学全集』予約者募集のためのプロモーションにして実施する。このイベントは短期集中かつ全国で展開され、かつてない規模となる。[*11] 内容見本を配り、幟《のぼり》を立てるなど、店頭・街頭作戦も実施された。永井荷風の『断腸亭日乗』には、銀座通りの松屋呉服店の店頭に改造社の「円本」広告が飾り立てられたことが記されている。『現代日本文学全集』の成功はさまざまな効果を生んだ。作家にしてみても、既刊が二次生産され、それも大部数だったので、時ならぬ印税収入を手にすることができた。

改造社の成功を受けて、新潮社がすぐさま「円本」投入に動く。昭和二年スタートの『世界文学全集』である。翻訳に名手を揃えることができたこともあり、これも大きな当たりとなった。

〈たしか最初の第一巻〔『レ・ミゼラブル（一）』〕が五十万部以上出たんです〉と、大野孫平は座談会で発言している（発言当時、東京堂取締役会会長。元東京堂社長）。[12] 昭和二年一月に五〇〇頁二段組、箱入りという体裁でスタートし、三月一日に予約を締め切ったところ、〈実部数五十八万部という驚異的な数字を記録した〉と、『本の百年史』も記載している。[13] この数字によって、〈世界文学の方が、日本文学より売れることはこの時から明かになった〉ともいわれる。[14]

改造社がやったのと同じように、『世界文学全集』刊行にさいして、新潮社も派手な予約募集広告を新聞紙上で繰り広げた。一月二九日の広告は新聞広告史上はじめて二頁全面が使われる。金額では一回の広告におよそ二万円がつぎ込まれた。[15] これだけの投資である。間違いがあってはならないと、社長佐藤義亮は五時間ばかり新聞の工場に残り、組みと校正に立ち会った。ようやく終わり引き揚げたのは、深夜二時を過ぎた頃だったという。[16]

成功を確認して、新潮社は第二回配本から色刷のカバーを付けた。なお『世界文学全集』のラインナップは、『レ・ミゼラブル（一）』に続き、『イプセン集』『レ・ミゼラブル（二）』『ドン・キホエテ』『父と子・処女地』『ボヴァリ夫人・女の一生』といった順の展開。昭和初期の読書人が外国文学として何を求めていたかがこの順番からも推測できよう。『世界文学全集』のヒットはまた、『現代日本文学全集』同様、執筆陣を大いに潤した。翻訳者が印税で洋行したとか、蔵を建てたという話もあったようだ。[17]

新潮社『世界文学全集』

一大ブーム、そして「合戦」へ

両円本企画は紛れもなく成功したのである。これを見て各社が続々参入してくる。未曾有の円本合戦がここにはじまった。

昭和二年五月、春陽堂が「創業五十年記念」と銘打って、『明治大正文学全集』の刊行を発表する。春陽堂は明治以来の文芸出版の老舗であり、新興といえる改造社の成功を前に、静観しているわけにはいかなかった。第一回配本は『尾崎紅葉集』で改造社を意識している。「金色夜叉」を収めて改造社版円本に対抗心を剝きだしにした。部数は当初二〇万部だったという。[*18] 第二回配本は永井荷風。荷風はすでに全集（六巻、大正七年一月～一一月）を春陽堂から刊行しており関係は深い。改造社は円本に荷風を収めることに苦労していたというから、ここでも対抗心はあらわである（春陽堂の円本から二か月遅れて、『永井荷風集』は改造社版でも刊行の運びとはなった）。

改造社の向こうを張った春陽堂版円本だが、こちらも成功裡に刊行は進んだ。それは同円本が、当初予定より増補され、六〇巻になって昭和七年まで続いたことでも判る。

日本文学に関わる新興出版社改造社と老舗春陽堂の両円本については、前者が総ルビで〈「民衆」という新規読者の開拓を図り〉、後者はルビなしのため読者の〈対象を制限してしまう〉傾向があったこと、そして、前者は網羅主義であり、後者は選《え》りすぐりの作品を揃える名作重視主義をとった点を、高島健一郎は指摘している。[*19]

さて、改造社と並ぶ当時の新興出版の雄だった平凡社は、同じ昭和二年、『現代大衆文学全集』の刊行に乗りだした。表題の通りこちらは大衆小説を集めて特徴を出した全集である。一二月の第一回配本は吉川英治『鳴門秘帖』。『現代大衆文学全集』の謳《うた》い文句は「千頁一円」だった。[20]実際、『鳴門秘帖』は一一二六頁、総ルビ一段組である。大衆小説らしい版面だといえる。岩田専太郎の挿画も入っていた。

なおこの平凡社版円本では白井喬二が編集に参加している（改造社の『現代日本文学全集』には木村毅《き》が参画していた）。『現代大衆文学全集』はこちらも六〇巻へと至り、昭和七年まで刊行が続いた。

六〇巻というのも充分長いが、円本で巻数の巨大さという点では『世界大思想全集』（春秋社）が圧倒的である。古代から現代までのあらゆる学問分野を扱い、第一期が一二六巻、第二期が二六巻で計一五二巻。とかく巻数が多くなりがちな円本のなかでも目立つ巨大企画として、当時の読書界を大いに沸かせた。

春秋社は思想書の翻訳を得意としてきており、版元の実績を反映した企画だったことが大巻を成立させた理由であろう。刊行は昭和八年まで継続されている。さすがに文学全集ほどの部数にはならなかったが、〈この種の出版として、当初二十万も出たというから大成功である。後に部数が減っても十万部、二期を刊行した位の上成績である〉と、『本の百年史』は評している。[21]

小説・思想書にとどまらず、円本はさまざまなジャンルに広がった。そのなかで春陽堂の『日本戯曲全集』は歌舞伎篇三二巻を出して評判がよく、[22]現代篇一八巻を増刊して昭和六年まで続いた。戯曲では世界文学を対象とした円本も出され、しかも『世界戯曲全集』（全四〇巻、近代社）、

『近代劇全集』（全三九巻、第一書房）と二社が参入して競合となった。この戯曲円本合戦については、〈近代社版の本が内容豊富であったにも拘らず、訳者・体裁・造本すべてにおいて、第一書房版に劣り、第一書房版の圧勝に終ったように思われる〉と『本の百年史』は書いている。その理由として、円本には所謂ゾッキ本（特価本のこと）がつきものだったが、近代社版はそこへ多く流れ、ゾッキ価格は安かった点を指摘している（第一書房版はゾッキに出さず返品本を断裁したようだ[*23]）。

一方、〈圧勝〉したほうの『近代劇全集』は、「イプセン誕生百年祭記念出版」と銘打ち、背革で金押し、コットン紙使用、特注の箱入りと凝った造本で、豪華本仕立てになっている。第一書房の長谷川巳之吉は美本詩集を多く手がけており、そこでの蓄積を存分に生かして『近代劇全集』を世に送り、成功を収めたのである。

「合戦」は泥仕合になることもあった。子ども向けの円本、『小学生全集』（全八八巻、興文社）と『日本児童文庫』（全七六巻、アルス）の競合事例について、『日本出版販売史』から取次関係者の発言を引いてみたい。

〈藤井（誠治郎、前出）　競争といえば、中でもひどかったのは興文社の「小学生全集」とアルスの「日本児童文庫」の正面衝突で、菊池寛と北原白秋とがそれぞれの編集責任者という立場から、毎日のように新聞紙上で攻撃し合って、果ては告訴事件までも起してさわいだものだけれども、結局どちらも相当の損をしたのではないかな。

大野（孫平、前出）　アルスと興文社の競争の時は、両方から話を持ってこられた。私の方としては、どちらもつぶすわけにはいかないので、両方とも助けていったんだが――。興文社の社長はだいたい財産もあった人でしたし、菊池寛という名前もきいて、部数もよく出た。アルスの方は失敗で、百万円ほど借金をこしらえてしまった。[*24]〉

ここでいう〈告訴事件〉というのは、アルス代表の北原鉄雄が興文社代表の石川寅吉と文藝春秋社代表の菊池寛（『小学生全集』は菊池と芥川龍之介の編集、興文社と文藝春秋社連名の企画だった）を相手に、「信用毀損並に業務妨害」で訴えたことを指す。アルスの企画を興文社が盗んだというわけである。しかも両全集は新聞紙上での意地の宣伝合戦まで引き起こした。ある日の新聞では広告欄の一頁目から一二頁までを両者で埋め尽くしたこともある。泥仕合以外の何ものでもなかろう。結果、広告費だけで利益を吹き飛ばすほどになり、〈どちらも相当の損をした〉で終わった。部数は両全集ともに三〇万部くらいだったというから、売上げとして一定の成果は得られたはずなのだが。[*25]

この泥仕合に懲りた東京堂の大野孫平は、美術全集の円本で新潮社と平凡社が競合するのを知って、共倒れをおそれて仲介したという。新潮社に降りてもらい、出版は平凡社だけとし、その代わりに平凡社は新潮社に売れた数に対する補償金を支払うという約束で決着させた。かくして、『世界美術全集』（全三六巻）が刊行されたが、平凡社は最初の三巻くらいは支払ったが、あとは約束を履行しない。ついには訴訟合戦になる瀬戸際までできたが、そこで大野は、〈どんな事情があろうとも、いったん契約したことを履行しないのは悪いが、しかし平凡社はあなたの方にくらべるとひどく世帯が苦しいんだから、ここはひとつ我慢してやりなさい。いずれ平凡社もよくなれば、このつぐないをするだろうから〉と、新潮社を説き伏せて、手打ちに至らせた。[26]この『世界美術全集』は実際のところ、〈部数は多かったけれども、あれはあまり利益がなかったんじゃないか〉といわれている。[27]

競合問題ではまた、『経済学全集』（全六四巻六七冊、改造社）と『現代経済学全集』（二六巻＋別巻一冊、日本評論社）のぶつかり合いも当時有名であった。

円本は異様な状況を出版界に呼び込んだ。「合戦」とまでいわれたのは、企画の絶対数が多かったことの反映である。円本の種類は二〇〇種を超えたと諸書にあるが（たとえば松本昇平『業務日誌余白』は〈円本として扱ったものは実に二百七点を数えた〉[28]と書いている）、『日本出版販売史』は大正一四年（円本登場の前年）から昭和四年までの五年間に刊行された、講座、叢書、長巻企画を含む全集ものを、当時の東京堂発行の月報と、『日本出版大観』、『出版年鑑』などから総ざらいしている。それによると総数は三五四である。[29]すべてがいわゆる円本ではないが、円本ブーム時代の全集旋風がある程度は判るであろう。

円本合戦はわが国出版史上、歴史的ともいえる大事件だが、〈円本の出現の結果、ベスト・セラーというものの標準が一桁ぐらいあがった〉という点で、[30]日本のベストセラー史においても円本は比類なき存在なのである。ベストセラーというなら数十万クラスが当たり前という時代は、円本を境にやってくるわけだし（後述する出版統制期は除く）、それはやがて、戦後期の、ミリオンセラーが珍しくない時代へと繋がっていく。

円本が昭和初期の出版界を席捲したのは、さまざまな要因がある。読者の渇望という市場環境が一方にあり、出版側の創意工夫として、企画そのものの魅力、作品と筆者選定の巧みさ、質の確保、装幀や造本、組みへのこだわりという見せ方に対する努力があった。もっとも、編集製作上の出来映えだけが意味を持ったのではない。そうした諸要素とともに、従来付随的とされた、広告や販売戦略も重要な意味を発信したのである。円本の成功物語は、それらを実行する出版各セクションの総合力が成し遂げた出来事であったと理解される。すなわち編集、広告、販売といった出版各陣営の合力こそベストセラーを生む鍵だというのが、円本がもたらした重要な認識となった。それはのちの出版界に引き継がれていく。

円本の「功」

円本旋風を眺めたのならば、その功罪についていくつかの論点を紹介しておく必要がある。まずは「功」のほうである。

『本の百年史』は円本のプラス面として、大量生産によって本が低廉となり、〈学芸の大衆化〉がなされた点をまず挙げている。[*31] 近代的出版において読者層の広がりは、本書でも大正期以来の〈本来的には明治維新以来の〉現象として度々言及してきた。そのほぼ一貫した傾向のなかで、不況+震災で本の供給不足が惹起したことの反作用で、円本という「革命的」事態が訪れたわけで、昭和初期の〈大衆化〉は突発的な現象ではなく、準備された歴史的前提をふまえていた。また前述したように、再販制の導入等、出版物をめぐる制度変革も大正期におこなわれ、ベストセラーが登場しやすくなっており、〈大衆化〉はきっかけさえあれば大きなエネルギーとなる状況にあった。

ただここで、しばし問題となる「大衆」について補足しておかねばならない。永嶺重敏は論考「円本ブームと読者」において、円本の実際の購買層について、限定されたものながら当時の一次資料を用いて論じている。それによると、「ブーム」時点における円本の購買状況には階層による強い偏りがあり、〈知識人や女子学生、都市のサラリーマン層、さらには農村部における地主層といった人々においては、円本の購読はかなり一般化しており、しかも複数購読者も多かった。これに対し、地主以外の農民層や青年団員、労働者層においては、主に経済的余裕のなさから、円本の購読率は低かった〉という。[*32]「大衆」の実体について念頭に置くべき指摘であろう。

加えて永嶺論文は、〈ブーム終了後になって初めて、円本は貧しい者でも容易に買える、まさに大衆的なメディアとなった〉ことも述べている。大部数ゆえに円本は、ゾッキや古書市場に出回ると急速な価格低下を起こした（後述する）。これによって円本は、〈より貧しい労働者や農民層への普及装置として機能する〉ようになった。いわば〈二段階の大衆化作用をおよぼした〉わけで、〈読書体験における階層間の差異の流動化と平準化も、この二段階の過程を通じて進行していった〉事情を、同論文は示している。[*33] 円本による〈学芸の大衆化〉はそれらを併せたかたちをとった、というのである。

さて、『本の百年史』に戻れば、続く「功」として、〈関東大震災による書籍の大量湮滅が円本全集によって、自然と再整備され〉た点が挙げられる。[*34] もちろん、円本による〈再整備〉は単行本として復活することを妨げる面もあり、「功」ばかりとはいえないが、〈湮滅〉状態が解消されたことはやはり重要である。

『日本出版販売史』は当時の取次販売関係者の座談会のなかで、円本の功績を次のように語っている。[*35]

〈藤井　本が非常に安く手に入ることになったんで、日本の読書人口は急激に増えた。〉

これは〈学芸の大衆化〉であり、当然出てくる「功」といえる。

〈大野　あの前に「キング」が出て開拓した読者層を、円本が非常に高めてくれたといえる。〉

講談社の雑誌『キング』が大部数化して成功したことが、書籍の大部数化である「円本」とリンクしているというわけである。円本時代、書籍だけでなく雑誌も大衆化して、従来とは規模の違う大部数のものがあらわれており、『キング』はその代表だった。その事情は安藤宏『近代日本小説史』が端的に説明している。

〈大正一四年に講談社から大衆娯楽雑誌「キング」が発刊されたのは〔大衆消費社会の出現があったという点において〕象徴的で、ビラや気球を使った派手な宣伝の結果、創刊号は七四万部という、当時としては驚異的な部数を売り捌《さば》くことになった。講談社の社長、野間清治は〔中略〕「ローエスト・インテリゲンチャ」、すなわち「知」の大衆化路線を宣言したが、それはまた、大正期教養主義を根底から相対化していくきっかけにもなった。[*36]〉

これは円本登場にも通じる分析となる。震災後の大正末から昭和に入る時期、出版の二大ジャンル〔雑誌・書籍〕が、ともに大部数展開という局面を迎え、まさに両輪となって読者拡大を実現していった。昭和初期の「知の大衆化」は力強い現象だったとみてよい。

さて次は、本の流通面に関する、円本の「功」についての言及である。

〈尼子〔揆一・北隆館取締役を経て日本出版貿易株式会社監査役〕　円本はまた、書籍を雑誌の販売店にまで扱わせるということで、大きな役割を果したですね。これが大部数を売る基盤となり、単行本も大量生産でソロバンをとることができるようになったんで、一般に本の単価がぐんと下がった。これは読者にも幸福であったし、小売店にとっても幸福であった。卸屋《おろしや》のわれわれは大汗だったが……。〉

書籍を雑誌なみに扱わせる流通販売上の変化が、大正末にはじまったのは既述している（二一八、二二〇頁）。円本はその潮流を力強く前進させたというのだ。いうまでもなくそれは、ベストセラーを容易にすることに決定的なプラス材料となった。日本のベストセラー史が円本登場から本格的に記載されるべきという立場も、こうしたところから導き出されるのである。

円本が本の宣伝面で劃期となる事態だったことも重要だ。新聞宣伝の件は前述したが、小売店レベルでも売り方にそれまでにない方法が自然と成立した。

〈栗田〔確也・栗田書店社長〕　本屋でああいう幟を出して宣伝したというのは、あの全集からですね。私どもでも屋根から大幟をさげたものですが、取次の人たちに、『なんだい、栗田はふんどしをぶらさげているじゃないか』といわれたものです。それから、自転車のうしろに積む箱にみんな「何々全集」という看板をせおって本屋はかけずりまわったんですからね。〉

小売店も活気づいた。何より、店頭で読者を待つだけでなく、自ら〈かけずりまわ〉るようになった。すなわち、本の売上げ増への取り組みを、出版社、取次、広告宣伝関係者だけでなく、最終販売の現場である書店まで巻き込むことに成功した。かくして大部数化現象は、いったん出来上がると相乗的に膨らんでいくことになったのである。

『東京堂百二十年史』は円本のプラス面として、次の点を挙げている。[*37]

〈書籍出版界は、大量生産によって資材・印刷・製本・広告に新生面をひらき、販売界でも雑誌だけの小売店が円本を扱い、大部数を消化する道をつけた。円本を取扱えば三年間は配達さえすればよいので、小売店自ら宣伝物を携えて読者獲得に乗り出し、これを機に外売に熱意を持つようになった。〉

『日本出版販売史』の座談会に戻れば、尼子揆一の次の指摘は、書籍界への影響の全像を端的に説いている。

〈なんにしても、円本というものによって、書籍の出版という事業が飛躍的に進歩したことは事実ですね。組版にしても、印刷にしても、製本にしても、広告にしても、卸屋のありかた、書店のあり方等々《ママ》、あれでどのくらい進歩したかわからない。そういう意味で申しますと、取次が円本で苦しんだといっても、いまの書籍出版のあり方の一つの畑をこしらえてしまったような気がする。〉

昭和初期に〈一つの畑〉が出来上がった。そこから作物が次々と実っていく。それは日本のベストセラー史の次元をもまた、過去とは異なる段階へ転換させることになった。

円本合戦に参加した誠文堂の小川菊松は、回想記で円本の「功」を列記しているが、そのうち、ベストセラーの歴史にとって意味のあるところを、本項の末尾に挙げておきたい。

〈安価に本を供給したことによつて、一般の読書力を涵養し、出版界全体が新らしい読者層を共通的に獲得または発見したこと。〉

〈出版物の種類による発行部数の限度に対する、業者の従来の常識または通念を訂正し得る確信をつかんだこと。〉

〈宣伝による効果を見直すことが出来、広告を大胆にやる勇気が出たこと。[*38]〉

円本の「罪」とブームの終焉

『東京堂百二十年史』は、「功」に対して、円本現象がやがてもたらしたマイナス面について、次のように指摘している。

〈第一に単行本が売れなくなり、真面目な書物の出版が困難になったことである。第二に書店の返品が急激に増えたことである。円本も初期のころは予約申込者のみに配本していたが、末期の円本は見込送品するものも出たため、一層返品がふえてきた。第三に製本の質が低下し、落丁乱丁が多くなったことである。そして最後には解約、また解約によって残本の山を生じ、発行所によっては、一全集何十万という部数を、一冊七銭とか十三銭とかいう捨て値でゾッキ屋に売った。[*39]〉

これらのうち〈第一〉に関連すれば、円本による〈学芸の大衆化〉は反面において、〈学術書や特殊の研究書の出版を困難にしたことも争われない〉と『本の百年史』も述べている。[*40] 小川菊松も円本の「罪」として、〈著者の力作または苦心研究の著述——そういうものは何時の時代でも読者が少ない――などを顧みる余裕がなくなつた〉点を挙げている。[*41] その小川が別に「罪」として挙げている、〈他の一般書籍の価格を低下せざるを得なくなつた、即ち、採算が不利になつた〉にしても、〈真面目な書物〉は少部数ゆえ定価を高めに設定せねばならず、影響は大きかったはずだ。[*42]

ただこうした〈困難〉〈余裕がなくなつた〉は、ブーム時に生じたマイナスではあり得ても、永続的でもなかったとは、その後の出版界が、中長期的には〈真面目な書物〉も絶えることなく生み続けていたことからも判る。しかもそこからはベストセラー書も出るのであって、本書でものちに扱っていく。

さて、『東京堂百二十年史』の〈第二〉と〈第三〉に関すれば、要するに余りにも競争が激しく、余りにも出回りすぎたことが当然引き起こした現象だともいえる。取次人として現場を見ていた松本昇平は『業務日誌余白』のなかで、〈売上げの低下を必死になって喰い止めようと焦る出版社は、何でも全集とばかり、百科、科学、地理、風俗、書道、政治学、商学、法学、産業と専門書の分野まで円本化しようとした。しかし私たち販売係から見ればこの企画は全く逆で、円本以前に企画されるべきものであった〉と回想している。[*43] 実際こうした専門書全集は、〈円本で取扱いの乱雑になった販売業者に敬遠され、完結した円本とともに早々と市場を古書街に移していった〉のだ。[*44]

円本は昭和四年頃になると企画が種切れになってきた。個人全集まで登場したのは、本来ジャンルを対象にした総合全集だった主旨から逸脱している。ジャンル全集としても、企画のかち合いが目立つようになる。「競合」については前記もしたが、二社対決どころでなく、たとえば探偵小説全集が博文館、改造社、平凡社、春陽堂の四社競合となった例もあった。こちらも種切れ現象が招いたといえる。競合は粗製濫造をも生む。『東京堂百二十年史』が指摘する〈第三〉のマイナスである。

かくして、激しく巻き起こり業界に吹き荒れた旋風だったが、いくら大風であったとしても、いずれは止む。マイナス面が大きくなり、負の要素が負の要素を生む悪循環が生じると、もはや退潮は明らかだった。大正一五年末に出現した円本現象は、昭和五年頃には〈だいたいおさまりがついた〉のである。[*45]

『業務日誌余白』は円本の末路について、〈市場を古書街に移して十銭内外のバーゲンで人気を集めるようにな〉ったと述べている。[*46]ブームが終わった昭和五年には、返本〈売れなくて戻ってくる本。返品〉の山となった。売れないものだから、安く引き取ってもらうしかない。小川菊松の回想によれば、『現代日本文学全集』（改造社）三〇万部を河野書店が（一冊）一二銭で引き受けた、『明治大正文学全集』（春陽堂）三〇万部を春江堂が七銭五厘で引き受けた、『世界戯曲全集』（近代社）一〇万部を河野書店が五銭で引き受けた……といった案配である。[*47]

古書市場で展開できる本はまだいい。返本が倉庫を埋め尽くし、〈ゴミの山に変わるという現実〉もありえた。それは〈大量販売―ベストセラーという図式のなかにあって、弊害の最たるもの〉といえようが、[*48]ベストセラーの「光」が必然的に伴う「影」であって、ある意味、宿命的事態というしかない。

ブームの終焉について『業務日誌余白』は、〈スタートが華やかだっただけに、その末路の哀れさが一入《ひとしお》私たちの心に残って離れなかった〉と回顧しているし、当時ある新聞は、〈時勢の波よ、風よ、冬来りなば春遠からじ〉と書いて慰めたという。それほどまでに終末期は〈哀れ〉に見えたのだ。*49

『何が彼女をさうさせたか』と『英雄待望論』――昭和二、三年の単行本

円本が余りに巨大な「旋風」だったことは、前項にある通り、販売現場レベルでも〈単行本が売れなくな〉ったという印象を招きがちである。実際、円本洪水のなか、単行本は目立たぬ存在となっていた。

しかし、円本時代（昭和元年から五年）、単行本のヒット作も出版界は出している。本章では、円本旋風のなか忘れられがちなこの時期の単行本ベストセラーについて、紹介していきたい。

円本旋風が一気に巨大化した昭和二年だが、単行本でも五作のベストセラーがあった。吉川英治『鳴門秘帖』は大正一五年（一九二六）八月一一日から大阪毎日新聞紙上で連載がはじまり、前篇の刊行は昭和二年三月一〇日、版元は大阪毎日新聞社・東京日日新聞社だった。なおこの作品は、円本『現代大衆文学全集』（平凡社）の第九巻にあたる『吉川英治集』にも収録されており、こちらは翌昭和三年の刊行である。

大佛次郎『照る日くもる日』は大阪朝日新聞紙上で大正一五年八月一四日に連載がはじまり、翌昭和二年六月一日まで続く。書籍化刊行は大阪・渾大房書房からで、昭和元年〜二年において

なされた。のちに『大衆文学名作選』の第五巻（昭和一〇年、平凡社）へ収録されている。

大正末に名を挙げた吉川英治と大佛次郎は、昭和に入り「大衆文学の双璧」といわれる存在になったことは前記している（二二三頁）。人気作家として作品が連続して好評を博したというわけだ。『照る日くもる日』は〈数十万部〉売れたとされる。[*50]またこの作品は連載まもなく大正一五年から昭和二年にかけて、四篇にわたり早くも第一回の映画化がなされており（マキノキネマ）、本の人気に拍車をかけた。

藤森成吉の戯曲『何が彼女をさうさせたか』も、昭和二年に評判となった書籍の一つである。同年一月号から四月号にかけて『改造』に連載、同年中に改造社から書籍化刊行された。社会主義への関心を深めていた藤森成吉の作品で、築地小劇場で上演され人気を呼んだ。昭和五年には帝国キネマ演芸で映画化公開となり、社会主義の影響を受けた「傾向映画」の代表作としてこちらも話題を集める。「何が彼女をさうさせたか」（何が彼女をそうさせたか？）という表題自体が流行語となったことも、作品の評判を裏付けている。なお作者の藤森は、第五章で紹介した改造社のベストセラー、細井和喜蔵『女工哀史』の出版に尽力した人物としても知られている。

これらを越える昭和二年のベストセラーは、昭和二年七月八日刊の九条武子『無憂華』（実業之日本社）である。和歌日記や感想的文章を集めたこの本は、松本昇平『業務日誌余白』で〈四百版も版を重ねるベストセラーになった〉と記される。[*51]

『無憂華』はロングセラー化もしており、昭和六年六月一日刊の普及版は三〇一版、昭和一五年一〇月一五日には三九八版に至っている。[*52]著者は西本願寺・大谷光尊の次女に生まれ、公卿華族の夫人となった。「麗人」との評判もあった女性で、歌人にして仏教婦人聯合会会長も務めた。この立場ゆえに、関係する読者からの支持を受け、それも援《たす》けて一定の部数を成したのであろう。[*53]また、『日本出版販売史』は、著者の遺影を効果的に使った新聞広告が印象的だったと記しており、[*54]これが売上増にひと役買った事情も見逃せない。

続いて昭和三年の単行本を見てみよう。

『業務日誌余白』は、〈書籍の岩波書店、雑誌の講談社という時の出版二雄は、円本合戦行きのバスに乗りおくれ狂躁の圏外にあったことが幸いしてか、円本疲れの他社に比して円本終末以降企画に斬新さが目立ち、ベストセラーへの登場が多くなる〉と指摘している。[*55]

円本合戦に参加しなかった有力版元に岩波、講談社があるというわけだが、のちに述べる中央公論社もその一つで（中公は出版部門がなかったという事情もある。後述）、出版界を巻き込んだ円本旋風とはいえ、静観していた版元もあったのだ。

昭和に入って、岩波書店からベストセラーが出るのは昭和八年まで待たねばならないが、講談社と中央公論社は円本時代、単行本の話題作を世に送っている。昭和三年のベストセラー四点のなかで三点は講談社の刊行物であった。

なお講談社が円本合戦の「圏外」で静観していたというのは、事実と異なる。『講談全集』と『修養全集』を出しているからだ。ともに昭和三年一〇月の刊行開始で、翌年の九月に前者が、一〇月に後者が完結した。同じ一二巻で、定価は一冊一円だから紛れもなく円本である。社史『講談社の80年』によれば、当初は各巻一〇〇万冊と強気だったが、〈約五〇万冊出した第一回配本はかなりの返品で、第二回配本は三〇万冊台に落とし、結局、両全集ともトータルでそれぞれ三〇〇万冊くらいを発行したにとどまった〉という。[*56] それでも相当な数字といえるが、〈思ったほどの部数は伸びなかった〉〈売れなかった〉と同社史が総括しているのは、余りの安価で利益が出なかった事情を伝えている。一冊あたりの送料が、目方から意外に高くなったという誤算もあったようだ。

その講談社から円本と同じ昭和三年に刊行された単行本三点、鶴見祐輔『英雄待望論』、沢田謙『ムッソリニ伝』、佐藤紅緑《こうろく》『あゝ玉杯に花うけて』のほうは成果をあげた。

『英雄待望論』は英雄といわれる歴史上の人物の伝記を集めた本で、ビスマルク、豊臣秀吉、ナポレオン、西郷隆盛、吉田松陰と、変革の時代に人びとを率いた国内外の偉人が次々と登場する。当時の日本は内政や外交で時代の空気も緊張しており、そのなかで「英雄」を求める読者の心理を巧みに突いた内容であった。〈三〇万部も売れた〉と社史にはある。[*57]

著者の鶴見は鉄道院の官僚をへて政治家となっており、また、後藤新平の娘婿である。後藤新平の『政治の倫理化』が大正一五年に同じ講談社刊でベストセラーになっていることは前記した（二二九頁）。

『ムッソリニ伝』は同時代人を扱っているが、こちらも一種の英雄伝である。著者の沢田謙は児童文学作家で、講談社の雑誌『雄弁』『少年倶楽部』『少女倶楽部』などを舞台に偉人の物語を連載していた。

『ムッソリニ伝』は初版が一〇万部と強気で出しており、それでもすべてを配本できたのは、雑誌専門の店にも配ったからである。〈厚表紙綴じの単行本らしい単行本を雑誌販売店に配った最初〉のケースとなった〈雑誌的な書籍を雑誌販売店に配本した例は『大正大震災大火災』や『政治の倫理化』がすでにある〉。結局、『英雄待望論』と同じ読者の志向から支持され、重版を加え一八万六〇〇〇部に至った。[*58]

『あゝ玉杯に花うけて』は佐藤紅緑が昭和二〜三年に『少年倶楽部』で連載した少年小説の書籍化である。貧しい家と豊かな家という出身の違った二人の若者の交流を描いた青春小説で、題名は旧制第一高等学校の寮歌「嗚呼《ああ》玉杯」による。当時の青少年層に広く普及していき、児童読み物の初版部数の基準を一万部へと引き上げるきっかけになった作品といわれる。[*59]『日本出版販売史』もこの本を、次項で述べる鶴見祐輔『母』とともに、講談社の昭和初期のベストセラーとして挙げている。[*60]

著者佐藤紅緑は弘前市生まれの劇作家・小説家、本名は洽六《こうろく》である。正岡子規門下の俳人として出発し、大衆小説作家へと転身した。長男が詩人サトウハチロー、次女が作家佐藤愛子というのは、よく知られたことだ。

佐藤紅緑『あゝ玉杯に花うけて』

講談社の三点のほか、大佛次郎の『赤穂浪士』も昭和三年のベストセラーとして挙げられる。昭和二年から東京日日新聞で連載、のち改造社から書籍化された。全三巻で、昭和三年一一月から翌四年八月にわたり刊行されている。忠臣蔵に新しい解釈をほどこし、ニヒリスト堀田隼人を登場させたことで、当時の知識人が持つ思想的雰囲気にも合ったのが、ベストセラー化した理由でもあろう。上巻はひと月たらずで八〇版へと達している。[*61]

『西部戦線異状なし』とプロレタリア文学——昭和四年の単行本

続いて昭和四年の事情を見ていこう。

まず講談社が前年に続けて、鶴見祐輔『母』、谷孫六『岡辰押切帳——金儲け実際談』という二つのヒット作を出しているのが目につく。前者は同年六月五日に刊行されて、ビロオド装、五五〇頁で定価も二円ながら、刊行翌昭和五年五月五日には四三七版に達した。[*62] この本に関して、『業務日誌余白』は次の経緯《いきさつ》を紹介している。

〈『母』は講談社の花形雑誌「婦人倶楽部」に連載して、講談社流に言うと熱狂的な読者をもち、五十万は売れると初版五万部をつくって大宣伝した。当時の単行本における初版数の最高と記録されるが、総数五十万部とはいかなかったようだ。[*63]〉

後者『岡辰押切帳——金儲け実際談』に関しては、講談社の編集局長などを歴任した橋本求の回想のなかに、次のくだりがある。

〈変ったところでは、谷孫六の「岡辰押切帳」（講談社）が同じ四年に出て、八万七千部を記録しています。孫六の金儲け談義としてたちまち有名になり、翌年からは「現代貨殖全集」（全十三巻・春秋社）を一人で執筆、ほかにも岡辰ものは何冊も出ました。[*64]〉

谷孫六は本名矢野正世《まさよ》。東京毎夕新聞、萬朝報、読売新聞で営業局長などを務めた新聞人である。彼が著した岡辰ものは貨殖ブームを呼び込んだが、それは戦後の投資ブームに似ていると『本の百年史』は指摘している。[*65]

さて、中央公論社は円本合戦を静観していた出版社の一つだが、当時は雑誌社であって、書籍の編集刊行をおこなう出版部そのものがなかった。出版部創設は昭和四年で、最初に出したのはレマルク著、秦豊吉訳の『西部戦線異状なし』である。この本について『業務日誌余白』は、次のように記している。

〈昭和四年は中央公論社の嶋中雄作が雑誌中心の出版から、書籍出版部門創設の第一弾として、十月にレマルクの『西部戦線異状なし』を放った年である。中央公論社は、この処女出版を最初からベストセラーを狙って重版に次ぐ重版とブッ飛ばして売りまくった。[*66]〉

何とも派手な話だが、この本の出版に関わった牧野武夫の回想録『雲か山か』が当時の事情をよく伝えている。牧野は円本合戦を仕掛けた改造社から中央公論社へ転じ、出版部を開設した当人である。以下、『西部戦線異状なし』の刊行事情は同回想録に拠るが、中央公論社が円本合戦に参加しなかったのは、何も超然たる態度を貫いたからではない。内政的問題から会社経営が不安定になり、出版部門へ乗り出すどころではなかったのである。

レマルク『西部戦線異状なし』

中央公論社といえば雑誌『中央公論』の名物主幹・滝田樗陰の名が挙がるが、その滝田が急死したのが大正一四年だった。『婦人公論』主幹の嶋中雄作が『中央公論』主幹を兼務して急場をしのいだが、名物編集者を欠いて会社の屋台骨が揺らいできた。そしてついに昭和三年八月、麻田駒之助社長が持ち株を嶋中雄作に譲渡して引退してしまう。中央公論社は、〈麻田から嶋中へのリレーで他を省みるいとまなく謂《い》わば呆然自失の態であった〉[*67]。円本どころではなかったのだ。一方の改造社は円本で大当たりして〈旭日昇天〉の勢い、雑誌ではライバルだった中央公論社はこれに比べて〈退潮落日〉の一途であった。

そのとき偶然嶋中と会った改造社の牧野は、中公への入社を打診される。〈どうしても雑誌専業では駄目なんだ。出版をやりたいんだ〉と嶋中は話したのである。その〈一生懸命さと率直さに打たれて〉、牧野は中公へ移り、直ちに出版部を開設したという[*68]。ただ牧野は元々嶋中雄作の親戚にあたる人物であったし、改造社で活躍はしていたものの、左翼青年をかばいすぎて社内で立場が危うくなっていた[*69]。それもあっての転身だった。

その牧野が仕掛けた第一作こそ『西部戦線異状なし』なのである。著者レマルクは無名の青年戦士として第一次世界大戦に従軍する。そこでの体験をもとに、戦場の赤裸々な人間の姿をこの作品に描いた。訳者秦豊吉は前記もしたが（一七四頁）、当時は三菱商事の社員で、中央公論社があった丸ビルのすぐ南隣りのビルに勤めていた（のち帝劇の社長になる）[*70]。牧野武夫は毎日、秦の勤務する三菱商事本館へ行き来して、一〇枚、二〇枚と原稿をもらったという。

当初、秦の提示した邦題は『独逸の肉弾』だった。明治戦争文学のベストセラー、櫻井忠温の『肉弾』にあやかったのである。昔売れたタイトルだからもう一度使おう、というわけで、秦はこのタイトルに相当固執したという[*71]。しかし牧野の考えは違った。次の訳文中にあった一句から

「西部戦線異状なし」を主張したのだ。

〈千九百十八年十月、われらのパウル・ボイメル君も遂に戦死した。その日は全戦線に亘《わた》って極めて穏かで静かで、司令部の報告は西部戦線異状なし、報告すべき件なしの一語に尽きてゐた。〉

この一句「西部戦線異状なし」は原書も表題に使っており、牧野はやはりこれがいいとしたのである。当時としては破天荒で、〈ふんどし看板のように長い書名〉であった。[*72] しかし、牧野はこれで押し通したのだ。『肉弾』は明治時代の成功例である。そこから来る先入観よりは、原題の新鮮さのほうに魅力がある。――こういった確信が牧野にはあった。

本は箱入りで定価一円五〇銭。円本の時代にしては挑戦的な価格設定で、しかも初版は二万部でこちらも強気だった。伸《の》るか反《そ》るかであったが、滑り出しから販売は順調で、大成功となった。読者は青年知識人層が多かったようで、中央公論社の暖簾《のれん》にも合致した。一〇万部を売りきり、さらに半額の普及版として一〇万部を刊行、合わせて二〇万部を売上げた。[*73] 取次関係者には〈たちまち百数十版を重ねた〉との記憶がある。[*74]

この本がベストセラーになると、「～戦線異状なし」は流行語となり、町にあふれたという。作品は築地小劇場（村山知義）、新築地劇団（高田保）で舞台にもなった。

腕だめしの処女出版に成功した牧野は、〈中央公論社が獲《か》ちとった理解と信頼は大変なものである〉と誇らしげに回顧している。[*75]〈あの本で中央公論社は一躍出版部門でも堂々たる基礎をきずいたわけです〉との証言もあり、[*76] 雑誌社の看板に重ねて書籍の成果も得たことは、確かに決定的な成果であった。

初期成功は大きな推進力を生む。中央公論社はこの年、第二弾の書籍、『踊る地平線』もまたベストセラー入りさせている。この作品は『中央公論』に「新世界順礼《ママ》」として連載されたものだった。著者の谷譲次は新潟県佐渡生まれ。本名は長谷川海太郎だが、谷譲次のほか林不忘《ふぼう》、牧逸馬《いつま》などの筆名を使い分け、その異常な量産ぶりから大衆文学のモンスターと呼ばれた作家である。その谷の『踊る地平線』は昭和四年一〇月一五日に書籍化刊行され、『西部戦線異状なし』の好調にも後押しされてヒットした。

昭和四年のベストセラーで特筆されねばならないのは、プロレタリア文学の二書が入っていることである。大正後年から日本では経済的な苦境が続いており、昭和に入ると慢性不況の様相を示した。重苦しい世上にあって、経営者側は賃金切り下げや解雇をおこない、当然ながら、労働争議が頻発した。マルクス主義を奉じて革命を望む声が知識人層に広まってくる。社会主義運動が進展し、プロレタリア文学がさかんになった。

こうした状況下、ナップ（全日本無産者芸術連盟）の機関誌『戦旗』を出していた戦旗社は、昭和四年八月より、四六判の「プロレタリア作家叢書」を刊行する。その第二篇である小林多喜二『蟹工船』、第四篇である徳永直《すなお》『太陽のない街』は、この叢書中最も評判を得たもので広く普及した。

二書はプロレタリア文学の代表作とされ、文学史に必ず登場する。前者の作者小林は秋田県の農家に生まれた。小樽に移住して小樽高等商業学校に学び、在学中から詩や小説を書き出している。トルストイ、ドストエフスキー、ゴーリキーなどロシア文学に親しみ、また志賀直哉に私淑しており知識人的人物である。後者の徳永は熊本生まれ、小林とは対照的で、小学校六年から印刷工、文選工など職を転々としながら労働運動に近づいた労働者作家であった。

『蟹工船』は昭和四年九月に刊行され、発禁処分を繰り返し受けたが、『戦旗』昭和五年一一月号掲載の広告によれば、（いくつかの判型を合わせ）戦旗社版は総計三万五〇〇〇部に達したという。[*77]その後も判型を何度も変えて刊行が続いたというから、〈やはりベスト・セラーに入るものである〉と評される。[*78]

一方の『太陽のない街』は昭和四年一一月の刊行。三か月後には一〇版となっている。実部数はつかみにくいものの、改造社の円本に入ったほか、「蟹工船」「鉄の話」と合本のかたちでも改造社から再刊され（昭和六年五月）、これらを合わせると〈プロレタリア文学のベスト・セラーであった〉と見なされる。[*79]

小林多喜二『蟹工船』

昭和四年刊の話題の単行本としては、ほかに菊池寛『東京行進曲』（春陽堂）と井上準之助『国民経済の立直しと金解禁』（千倉書房）がある。

前者は当時、「文壇の大御所」と呼ばれ人気があった菊池寛の小説のなかで、とりわけヒットした作品だとして、岡野他家夫が挙げている書である。松竹で映画化され流行歌も生んでいる。本と映画、歌謡曲が好評となったことから「行進曲時代」という言葉も生まれた。[*80]

後者は金解禁をおこなった井上準之助の名で出された通俗的な経済書で、三〇銭のパンフレット様書籍だった。〈十七万くらい出版された〉という。[*81]

『放浪記』――昭和五年の単行本

〈返品といえば、昭和初期で返品率の一番悪かったのは昭和五年である〉と『業務日誌余白』は記している。それは〈円本の終結がこの年一挙にしわよせされた結果であった〉。勢い単行本の新刊書籍は売れるものだけを選んで送る傾向が強まり、すなわち〈新刊委託の極端な引締めが行われた〉のが、まさにこの昭和五年である。[*82]

とはいえ、こうした時期のさなかでも林芙美子『放浪記』（改造社）、細田民樹『真理の春』（中央公論社）、佐藤紅緑『麗人』（新潮社）という三点の単行本ベストセラーがこの年に出ている。

これらのうち半自伝的小説『放浪記』のヒットは、大正末の『女工哀史』のブームとも繋がる女子貧窮ものの話題作といえる。ただ『放浪記』のタッチは、労働者ものの重苦しさとはニュアンスが異なる。行商人の子として少女期をすごした女主人公は、木賃宿を転々とし、露天商、女工、カフェーの女給などで働くのだが、どこかたくましいところもあり、特異な青春小説という見方もできよう。

実際、『放浪記』の主な読者は若いサラリーマン層だったと『本の百年史』は指摘しており、〈女給の雰囲気なども好奇の眼をひいたが、同時にサラリーマン生活の底にある哀愁をそそった〉点を、同書の〈長い生命〉の理由としている。[*83]

著者林芙美子は山口県出身で尾道高女卒。本名はフミコである。『放浪記』は昭和三年一〇月から、長谷川時雨《しぐれ》が主宰する『女人芸術』で、二〇回にわたって連載された。『女工哀史』のほか「蟹工船」「太陽のない街」の合本も出した改造社で刊行されると、たちまちベストセラー入りする。

改造社は昭和五年七月三日、当時出していたシリーズ「新鋭文学叢書」の一冊として『放浪記』を世に送ったのだ。この本は刊行されると、シリーズのなかでも〈群を抜いて、独走的に売れた〉という。刊行ふた月後の九月一〇日には四〇版へと達しており、〈独走〉の様相がわかる。売上げは〈三十六万部にまでのぼった〉[*84]。

映画化・舞台化が繰り返され、それらは本の人気に拍車をかけた。なお『放浪記』がベストセラーになったことで、林芙美子は人気作家の仲間入りを果たし、『続放浪記』など出す本はみなよく売れた。『放浪記』と『続放浪記』は昭和八年に合本となり改造文庫で二次刊行されている。両書と文庫合本の三種で合計約六〇万部売れたといわれる[*85]。

さて、前年に出版部門をスタートさせて、いきなり『西部戦線異状なし』『踊る地平線』というベストセラーを打った中央公論社だが、同社の単行本の勢いはその後も衰えず、大宅壮一訳『千夜一夜』全一二巻や、リンゼイ著・原田実訳『友愛結婚』などはかなりの好成績をあげている。

その継続する勢いのなかで刊行されたのが、小説『真理の春』だった。当時騒がれた番町会事件を題材に、政財界の裏面をえぐった作品で、元は東京朝日新聞での連載だった。暴

林芙美子『放浪記』

露的な内容ゆえに圧迫を受け、連載は未完のまま打ち切られる。これを中央公論社が書籍化刊行したのである。話題性は充分で、資本主義の構造を活写したプロレタリア文学として評価され、〈大きなベスト・セラー〉になった。[*86]

著者細田民樹は東京生まれで、早稲田大学英文科卒の小説家。軍隊批判小説「或《ある》兵卒の記録」で注目される。自然主義の作風からプロレタリア文学へ転じたが、『真理の春』はその細田の代表作になった。

少年小説『あゝ玉杯に花うけて』の成功で人気作家となった佐藤紅緑だが、昭和五年、今度は女主人公の復讐劇を軸にしたメロドラマ『麗人』を新潮社から刊行して好評を博した。『麗人』は松竹で映画化されており、そのさい、主題歌「麗人の唄」の歌詞を息子の詩人サトウハチローが書いた。堀内敬三作曲、河原喜久恵歌唱によってコロムビアから発売され、こちらも大ヒットしている。

付言すれば、遠く二〇一七年、次女の作家佐藤愛子は、エッセイ『九十歳。何がめでたい』(小学館)をベストセラーの一位にした(現代篇第九章参照)。九〇年近い時をへだてて、親子がベストセラー史に顔を揃えたわけだ。

(1) 山本実彦「十五年」。栗田確也編集兼発行『出版人の遺文 改造社山本実彦』栗田書店、一九六八年に収録。同書、二〇頁。
(2) 同上回想、収録書、一九頁。
(3) 同上回想、収録書、一八〜一九頁。

(4) 同上回想、収録書、一九頁。
(5) 同上回想、収録書、同頁。
(6) 毎日新聞社『一億人の昭和史 11 昭和への道程——大正』毎日新聞社、一九七六年、二三九頁。
(7) 前掲「十五年」、収録書、一九〜二〇頁。
(8) 瀬沼茂樹『本の百年史——ベスト・セラーの今昔』出版ニュース社、一九六五年、一七一頁。
(9) 橋本求『日本出版販売史』講談社、一九六四年、三五二頁。
(10) 高島健一郎「『円本』の新聞広告に関する一考察」、日本出版学会・出版教育研究所共編『日本出版史料』第一〇巻収録。同書、八九頁。
(11) 山岸郁子「改造社の文学事業」、庄司達也・中沢弥・山岸郁子『改造社のメディア戦略』双文社出版、二〇一三年に収録。同書、四七〜四八頁。
(12) 前掲『日本出版販売史』三五二頁。
(13) 前掲『本の百年史』一七二頁。
(14) 同上書、一七二〜一七三頁。
(15) 前掲「『円本』の新聞広告に関する一考察」、前掲収録書、八九頁。
(16) 佐藤義亮「出版おもいで話」、佐藤義亮・野間清治・岩波茂雄『出版巨人創業物語』書肆心水、二〇〇五年に収録。同書、八七頁。
(17) 前掲『日本出版販売史』三五二頁。
(18) 前掲『本の百年史』一七七頁。
(19) 高島健一郎「商品としての円本——改造社と春陽堂の比較を通して」、前掲『日本出版史料』第九巻収録。同書、三〇〜三一頁。
(20) 前掲『本の百年史』一七七頁。
(21) 同上書、一八六頁。
(22) 同上書、一七八頁。
(23) 同上書、一八四頁。
(24) 前掲『日本出版販売史』三五三〜三五四頁。
(25) 前掲『本の百年史』一八二〜一八三頁。
(26) 前掲『日本出版販売史』三五六〜三五七頁。

(27) 藤井誠治郎の発言。同上書、三五七頁。
(28) 松本昇平『業務日誌余白――わが出版販売の五十年』新文化通信社、一九八一年、七九頁。
(29) 前掲『日本出版販売史』三六六〜三七六頁。
(30) 前掲『本の百年史』一九五頁。
(31) 同上書、一九四頁。
(32) 永嶺重敏「円本ブームと読者」、青木保・川本三郎・筒井清忠・御厨貴・山折哲雄編『大衆文化とマスメディア』(近代日本文化論第七巻)岩波書店、一九九九年に収録。同書、一九五頁。
(33) 同上論文、同上書、二〇二頁。
(34) 前掲『本の百年史』一九四頁。
(35) 前掲『日本出版販売史』三六〇〜三六一頁。
(36) 安藤宏『日本近代小説史』中央公論新社(中公選書)、二〇一五年、一四〇頁。
(37) 大橋信夫編『東京堂百二十年史』東京堂、二〇一〇年、二三四〜二三五頁。
(38) 小川菊松『出版興亡五十年』誠文堂新光社、一九五三年、一三八〜一三九頁。
(39) 前掲『東京堂百二十年史』二三五頁。
(40) 前掲『本の百年史』一九五頁。
(41) 前掲『出版興亡五十年』一三九頁。
(42) 同上書、同頁。
(43) 前掲『業務日誌余白』六八頁。
(44) 同上書、同頁。
(45) 前掲『日本出版販売史』三七七頁。
(46) 前掲『業務日誌余白』七九頁。
(47) 前掲『出版興亡五十年』一四一頁。
(48) 塩澤実信編著『定本 ベストセラー昭和史』展望社、二〇〇二年、二六頁。
(49) 前掲『業務日誌余白』七九頁。
(50) 前掲『本の百年史』二一七頁。
(51) 前掲『業務日誌余白』七頁。
(52) 前掲『本の百年史』二一五頁。

(53)同上書、二一五～二一六頁。
(54)前掲『日本出版販売史』四七〇頁。
(55)前掲『業務日誌余白』八二頁。
(56)講談社八十年史編集委員会編『クロニック 講談社の80年』講談社、一九九〇年、一三二頁。
(57)同上書、一三二頁。
(58)前掲『日本出版販売史』三〇二～三〇三頁。
(59)前掲『本の百年史』二一七頁。
(60)前掲『日本出版販売史』一四一頁。
(61)前掲『本の百年史』二三三頁。
(62)同上書、二一六頁。
(63)前掲『業務日誌余白』八六頁。
(64)前掲『日本出版販売史』の座談会での発言。同書、三九四頁。
(65)前掲『本の百年史』二三七頁。
(66)前掲『業務日誌余白』八三頁。
(67)牧野武夫『雲か山か——出版うらばなし』中央公論社、一九七六年、二九頁。
(68)同上書、三七頁。
(69)中央公論社『中央公論社の八十年』発行者・宮本信太郎、一九六五年、二四〇～二四一頁。
(70)同上書、二四四頁。
(71)前掲『雲か山か』一六頁。
(72)同上書、同頁。
(73)同上書、一六～一七頁。
(74)前掲『日本出版販売史』収録、座談会での大野孫平の発言。同書、三九四頁。
(75)前掲『雲か山か』一五頁。
(76)前掲『日本出版販売史』収録、座談会での大野発言、同書、三九四頁。
(77)前掲『本の百年史』二二〇頁。
(78)同上書、同頁。
(79)同上書、同頁。

(80) 同上書、二二九頁。
(81) 同上書、二三七頁。
(82) 前掲『業務日誌余白』一五四頁。
(83) 前掲『本の百年史』二一八頁。
(84) 同上書、二一七頁。
(85) 前掲『ベストセラー昭和史』三四頁。
(86) 前掲『本の百年史』二二五頁。

第七章
非常時日本（昭和六～一一年）のベストセラー——昭和戦前・戦中期②

『敵中横断三百里』

円本は大部数本の成立に新たな次元を拓《ひら》いたが、全集時代はまもなく終わりを告げ、以後は書籍単体がベストセラー史の主演者となる。

出版史上、ポスト円本時代といえる昭和六年（一九三一）からの時期は、日本史の区分では「非常時」と称され、通常それは昭和一一年（一九三六）までとされる。その後、昭和一二年から昭和二〇年八月の戦争終結までが「戦時」となる。実際、読売新聞紙上で「非常時」という言葉が出てくる頻度を見ると、満洲事変が勃発（柳条湖事件、昭和六年九月一八日）した翌昭和七年から急増している。[*1] この年には満洲国が成立し、血盟団事件が発生している。そこから昭和一一年までの間に、日本国内では不況が深刻化し、また大飢饉も起こって、世上不安が広がった。テロやクーデター事件が続発し、とりわけ昭和一一年の二・二六事件は国民を震撼させた。

国際関係も不穏となり、東アジアでは緊張を強いられる事件が立て続いた。国際連盟脱退通告は昭和八年（発効は昭和一〇年）、ワシントン海軍軍縮条約廃棄通告は昭和九年、ロンドン海軍軍縮条約脱退は昭和一一年である。軍国政治へ向かう時代相もはっきりしてきた。天皇機関説が問題化し、国体明徴運動が起きたのは昭和一〇年である。これらを経ながら時代は急展開していく。本章ではこの「非常時」におけるベストセラーを紹介していきたい。

山中峯太郎『敵中横断三百里』

大正末から昭和はじめにかけて、日本で「大衆」の存在感が大きくなったことは、すでに指摘した。大部数本の登場は読者層の広がりが前提となり、「大衆」の登場はわが国ベストセラー史上も里程標《りていひょう》となりうる事態である。「非常時」はその動向に加えて、世上不安や国際間の緊張があるわけで、何がベストセラーになったのかもこれら時代背景と無縁ではありえない。しかし一方で、時代の混沌とは一線を画したベストセラーも出ており、読者の志向・嗜好というものは一筋縄ではいかないことが次第にわかってくるだろう。

まずは昭和六年である。『キング』を成功させた講談社は新興出版から出版王国へと存在を巨大化させていた。その中心雑誌の一つ『少年倶楽部』で、昭和五年四月号より山中峯太郎「敵中横断三百里」が連載開始となる。『少年倶楽部』編集部は、陸軍記念日（三月一〇日。日露戦争での奉天会戦勝利を記念して設定された。昭和二一年廃止）に合わせて軍事冒険物語の掲載を企画し、山中に執筆を打診した。山中峯太郎は大阪生まれ。陸軍士官学校、陸軍大学校に学んだ異色の小説家、児童文学者である。陸軍大学校は中退して、中国へ渡り革命軍に身を投じるなどの数奇な体験を経て帰国、自身の経験を題材に軍事冒険小説を書いて幅広い少年読者に支持された。明治のベストセラー作家・押川春浪の流れをくむ作風で人気を博したのである。
その山中は『少年倶楽部』の編集者須藤憲三（のち同誌編集長）に、陸軍大学の建川美次《よしつぐ》大佐から聞いた話を紹介した。敵の様子をひそかに探る斥候《せっこう》は、変装などをして、スパイのような活動もする。山中は斥候隊長だった建川の話をもとに、日露戦争中、斥候として敵中を潜行した軍人の話はどうか、と提案した。なんとも非常時日本にふさわしい企画といえる。編集部の須藤憲三は面白いと引き受けた。
最初は数回の短期連載のつもりだったが、原稿は波乱万丈で続きが読みたくなる内容であった。しかも、驚いたことに、登場人物の陸軍軍曹・豊吉新三郎《とよきちしんざぶろう》が担当者須藤の知り合いで（しかも、講談社入社のきっかけをつくった人物だった）、その縁から山中・豊吉の面談もおこなわれた。これらを経て、数回で終わる話ではないということになり、長編連載へと切り替えられたのである。[*2]
連載は少年読者の喝采を受け、昭和六年に書籍化刊行されると、たちまち伸長してベストセラーになった。

時代小説の話題作

昭和六年は、『敵中横断三百里』にとどまらず、大衆小説作家の作品が出版史をにぎわしたのが特徴となる。山中の本以外は時代小説で、郡司次郎正《じろうまさ》『侍ニッポン』（尖端社）、直木三十五《さんじゅうご》『南国太平記』前・中・後篇（前・中篇は誠文堂、後篇は番町書房）、佐々木味津三《みつぞう》『右門《うもん》捕物帖』（博文館）、野村胡堂《こどう》『銭形平次捕物控』（春陽堂）とずらり並ぶ。

このラインナップに林不忘『丹下左膳』（新潮社）を加えてもよい。『丹下左膳』の書籍刊行は昭和一〇年だが、昭和二〜一〇年に新聞紙上で連載発表されており、映画化の成功もあって、作品に人気が出たのは早く昭和六年頃からであった。

円本のなかには大衆文学全集もあり、先立つ円本時代、実は純文学作家だけでなく、大衆小説作家も活動の幅を広げていたのである。『キング』『平凡』『日の出』といった娯楽雑誌がさかんになり、作品発表の舞台はがぜん増えた。明治・大正期からの流れをふまえ新聞連載の機会も広がってくる。どれもが大衆小説作家の活躍を促していた。

そこでの活動はまもなく果実をもたらす。円本直後の「大衆化」の風を受け、これらの媒体で連載発表された作品が書籍化されると、次々にベストセラーの仲間入りをするのだった。実際、上記の時代小説は、下記の通りすべて新聞、雑誌連載が元になっている。

「丹下左膳」→東京日日新聞、大阪毎日新聞
「侍ニッポン」→雑誌『大衆文学』
「南国太平記」→大阪毎日新聞、東京日日新聞
「右門捕物帖」→富士新聞、朝日新聞
「銭形平次捕物控」→主として『オール讀物』

また、これら大衆文芸のヒット群を眺めれば、武士の時代を舞台に、侍たちの活躍を描いた作品が集まっている。当時は慢性的な不況下と軍靴の響きで、世の中には混沌と雑然が満ちあふれていた。経済は行きづまり、政治に不満をつのらせる人びとが増えた。「エロ・グロ・ナンセン

ス」が流行し、左翼の革命運動や右翼のテロも活動的となる。その時勢下、個性を持ったヒーローがチャンバラをしつつ活躍する物語が、受け入れられやすくなった事情はあったろう。
「隻眼隻腕《せきがんせきわん》」（片目片腕）のニヒルな剣士が自由奔放に大暴れする『丹下左膳』。作者は林不忘で、明治大学専門部卒業後に渡米し、さまざまな職種を転々としながら放浪したのち帰国、森下雨村の『新青年』でデビューして、まもなく人気の大衆小説作家となる。牧逸馬、谷譲次、林不忘と、三つのペンネームを使い分けて活躍し、時代小説「丹下左膳」シリーズでは林不忘が用いられた。谷譲次名義では、ベストセラー作家として既出している（二七四頁）。

剣士・丹下左膳は元々、昭和二年から東京日日新聞で連載された「新版大岡政談・鈴川源十郎の巻」のわき役だったが、わき役のほうに人気が出て、続篇「丹下左膳」では主人公となり、大阪毎日新聞、東京日日新聞、読売新聞を舞台に連載が続いた。作品人気を不動のものにする背景として、映画の成功はやはり関わりが深い。新聞連載開始の翌昭和三年、すでに三社競作で映画になっており（日活、東亜キネマ、マキノ）、当たりをとっている。映画で描かれた主人公の絵姿が、羽子板の押絵になるまでの流行現象を引き起こした。[*3] それで本の人気もさらに押しあげられる。

ちなみに『丹下左膳』のほかにも、昭和六年の上記時代小説ヒット作は、すべて映画化されている。なかには主題歌が流行歌になったものもある（「侍ニッポン」、後述）。新聞・雑誌連載とその後の映画化、キャラクターの人気、主題歌の流行が相乗して、書

林不忘『丹下左膳』

籍のベストセラー化を加速度的に進めていく。戦後によく見られる本の販売上の成功例が、すでにここに見出せる。

『侍ニッポン』は、大老井伊直弼の落胤《らくいん》が歴史に翻弄されながら辿る運命を描いたもの。書籍は昭和六年三月、尖端社から刊行されている。作品の人気とともに主人公新納《にいろ》鶴千代の名もまた広く知れわたった。作者の郡司次郎正は群馬県伊勢崎市出身で、本名は郡司次郎。映画俳優学校に入って新劇俳優を志したのち作家に転じている。

「侍ニッポン」は何度も映画化されたが、最初の昭和六年版（日活）のさい、主題歌が当時としては破格の一〇万枚売れている（作詞・西條八十、作曲・松平信博、歌唱・徳山璉《たまき》）。このあたりも相乗効果で本の人気に拍車をかけた。流行歌や映画はもちろん、田舎の祭礼で掛かる小屋の素人芝居に至るまで、まさにお祭り騒ぎで作品は普及していったのである。*4

直木三十五『南国太平記』は、大阪毎日新聞、東京日日新聞で昭和五年六月から翌年一〇月にかけて連載されたのち、昭和六年のうちに書籍化刊行された。幕末の薩摩藩に起きたお家騒動を題材にした時代小説で、直木三十五の代表作である。こちらも幾度か映画化されてヒットした。

作者の直木は大阪生まれで本名は植村宗一。最初の筆名が直木三十一。そこから三十二、三十三と変え、三十五でやっと成功してこれを定着させたエピソードは有名だ。『南国太平記』の成功は直木を一躍、人気大衆作家の地位に押しあげた。*5 なお、よく知られている通り、直木賞は彼の業績を記念して名づけられたものである。

『右門捕物帖』の著者・佐々木味津三は、愛知県生まれで本名は光三。新聞や雑誌の記者をしながら小説を書き、菊池寛に認められて『文藝春秋』の創刊にも関わっている。『右門捕物帖』はその佐々木の代表作で、八丁堀の同心「むっつり右門」が主人公。岡本綺堂『半七捕物帳』（二二一頁参照）からはじまった捕物小説（時代探偵小説）の代表的作品といわれている。その意味で、佐々木味津三は岡本綺堂を引き継ぐ存在として人気を集めた。

「右門捕物帖」は昭和三年から七年にかけて富士新聞、ついで朝日新聞で連載され、書籍化刊行を経て高い人気を保った。この作品も繰り返し映画化されている。

野村胡堂『銭形平次捕物控』もまた、この時期の捕物小説の人気作で、投げ銭が得意な江戸の目明かしが主人公。目明かしとは、町奉行の与力や同心に私的に雇われ、犯罪人の捜査・逮捕に従事した町人身分の者のことである。

こちらも映画が好評を得、戦後はテレビドラマシリーズとしても人気となって、七つのシリーズが制作・放映された。昭和六年刊の二つの捕物小説は、長い庶民的生命を保つ大衆小説となったのだ。[*6]

起死回生の『大百科事典』

東京堂の松本昇平は、昭和六年刊の売れ筋本について、佐々木味津三や野村胡堂の大衆小説などを列記しながら、〈その中でも『女給』は飛び抜けて売れていた〉と回想している。[*7]

小説『女給　小夜子の巻』は、大正期に私小説系で名をあらわし、知識人の問題を追求していった作家広津和郎の作。連載第一回は昭和五年八月号の『婦人公論』掲載である。この小説は

〈色男と女給、カフェー〉というお膳立てで当初から話題を集めたが、そこにモデル問題が加わって大いに騒がれた。事情は以下の通りである。

〈［「女給」第一回掲載号が大変な売れ行きで］思わぬ好況到来に編集部は殺気立つほどになった。／殺気立ったのは編集部だけではない。社外にもう一人、殺気に囚われた人物がいた。ほかならぬ文春の菊池［寛］である。ヒロイン小夜子を誘惑する文士吉水薫のモデルとされたからだ（しかも一向にモテない男とされた）。女は銀座ナンバー・ワンともいわれ、相方が「文壇の大御所」（新聞広告に出した表現）、掲載誌が『婦人公論』。取り合わせの妙もあって世間はたちまち騒ぎだし、囂々《ごうごう》たる噂と相成った。[*8]〉

菊池は中公に抗議文を出すが、〈嶋中雄作率いる『婦人公論』は、この菊池文を受けると、あろうことか勝手に「僕と『小夜子』の関係」と改題し、次の九月号に載せてしまう。しかも新聞広告にドンと大見出しを打った〉のである。話題をさらにかき立て、雑誌の売上げを伸ばそうとする「出版屋」根性であろう。事態はまさに中公vs文春の「事件」となった。[*9]こうした下地《したじ》もあって、『女給 小夜子の巻』は中央公論社で書籍化刊行されると大いに評判をとり、〈飛び抜けて売れ〉たのだった。

賀川豊彦の小説『一粒の麦』（講談社）もこの年のベストセラーである。キリスト教社会運動家の賀川は、大正期に『死線を越えて』で好評を得たことを前述している（一九五頁）。『一粒の麦』は昭和四年一一月号から翌年にかけて『雄弁』に連載され、昭和六年に書籍化された。農村不況下の農民救済策を説き、クルミや栗・オリーブなど収益の上がりやすい農作物の生産を提起して、全国の農村青年から大歓迎を受けている。作品の影響から、各地でクルミの木を植えるグループが生まれたほどであった。*10

『一粒の麦』は農村問題をテーマに書いた小説だが、賀川にはキリスト教を背景に小説のかたちで社会問題を描く作品群があり、そのうち漁村救済問題を取り扱った『海豹《あざらし》の如く』と、教育問題を扱った『その流域』が、『一粒の麦』とともに三部作とされている。*11

また昭和六年は一一月に、平凡社『大百科事典』全二八巻（本巻二六巻＋索引一巻＋補遺一巻）の第一巻が刊行された。のちに事典刊行出版社として名高くなる平凡社だが、初発がこの大巻である。

その誕生にはドラマがある。平凡社は、講談社『キング』の向こうを張った雑誌『平凡』が失敗して、ついに不渡り手形を出すに至った。円本『現代大衆文学全集』の成功からわずか四年後には倒産間際まで追いつめられたわけで、出版の有為転変はすさまじいところがある。

債権者会議が開催された。実はその席で同社代表の下中彌三郎が提案した企画こそ、「大百科」の刊行だった。紆余曲折《うよきょくせつ》はあったが、この案は結局、債権者に受け入れられる。出版事業で数々の大花火を打ちあげてきた下中のやることを、ひとまず信用しようじゃないか、となったのだ。

平凡社『大百科事典』

かくして、平凡社にとって起死回生の策として実行されたのが事典刊行だった。書名にはいくつかの案が出る。エンサイクロペディアの訳語としてこれまではディクショナリと同じ「辞典」が当てられていたが、エンサイクロペディアには〈事物現象の説明といった意味もあるとの視点にたち、「事典」を採用したのは、木村久一のアイデアだった〉という。木村は東大に学んだ心理学者で、「大百科」の編集長に任じられていた。*[12]

『大百科事典』は円本にならって予約制とした。最初の予約締切りは昭和六年一二月二〇日。この時点での予約者数は〈一万七千名を数え〉た。*[13] さらに巻を重ねるにつれて予約は増加し、〈翌昭和七年一二月、前半完成祝賀会を催す頃には二万五千人を突破〉していく。*[14] 結局、刊行してみると四万セットを超える売上げを実現し、平凡社はこれで息を吹き返したのである。*[15]『大百科事典』の刊行は昭和一〇年まで続けられた。

この成功から、「百科事典の平凡社」との呼称が生まれた。平凡社の事典はのち何度も編纂し直され、二〇〇七年（平成一九）九月には、二〇年ぶりに全面改訂を施した『改訂新版・世界大百科事典』（全三四巻）が刊行されている。

「のらくろ」登場

昭和七年（一九三二）のベストセラー書には漫画が入った。田河水泡『のらくろ上等兵』である。漫画「のらくろ」は講談社『少年倶楽部』で昭和六年から連載がはじまった。

作者田《た》河《がわ》水《すい》泡《ほう》は東京都深川生まれで、本名は高見澤仲太郎。日本美術学校図案科在学中より前衛美術団体ＭＡＶＯに参加、その後、新作落語作家などを経て、前衛芸術家から漫画家へ転身した。講談社との関係は元々、書き上げた新作落語を同社『面白倶楽部』に持ち込み掲載されたのが縁である。それを機に同社から落語作家として依頼が来るようになった。そのうち美術学校卒業という経歴が面白がられ、自身の新作落語に挿絵も描いてほしいと依頼された。

これが漫画作画のきっかけである。初連載は昭和四年の「人造人間」。続いて昭和六年の新年号から「のらくろ二等卒《そつ》」がはじまった。当初は田河も編集部も、一年くらいの連載のつもりだったが、連載が進むにつれて〈爆発的な人気〉となった。[*16]

「子どもは犬が好きで、しかも兵隊ごっこが好きだから」という単純な理由で、犬に兵隊ごっこをさせる物語にしたという。ただ「のらくろ」は家も親も兄弟もいない野良犬で、貧乏だというところに田河の主張がある。金持ちと貧乏人がいるということに何か納得がいかず、「のらくろ」を貧乏人の立場から描いてみようとした。[*17] それは不況のなか貧困層が広がる現実と、社会主義に走る青年が多かった当時の思想的状況が反映している。

もっとも作品は、イデオロギー色が出たものではなく、面白可笑しい「のらくろ」のキャラクターが魅力的で、猛犬連隊に入隊して山猿軍や豚軍とたたかいながら出世していく内容が、読者に広く支持された。

田河水泡『のらくろ上等兵』

「のらくろ」シリーズは息長い人気を得て、昭和一六年一〇月号まで一〇年にわたり『少年倶楽部』で連載が続いた。話がまとまるごとに書籍化刊行されており、『のらくろ上等兵』は少し（二階級）出世した「上等兵」時代の話（連載二年目の後半から「上等兵」になる）。連載時の好評を受け一三万四〇〇〇部のヒット作となる。[18]

その頃は「のらくろ」を題材に、〈元は宿なし野良犬も、今では猛犬連隊で、音に聞こえた人気者……〉という歌も登場しており、[19] 話題化のほどが知れる。著者名や題名をもじった模倣本がいくつもあらわれたが、[20] それも人気があったからこそであろう。

なおこのシリーズは当時、複数回アニメ映画化されている。モノクロ・サイレント時代で、日本アニメとしても初期作品であった。「のらくろ二等兵～教練の巻・演習の巻」（昭和八年、演出村田安司）、「のらくろ伍長」（昭和九年、同）、「のらくろ少尉～日曜日の怪事件」（不詳）が、『日本アニメクラシックコレクション』全四巻（DVD、マツダ活動大寫眞、二〇〇七年）に収録されている。

書籍「のらくろ」シリーズは、『のらくろ伍長』が一二万四〇〇〇部、『のらくろ軍曹』が八万九〇〇〇部、『のらくろ曹長』は八万六〇〇〇部だった。四六判布製箱入り、本文は全頁二色以上のオフセットだから漫画本にしては贅沢である。一方、定価は一円とされた。講談社もずいぶん思い切った設定をしたものだが、本が売れたことで刊行は成功裡に終わった。[21]

「のらくろ」のヒットに関しては、『ベストセラー昭和史』が興味深い指摘をしている。

〈〔主人公は、〕山猿軍の捕虜にもなるが、「命がいちばん大切」と、猛犬連隊の秘密をぺらぺらしゃべって釈放されるなど、後年に生まれる戦陣訓《せんじんくん》の「生きて虜囚《りよしゆう》の辱《はずかし》めを受けず」〔「軍人勅諭」のことば〕に背《そむ》いた、腰抜け兵卒だった。／しかし、〝命が一番〟とホンネに生きるのらくろのその生きざまが、ファシズム勢力の台頭する時代に、一種のカタルシスの役割をはたし、売れ

に売れたのだった。〉[22]

ベストセラーの生成には、人びとの〈カタルシス〉を背景にする場合があり得るのだ。ただし「のらくろ」で上記エピソードが描かれた時代は、まだ厳しい軍国主義の到来を迎えていない。

宗教と「危険思想」

昭和に入り、先がみえない不安な時勢が日本では続いたが、そのなかで宗教書も求められた。当時、新興宗教・生長の家が信者を増やしており、『生命の實相』（生長の家）の著者・谷口雅春はその主宰者である。『生命の實相』は、雑誌『生長の家』（昭和五年三月一日創刊）に掲載された論文を集成したもので、昭和七年に刊行された。昭和二〇年の敗戦まで〈五、六百万部という驚異的なベスト・セラーの記録をのこし〉ている。[23]『生命の實相』は続刊されて、昭和九年には『生命の實相全集』（光明思想普及会）も刊行された。総部数は千万部単位といわれる。活動的な宗教団体関係の本は、信者が読者として組織的に動きベストセラーになることは珍しくないが、この本は出版史のなかでもとりわけ眼をひく実績例である。

出版物は時代の鏡だともいえる。宗教書が求められる世相の広がりとともに、軍国主義のしのびよる情勢下にあったのが昭和七年といえようが、この年を中心とした前後の出版界について、『日本出版販売史』は次のようにまとめている。

〈昭和六年の満州事変は日本にとって一転機であったが、出版界にもおのずからなる変貌を招いた。七、八年ともなると〔昭和五、六年頃に賑わった〕エロ・グロ・ナンセンスものは下向きとなり、非常時のかけ声が高まるとともに、左翼的出版も八年末頃には殆《ほと》んど影をひそめた。代って皇道精神、日本文化に関するものが擡頭《たいとう》してきた。[*24]〉

左翼的な本が、まるで影までひそめるように消えゆく途上で、昭和七年に二つの左派・自由主義系学者の著書が話題となった。猪俣津南雄《つなお》『金《きん》の経済学』(中央公論社)と滝川幸辰《ゆきとき》『刑法読本』(大畑書店)である。

猪俣は共産党を経て労農党の論客として活躍した経済学者で、その書『金の経済学』は、中央公論社の華々しい宣伝もあって世評高くした。[*25] 一方の滝川は京都帝国大学法学部教授で、『刑法読本』は学生を中心に読者が広まり、影響力を大きくしていた。

しかし政府から見れば、これらは時勢の切迫もわきまえない、反時代的な「危険思想」の本に映った。それが大部数になるのは問題だと捉えた。その意味で、人気と弾圧は表裏一体というべきだったのかもしれない。とりわけ帝大教授の本が不興を買った。政府は昭和八年四月、ついに『刑法読本』を発禁処分とする。内容が「共産主義的」だという理由からである。そのうえ同年五月、文部省は滝川に対する休職処分を強行した。

これに抗議して、滝川を含む京大法学部の教官二〇名が大学を去ることになった。滝川事件(京大事件)である。『京都大学七十年史』は、〈結果として、法学部が非常に大きな犠牲を払うことになったのはまことに遺憾であり、学内関係者の事態に対する認識がその立場に従って已《や》むをえず相異する場合のあったことも不幸な結果を招く一因であったかも知れない〉と書いている。[*26]

昭和八年は、プロレタリア文学の作家・小林多喜二が留置場で特高警察により殺害される事件も起きている。「非常時」を迎え、左翼や自由主義者への弾圧が強まっていた。関係する本も〈影をひそめ〉ざるを得ない状況に追い込まれたのである。

さて、昭和七年に戻るが、この年の話題作として、さらに二書を挙げておきたい。

大槻文彦『大言海』全四巻（冨山房）は、明治時代に出版されたロングセラー『言海』（一〇二頁参照）の改訂増補版である。サ行まで進んだところで著者大槻が没し（昭和三年二月一七日）、大久保初男（かつて『言海』の編集に参加した）らが受け継ぎ完成させた。国文学者の関根正直《まさなお》も完成に尽力しており、後出する新村出《しんむらいずる》も作業に参加した。全体の編集監督は兄の大槻如電《にょでん》がおこなった。

かくして、著者大槻文彦の没後四年八か月を経た昭和七年一〇月、『大言海』はようやく第一巻の出版に至る。辞典類が概《おおむ》ねそうであるように、この『大言海』もまた、途方もない歳月と膨大な編集費が投下され、紆余曲折を経てはじめて誕生することができた企画であった。

版元の冨山房は、『言海』のロングセラーを受けて、この国語辞書も「百万冊普及」を謳い文句に売り出した。その言は、〈空《から》文句に終わらなかったという。一書には五、六十万部を売ったと記してある〉と、『本の百年史』は伝えている。[*27]『大言海』は全四巻が昭和一〇年に完結、昭和一二年に索引一冊が追加刊行された。また戦後の昭和三一年（一九五六）、新訂版となり、今度は一冊本として刊行されている。

島崎藤村の長編小説『夜明け前』の第一部が刊行され、自然主義文学の到達作として話題になったのも昭和七年である。同作品は昭和四年から『中央公論』で断続的に連載されたが、書籍の刊行は新潮社からなされた。藤村がかつて姪こま子との恋愛関係の果てにフランスに逃げたとき、『破戒』『春』『家』などの作品を新潮社が買って資金的に支援してくれたことへの、藤村の返礼だといわれている。

『夜明け前』が本格的に普及していくのは、連載終了ののち第二部が同じ新潮社から刊行される昭和一〇年一一月からである。第一部もこのとき朱色の箱入り本になって再刊され、全篇完結により、多くの読者の手にとられた。

戦争の足音が高まり、軍国政治が国を覆い出す時代にあって、こうした日本近代小説の成熟作が世に送られ、読者に支持されたことは、銘記しておかねばならない。政府による弾圧、それによる良心的著作の退場、そして読者の時代への迎合、といった単純な理解だけで済むはずがない、昭和の出版事情を把握するためにもである。

昭和八年の好評作──谷崎の小説、少年向け冒険小説、西田幾多郎

自由思想や革新思想に関する本が刊行しにくくなった事情も反映してか、昭和八〜一〇年のベストセラーは、同時代の政治とは一線を画した文芸ものが比較的目立つようになる。

昭和八年（一九三三）から見ていこう。この年の話題作は、谷崎潤一郎『春琴抄』（創元社）、南洋一郎《みなみよういちろう》『吼《ほ》える密林』（講談社）、西田幾多郎『哲学の根本問題』（岩波書店）の三書である。

谷崎潤一郎はすでに大正後期からベストセラーを出していたが、うち二書は戯曲集であり、小説としては『痴人の愛』（大正一四年）があるにとどまることは前述している（二〇七頁）。その

谷崎は、昭和に入ると小説がヒット作の中心となる。

震災後、関西に移住してから谷崎は小説家として変化を見せ、日本的な美意識を作品に取り入れ独自の文学世界を構築する。そこから名作が生まれ、多くの読者を獲得した。『蓼《たで》喰ふ虫』（昭和四年、改造社）、『盲目物語』（昭和七年、中央公論社）も評判を得たが、[28] なかでもベストセラーと目される書となったのは、昭和八年一二月刊行の『春琴抄』（創元社）である。人妻松子との恋愛関係を作品に昇華して女性崇拝を耽美的に追求した作品で、語りの方法が磨きあげられたことも読者を広げた要因であろう。

昭和八年は一方で、少年小説のなかで人気を呼ぶものがあらわれた。南洋一郎の『吼える密林』である。[29] 南洋一郎は東京・東秋留《あきる》の出身で、本名は池田宜政《よしまさ》。雑誌『少年倶楽部』への投稿作でデビューしたのち、冒険小説、伝記、翻訳と少年向けの読み物を幅広く執筆した。『少年倶楽部』が活動の主たる舞台であった。

『吼える密林』は冒険小説の系譜で、「猛獣征服」の角書《つのが》きがある。講談社は人気を呼べる作品と判断して、これを「少年少女小説叢書」に収めた。昭和八年三月五日の刊行で、五年後の昭和一三年三月一二日には一二三版へ達しており、売れ筋にしてロングセラーにもなった。

講談社刊の南洋一郎もの冒険小説では、他に『冒険探検　決死の猛獣狩《もうじゅうがり》』も人気を博している。この本は東京市教育局を中心とした「児童読物研究会」の第一回推薦図書に選定された。なお南洋一郎は同時期、池田宣政《のぶまさ》名義を使い、講談社で伝記『偉人野口英世』『リンカーン物語』『リビングストン　アフリカ探検記』などを刊行している。

西田幾多郎『哲学の根本問題』は、円本に超然としていた岩波書店が、まさに岩波らしい本として話題作に押しあげたものだ。この本は岩波全書の「一」として、昭和八年一二月一一日に刊行された。「行為の世界」との副題がある。収録されたのは「形而上学序論」「私と世界」「総説」の三本。「形而上学序論」は岩波哲学講座において発表されたもので、「私と世界」と「総説」は書き下ろしである。

難解な哲学書ながら、西田幾多郎は当時の青年層、知識人に人気があった。岩波書店では大正一〇年刊の『善の研究』をはじめ、西田の本を堅実に出し続けており、円本旋風がやみ、左翼本が退潮していく出版界のなかで、『哲学の根本問題』を広く普及させた。この時期、本格文芸ものの復興とともに、原理的な哲学的課題を扱う書もまた、人びとに求められたのである。

なお岩波書店は、翌昭和九年一〇月一五日、岩波全書の「三三」として、西田幾多郎の次作『哲学の根本問題：続篇』を刊行している。正篇の好評も背景にあったはずだ。この『続篇』は〈第二編「弁証法的一般者としての世界」〉であり、〈更に私の考《かんがえ》の根本的形式を明《あきらか》にし、それによつて種々なる問題に対する私の考を綜合統一しようと努めた〉書だと、「序」において西田自身が示している。

山本有三の五書

昭和九年（一九三四）は山本有三の小説『女の一生』がベストセラーになっている。著者は栃木に生まれ、本名勇造。芥川龍之介らとともに第三次『新思潮』を創刊、戯曲（社会劇や歴史劇）

を発表して大正期の新しい文学潮流の先頭に立った。

　山本は大正末より小説に転じ、長編を中心に作品発表を続けていく。『生きとし生けるもの』（昭和二年四月、文藝春秋社）、『波』（昭和四年二月、朝日新聞社）、『風』（昭和七年一一月、同）を経て、徐々に人気があがり、ついに第四作『女の一生』で大きな部数を出した。元々は朝日新聞に連載された作品で、うち続く家庭的不幸のなかでも積極的にふるまう一人の女を描き、紙上すでに女性読者を中心に好評を得ていた。連載後の昭和八年一一月、中央公論社から刊行される。山本有三の作品は、この『女の一生』をはじめ、どれも社会的視野に立った人道主義的なものである。

　一方、彼は遅筆の作家といわれ、そのため寡作だった。大宅壮一は山本を評して、〈苦心、苦心、苦心――有三の作品から〝苦心〟を除いたら、後へ何が残るだろう。彼が現在の地位と名声をかちえたのも、まったくその賜物《たまもの》である〉と書いている。[*30] ただその「苦心」は真面目な執筆態度へひらすら向かい、それもあってとりわけ小説はテンポが遅く、才気や潤いに欠けるきらいがあった。大宅は〈栄養不良の文学〉〈退屈〉と酷評している。[*31]

　昭和初期の派手でラディカルな、エロ・グロ・ナンセンス時代には似合わない作風だったであろう。しかし、非常時・戦時と時代が動くなかで、国民の間に実直なものを求める空気が醸成されるなかで、むしろ山本の作風は大きく支持されていく。

　実際、寡作ゆえ冊数は少ないものの、その小説は、出せば確実に大部数をこなすようになった。『女の一生』のほかに、『真実一路』（昭和一一年、新潮社）、『路傍の石』（昭和一六年、岩波書店）

山本有三『心に太陽を持て』

がその代表的作品といえよう。前者は昭和一〇～一一年にかけて雑誌『主婦之友』に連載された。運命に翻弄されながら真摯に生きようとする家族を描き、表題に違《たが》わない物語である。

後者は昭和一二～一五年に朝日新聞、続いて『主婦之友』に発表された。貧困と逆境に耐えながら健気に生きる少年を描いた成長小説で、半自伝的要素を含む。戦時下の日本で軍の干渉を受け、未完のまま中絶したことでも知られる。昭和一四年一一月から『山本有三全集』（岩波書店）が刊行開始となり、全一〇巻で完結を見ており、『路傍の石』はその後に単行本で初めて登場する山本作品となった。〈この時に三万部出た〉という。[*32]

『真実一路』、『路傍の石』はともに幾度も映像化されている。それもあって両作は、戦後を含め長く人口に膾炙《かいしゃ》した。

山本有三は小説以外に、翻訳『心に太陽を持て』と戯曲『米・百俵』（ともに新潮社）をベストセラーにしている。前者は「日本少国民文庫」シリーズの第一回配本として昭和一〇年一月に刊行された。「胸にひびく話・二十篇」との副題を付し、世界中から感動的な話を集め一冊にした本であって、真摯で人道的な作風の山本らしい訳出企画だといえよう。

表題「心に太陽を持て」は、収録されたツェザール・フライシュレン（ドイツ）の次の詩から採っている。〈心に太陽を持て／嵐が吹かうが、雪が降らうが、／天には雲、／地には争ひが絶えなからうが！／心に太陽を持て／さうすりや何が来やうと平気ぢやないか！／どんな暗い日だって／それが明るくしてくれる！〉。

「日本少国民文庫」で最も有名になったのは、この本（第一回配本）と、吉野源三郎の『君たちはどう生きるか』（最終配本、昭和一二年八月）だった。[*33] 後者が羽賀翔一により漫画化され、平成期最後の年間トップセラーになった事情は、別巻現代篇の第九章で扱っている。

『米・百俵』は幕末の長岡藩（現在の新潟県中部）の参事・小林虎三郎の事績を描いた作品。戊辰戦争敗戦後、焼け野原となった長岡藩の窮状を知った三根山藩から、米百俵が見舞いとして届いた。食糧難に対応すると思われたが、それでは当座を凌《しの》ぐだけになるとして、小林虎三郎はその百俵の米を売却、代金を学校の資金に注ぎ込んだのだ。ここに長岡の近代教育の基礎が築かれた。

この学校創立の故事をもとに、山本有三が書き下ろしたのが『米・百俵』であり、虎三郎に関する詳細な研究と合わせて一冊の本にまとめられ、日米戦争が厳しい局面を迎えていた昭和一八年に新潮社から刊行、同年の好評作となった。

なお、二〇〇一年（平成一三）五月七日、小泉純一郎首相は所信表明演説のなかで長岡藩の「米百俵」の故事を引用し、これが話題を集め、「米百俵」は同年の新語・流行語大賞の年間大賞を受賞している。時代を超えて日本人に受ける話だというわけで、戦争中にこの故事に着眼し戯曲にした山本には、国民受けするテーマを摑む独特のセンスがあったのだろう。ベストセラーを連発させる作家に必要な資質だといえる。

さて、昭和九年の『女の一生』から続くこれらのヒット作群を眺めていけば判るように、山本有三は、昭和一〇年代を代表するベストセラー作家の一人と称して間違いない。実際、山本の作品は、〈確実に大部数をこなし、今日までくりかえし、さまざまな判型におさめられて、普及している〉のであって、[*34]その人気は戦後まで続いている。

『人生は四十から』、そして『国民百科大辞典』――昭和九年の話題作

昭和九年の事情に戻るが、この年は中央公論社の書籍が再び好調となっており、前述した山本有三『女の一生』のほかにも、W・B・ピットキン著、大江専一訳『人生は四十から』、田中貢《こう》太郎《たろう》『旋風時代』〔全三巻〕がベストセラー入りしている。

『人生は四十から』は熟年向けによき人生の要諦を説いた本といえる。内容の一部を紹介してみよう。

〈あなたは一日中、他人を支配し得《う》るであらうか。諸君は、云ふことをきかない子供を教室で教へる激務に堪へられるであらうか。一週間のうち、すくなくとも、一度は、何人《なんぴと》にも逢はずにゐられるであらうか。〔中略〕かうした質問に対して、あなたは、容易に答へることが出来るであらう。かうした答《こたえ》が完全に出来てこそ、初めて、人生といふものが始まるのである。〉

こうした記述が続く『人生は四十から』は、そのものずばりの表題が人生五〇年といわれた時代にアイキャッチとなった。『西部戦線異状なし』でタイトル付けに成功した中央公論社が、ここでもうまい表題を持ってきた。それもあってこの翻訳書は当時、大いに話題をふりまいた。[*35]

『旋風時代』は明治初年を時代背景に、政財界の裏面を描いた壮大な小説で、昭和五年に一度、

先進社にて刊行されたのを、昭和九年になって中央公論社が再刊した。維新の顕官が情痴の生活を送るさまを大胆に描いており、〈エロティシズムをただよわせ、この時代のベスト・セラーであった〉[*36]。山本有三流の真面目で人道主義的な本ばかりが、同時代に受けていたわけではないのは、こうした本のヒットでもわかる。読者が好むものは存外幅広く、一方の傾向が受けると、同時期に、あるいはすぐのちに、もう一方の傾向の本が人気となる現象は少なくない。それだけ読者の志向はベクトルが多彩なのだ。

『旋風時代』の著者田中貢太郎は高知生まれ。『ホトトギス』の懸賞小説に当選してデビューを果たす。田岡嶺雲『明治叛臣伝』（明治四二年）の調査、執筆に協力しており、そのなかで大衆小説家として一家を成すための、さまざまな知見を得たようだ。

『旋風時代』は田中の代表作にあたる。彼の作には『怪談青灯集』など怪談ものや、『聊斎志《りょうさいし》異《い》』の翻訳もある。『旋風時代』のほかには、『奇談全集』（歴史篇・現代篇、昭和四年八月、改造社）がとりわけ好評を得た本として挙げられよう。

昭和九年に話題を集めた本としては、ほかに、谷口雅春『生命の實相全集』と友松円諦《ともまつえんたい》『法句経講義』（第一書房）という宗教関係書がある。『生命の實相全集』についてはすでに触れた（二九五頁）。

『日本出版販売史』は販売関係者の座談会のなかで、昭和八〜九年の出版状況の一面について、滝川事件（二九六頁参照）に触れたのちこうしたやり取りを収録している。

〈堀江〈常吉。講談社営業部長を経て同社顧問〉〉思い出されるのは、共生閣の焚書声明、あれも昭和八年でしたね。それまで左翼的な出版活動をしていた共生閣の藤岡淳吉氏が、非常時局にかんがみ右翼に転向するといって、過去十五年間に出版した二百点の左翼書を絶版とし、手持の一万冊を日比谷公園で焼いてしまうと発表して、みんなを驚かせた。

藤井〔前出〕 あの頃が日本の曲り角でもあったし、出版界の曲り角でもあったわけですね。友松円諦の「法句経講義」〔第一書房・昭和九年〕などがものすごく読まれだしたのは、そのあとだった。

橋本〔求。講談社編集局長を経て同社顧問〕 あの前後はラジオの聖典講義が意外な反響を呼んでいて、それと互いに呼応しあって、ちょっとした宗教〔仏教〕ブームといった感じがありましたね。[*37]〉。

出版界が迎えていた時代相の一端がわかる証言であろう。

『法句経講義』の著者友松は名古屋に生まれ、東京深川の浄土宗安民寺の住職となる。宗教大学〔現在の大正大学〕と慶應大学に学び、両大学の講師も務めた。昭和九年より東京放送局〔JOAK。NHKの前身〕ラジオを通じておこなった「法句経講義」は、解りやすいと評判を得る。本になった『法句経講義』がよく読まれ、普及したのも、一般向けを意識して内容が平明だったからである。

昭和九年の話題作で、最後にもう一点、冨山房編『国民百科大辞典』〔一四巻+別巻〕を挙げておきたい。国語辞書『大言海』を成功させて辞典出版社として実績をつくった冨山房が、平凡社『大百科事典』を追いかけて世に送った百科事典事業である。昭和九年に刊行が開始され、昭和一二年に完結した。〈相当の部数をあげて成功した〉ようだと『本の百年史』は記している。[*38] 堅実なロングセラーとなり、冨山房は二つの成功によって、辞典出版社として名声を高めた。

この時期の辞典出版としては、翌昭和一〇年刊行の中型国語辞典『辞苑』（博文館）も大きな成果を上げた本として特記する必要がある。『辞苑』は山口生まれの言語学者・国語学者、新村出が編者を務めた。京都帝大教授の高名な学者の編集ということもあり、刊行されると評価は高く、売上げは大きかった。〈二百版以上を重ねる盛況〉と『本の百年史』は書いている。[*39] こちらもロングセラー化していった。岩波書店『広辞苑』の祖型だというのは表題からも察することができよう。

『辞苑』はのち博文館から岩波書店へ出版権が移譲され、岩波書店は戦後の昭和二三年から改定作業を始めて、昭和三〇年に『広辞苑』初版刊行となった。以後、第七版まで進み、累計発行部数は一〇〇〇万部を超えている。まさに国民的辞典といえるが、その初発にして原点こそ『辞苑』なのである。

『人生劇場』から『貞操問答』まで――昭和一〇年の話題作

昭和一〇年（一九三五）の話題作は次の通りである。林不忘『丹下左膳』（新潮社）、尾崎士郎《しろう》『人生劇場』（竹村書房）、島崎藤村『夜明け前』第二部（新潮社）、石川達三『蒼氓《そうぼう》』（改造社）、矢田挿雲『太閤記《たいこうき》』（中央公論社）、菊池寛『貞操問答』（改造社）、山本有三『心に太陽を持て』（新潮社）、新村出編『辞苑』（博文館）。

これらのうち、『丹下左膳』『夜明け前』『心に太陽を持て』『辞苑』の四書についてはすでに触れた。

尾崎士郎の小説『人生劇場』は、昭和八年三月から八月にかけて、最初の「青春篇」が都《みやこ》新聞で連載された。続いて「愛欲篇」が同紙で、昭和九年一一月から翌昭和一〇年四月まで連載される。これらが新聞に登場した時点では、作品はさほど注目されなかった。

書籍化は竹村書房によってなされ、「青春篇」が昭和一〇年三月、「愛欲篇」が同九月に刊行されたのち、両篇が合冊され、中川一政の装幀、五三〇頁に及ぶ大著として世に送られる。

注目のうすかった『人生劇場』に日の目が当たったのは、川端康成の絶賛がきっかけだった。昭和一〇年四月一六日付の読売新聞紙上で、川端は文芸欄の全紙面を使って『人生劇場』（青春篇）を取りあげた。その一節に、〈彼岸の中日、雪の日、（特にその日付をここに誌して置きたい程）私はよき日の思ひに溢れた。尾崎士郎氏の『人生劇場』に感動してである〉と記し、以下、幾夜か眠れぬほど感動した、大傑作、と手放しで褒めている。

これを機に本への注目度が高まり、ついにはベストセラーへ至るのだった。版元の竹村書房は、当初売れないと思い部数を絞ったが、一転して、普及版を出すなどして大部数本の扱いをした。[*40]

なお、有名人の手放しの評価をきっかけにベストセラーとなる現象は、片山恭一『世界の中心で、愛をさけぶ』が女優柴咲コウの絶賛も契機にメガセラーへ駆けのぼる例があり、別巻現代篇の第七章で扱っている。

さて、すっかり人気を得たことで、義理人情に厚い青年の俠気《きょうき》あふれる人生模様を描いた『人生劇場』は、以後「残侠篇」「風雲篇」「遠征篇」と都新聞に書き継がれた。戦後は発表舞台を小説誌に移して、「夢現篇」「望郷篇」「蕩子篇」とさらに続く。日本人的心情を反映したその作風は、時代を超えて大衆的支持を持続させ、繰り返し映像化もなされている。

著者の尾崎士郎は愛知県生まれ。早稲田大学に進むと政治に関心を深め、堺利彦《としひこ》の売文社に関わり社会主義運動に身を投じている。こうした一季も経たうえで小説家へと転じていった。『人生劇場』の成功で花形作家というべき存在になり、また、従軍作家として戦地に赴《おもむ》いてもいる。

石川達三の『蒼氓』は、秋田出身の貧農の娘がブラジル移民となる話で、時代背景としてロンドン軍縮会議の経緯や疑獄事件など政治の動きも書き込まれた小説である。同人雑誌『星座』に発表され、昭和一〇年、第一回の芥川賞を受賞した。受賞作として『文藝春秋』同年九月号に転載発表され、同年一〇月、他の短編三作を加えて改造社から書籍化刊行を果たす。好評を得て昭和一二年に映画化がなされ、また、第二部「南海航路」と第三部「声無き民」が昭和一四年に発表された。そして昭和一四年八月、三部の合冊が今度は新潮社から刊行されている。こうした続刊現象は、作品が人気を博したことの証左といえるだろう。

著者石川達三は秋田県横手生まれ。早大中退のちブラジルに渡航し、このときの経験をもとに電気業界誌『国民時論』に「最近南米往来記」を連載する。これを下敷きに書いたのが『蒼氓』であった。その成功によって石川は以後、さかんな作家活動をおこないだす。同時代の社会問題を題材にした作品が多く、どれもが話題を呼んで、昭和一〇年代を代表する人気作家の座を得た。決定的なベストセラーは昭和一三年の『結婚の生態』であり、後述する。

『太閤記』は、大正時代に『江戸から東京へ』で評判を得た矢田挿雲の長編小説である。報知新聞で大正期から連載されており、調査に労を惜しまない挿雲らしく、この作品も徹底的に史書を読み込み、実地踏査をふまえた高度な実証性に支えられている。連載の終結をまって、昭和一〇年二月から翌昭和一一年三月にかけて、全一一巻にて中央公論社から集中的刊行の運びとなった。

同作は大衆向けの親しみやすい語り口を持ち、新聞掲載中から人気を博していた。それもあって書籍は着実な売上げを重ねる。中央公論社の社史は〈意外に好評〉とあっさり記すのみだが、広告には〈五十版突破〉の文字が見える。[*41]

なお、中央公論社による『太閤記』の宣伝文には、〈今日ほど秀吉的人間を欲する時代はない〉とある。[*42] 昭和三年刊のベストセラー、鶴見祐輔『英雄待望論』にも秀吉は英雄として登場しているが、国内に政情不安定が続き、満州事変以降、国際情勢も日に日に緊迫度を増していた時代、天下統一を果たし、しかも大陸雄飛をはかった「英雄」として、秀吉人気の高まりは当時大きかった。

『宮本武蔵』と『怪人二十面相』——昭和一一年の話題作

昭和一一年(一九三六)は二・二六事件が起きた年である。国家改造をめざす陸軍の青年将校が部隊を率いて決起し、内閣首脳らを殺害して東京の中枢を四日間にわたり占拠する。まさに非常時日本を象徴する前代未聞の出来事だった。

この年、吉川英治の『宮本武蔵』が講談社から上梓となる。同作は朝日新聞で昭和一〇年から連載されており、剣一筋に生きる武蔵の姿が娯楽的要素と求道的要素をない交ぜにしながら描かれ、まさに円熟の筆がなせる作品だった。

大衆小説の作家として人気と実力を兼ね備えていた吉川英治の力作ゆえに、講談社では当然、売れると踏んだ。かくして上製本にて五月から刊行開始となったが、第一巻は二万部にしか至らず、第二巻は一万五〇〇〇部に、第三巻になると八〇〇〇部まで落ち込んだ。拍子抜けである。当初は期待通りではなかったのだ。人気作家の円熟の作でもこういうことがある。

ただし『宮本武蔵』は第四巻から持ち直して、尻上がりに売れ出した。[*43] 朝日新聞での連載は昭和一四年まで続き、書籍の刊行は全六巻となる。引き続いて昭和一四年一〇月から翌一五年五月にかけて、講談社から普及版が刊行された。こちらは全八巻である。この普及版の刊行で『宮本武蔵』は本格的なベストセラーへと飛躍した。第一巻だけで初版一〇万部が完売し、さらに重版として計七万四〇〇〇部が売り捌《さば》かれている。[*44]

山本有三『真実一路』も昭和一一年のベストセラーの一つ。同書については前述している（三〇一頁）。

一方、『宮本武蔵』や『真実一路』ほどの大衆性はなく、ごく地味な内容の小説ながら、コツコツと売れていった作品も、この年に出ていた。阿部知二《ともじ》の『冬の宿』で、不安な世相を背景に、ある一家の「冬」のような日常を描いた作品である。初出は雑誌『文学界』の連載で、書籍化刊行は昭和一一年一二月、第一書房によってなされた。初版はわずか五〇〇部にすぎない。ところが刊行後、左翼運動退潮後の知識人の苦悩を描いたと評されて、徐々に読者を集めていく。つい

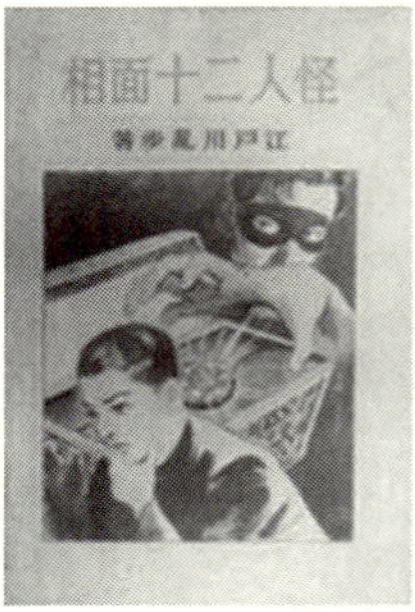

江戸川乱歩『怪人二十面相』

には、〈作家〉当人が驚くほどに増刷を重ね、種々な版型をあわせると、ベスト・セラーに算えてもよい〉というほどの存在に至った。[*45]

　著者阿部知二は岡山生まれ。東京帝国大学英文科卒業後は小説と評論で活動し、文学者の地歩を固めていく。『冬の宿』に続いて、『幸福』（昭和一二年一一月、河出書房）、『街』（昭和一四年一月、新潮社）、『風雪』（同年九月、創元社）、『光と影』（同年一一月、新潮社）などの長編小説を刊行、知識人層を中心に共感と支持を集めた。

　昭和一一年はまた、変装の名人である怪盗と、これを追う名探偵・明智小五郎や少年探偵団の活躍を描いた江戸川乱歩『怪人二十面相』が刊行された年でもある。作品は『少年倶楽部』での連載中から話題を集めていた。書籍化刊行は講談社から一二月二九日におこなわれ、昭和一四年三月八日段階で一八版まで進んでいる。『少年倶楽部』連載作の書籍化は、これまでにも『あゝ玉杯に花うけて』『敵中横断三百里』『のらくろ上等兵』といったベストセラーに恵まれたが、『怪人二十面相』もそれに加わった。続篇『少年探偵団』以下、シリーズは戦後まで書き継がれて三〇巻を超えている。

　講談社は同じ年に『講談社の絵本　乃木大将』もベストセラーへと押しあげた。こちらは「講談社の絵本」シリーズの第一回発売四点中の一つ。シリーズはオフセット四色印刷の豪華な本にして、一冊三五銭の廉価とされた。四点はそれぞれ四〇万部ずつの大部数でスタートし、〈みるみるうちに売り切れた〉という。[*46] 講談社は朝日新聞に一ページ広告を打つなど宣伝に力を入れ、それもこの部数を売り捌《さば》くために役立った。

なおこの絵本シリーズは、大手の取次が絵本を扱った初めてのケースになっている。[*47] 東京堂の社長だった大野孫平は、〈類例のないりっぱな絵本であったことと、あの大宣伝とで、予想もしなかった大部数がどんどん売れてゆくものだから、書店はみな大喜びだ。これでは取次も口銭が少ないと渋っているわけにはいかない〉と、当時を回想して語っている。[*48]

昭和一一年はほかに、異色の三書がベストセラーになった。

森田たま『もめん随筆』は四六篇の随筆と一〇篇の詩を収録した作品で、中央公論社から七月に刊行された。日常生活から交遊関係に至るまで、多彩なテーマを取りあげているが、題名からもうかがえるように、着物に関する記述が多い。

著者は北海道出身で、旧姓は村岡。森田草平に師事しながら小説を書き、短編「片瀬まで」「うはさ」などを発表した。森田七郎と結婚後は一時筆を絶ったが、昭和七年随筆家として再出発する。『もめん随筆』が好評を得て、以後、随筆を次々と世に送った。女性エッセイストの走りのような存在といえるだろう。

その森田にとって初発の書となった『もめん随筆』だが、〈『中央公論社の』社史は「彗星の如く頭角を現し」て、「意外の売行をみせて世人を吃驚《きつきよう》せしめた」と特記している。「世人」どころか、出版者自身の驚きが表明されているといってよい〉と『本の百年史』は書き、[*49] 版元さえ驚く意外なベストセラーだったことを伝えている。

北条民雄『いのちの初夜』は、ハンセン病患者として入院した最初の夜の経験をもとに描いた私小説ふうの作品で、まさに悲痛な魂の記録といえる。原題は「最初の一夜」。川端康成から高い評価を受けて（改題も川端がした）、川端の紹介で『文学界』の昭和一一年二月号に発表されると、たちまち注目を呼び込んだ。のちの短編も合わせて、その年のうちにB六判の美本として創元社から書籍化される（一二月刊）。

作品は苦悩の日々を綴っており、広く読者の関心と共感を集めた。[*50] 北条はこの本を遺書とするかのように、まもなく二三歳の若い命を閉じる。創元社からは『北条民雄全集』全二巻が刊行され、闘病生活のなか文学に情熱を傾けた北条の筆業を後代に伝えている。

真率な心情をもって生の悲劇を記した作品が印象的なベストセラーになる例は、以後も日本の出版史に繰り返しあらわれており、この系譜の一冊として、『いのちの初夜』は忘れがたい本だといえよう。なお、ハンセン病は皮膚と神経を侵す慢性の感染症だが、治療法が確立され現代では完治する病気である。

さて、昭和一一年は日中戦争前夜で、戦争の足音が近くに迫って来ていた。〈その時代的ムードにピッタリの『戦争』が、一般にはまったく知られていない宇佐美出版事務所から出版されたのは十一年十一月だった〉。[*51]『戦争』は、戦闘形態が進化したことをふまえて同時代の戦争の実情を描き、その過酷さとすさまじさを迫真的に伝えた本である。

武藤貞一は岐阜県本巣郡本巣町の出身。東京朝日新聞の論説委員を経て、報知新聞主筆となり「時局論策」などを執筆した。一方で武藤は、軍事外交評論家として当時よく知られていた。その著書でずばり『戦争』と名付けられた本がベストセラーに躍り出たことは、〈国民が皮膚感覚で、戦争の近いことをつかんでいた証左であった〉と『ベストセラー昭和史』は指摘している。[*52]

盧溝橋で日中の軍事衝突が起こり、日中戦争がはじまるのは、翌昭和一二年の七月七日である。

(1) 上野隆生「『非常時』・『準戦時』・『戦時』——一九三〇年代日本の位相」、『和光大学現代人間学部紀要』第九巻収録、同書、一〇八頁。
(2) 講談社八十年史編集委員会編『クロニック 講談社の80年』講談社、一九九〇年、一四〇頁。
(3) 前掲『本の百年史』二三四頁。
(4) 前掲『業務日誌余白』八九頁。
(5) 前掲『本の百年史』二三四頁。
(6) 同上書、二三五頁。
(7) 前掲『業務日誌余白』八九頁。
(8) 澤村修治「記憶の王国 第一四話 ピストルを握った菊池寛」。MXエンターテインメント刊『表現者』二〇一七年五月号掲載。同誌、一九頁。
(9) 同文、同誌、二〇頁。
(10) 前掲『講談社の80年』一三六頁。
(11) 同上書、同頁。
(12) 平凡社教育産業センター編『平凡社六十年史』平凡社、一九七四年、一三五頁。
(13) 同上書、一四四頁。
(14) 同上書、同頁。
(15) 前掲『ベストセラー昭和史』三九〜四〇頁。
(16) 前掲『クロニック講談社の80年』一四六頁。
(17) 前掲『ベストセラー昭和史』四一頁。
(18) 前掲『本の百年史』二三九頁。
(19) 前掲『クロニック講談社の80年』一四六頁。

(20) 前掲『日本出版販売史』三九五頁。
(21) 同上書、同頁。
(22) 前掲『ベストセラー昭和史』四一～四二頁。
(23) 前掲『本の百年史』二三九頁。
(24) 前掲『日本出版販売史』三九三頁。
(25) 前掲『本の百年史』二三七頁。
(26) 京都大学七十年史編集委員会編『京都大学七十年史』京都大学、一九六七年、一〇四頁。
(27) 前掲『本の百年史』二四〇頁。
(28) 同上書、二三二頁。
(29) 前掲『クロニック講談社の80年』一五九頁。
(30) 前掲『ベストセラー昭和史』四六頁。
(31) 同上書、四六～四七頁。
(32) 前掲『本の百年史』二三〇頁。
(33) 尾崎秀樹・西郷竹彦・鳥越信・宗武朝子『子どもの本の百年史』明治図書、一九七三年、一八一頁。
(34) 前掲『本の百年史』二三〇～二三一頁。
(35) 同上書、二四〇頁。
(36) 同上書、二三六頁。
(37) 前掲『日本出版販売史』三九五～三九六頁。
(38) 前掲『本の百年史』二四〇頁。
(39) 同上書、同頁。
(40) 前掲『ベストセラー昭和史』五〇～五一頁。
(41) 前掲『本の百年史』二六七頁。
(42) 同上書、二六六頁。
(43) 前掲『ベストセラー昭和史』五七～五八頁。
(44) 同上書、五八頁。
(45) 前掲『本の百年史』二四九頁。
(46) 前掲『クロニック講談社の80年』一七四頁。

(47) 前掲『日本出版販売史』三九六頁。
(48) 同上書、三九七頁。
(49) 前掲『本の百年史』二六五頁。
(50) 同上書、二六三頁。
(51) 前掲『ベストセラー昭和史』五八～五九頁。
(52) 同上書、五九頁。

第八章

戦時日本（昭和一二〜二〇年）・出版統制下の時代——昭和戦前・戦中期③

「戦時」のなかの文芸名作

本章では昭和史の区分で「戦時」といわれる時期を扱う。昭和一二年（一九三七）から昭和二〇年（一九四五）八月の太平洋戦争終結までである。「戦時」という言葉は、「非常時」を引き継いで昭和一一年頃からメディアで出始め、昭和一二年に増加した。のち基本的には増加の一途を辿り、「戦時体制」等の語となって雑誌や新聞で目立つようになった。語の意のごとく戦争中時代をあらわしているわけで、具体的には日中戦争（昭和一二年七月七日開始）と太平洋戦争（昭和一六年一二月八日開戦）の時期にあたる。このときの売れた本を本章では取りあげていく。

出版に関わる戦時下の特殊な出来事として出版統制がある。これまでも日本の出版界は、発禁処分が出るなどあり、一定の制限のもとで出版活動が成されてきたのだが、戦時日本に起きた統制は次元を異にした。検閲がおこなわれ次第に厳格化する。紙の配当といった製作面での統制があらわれ、さらに企画段階での事前審査制から出版社の統廃合に至るまで、国家による徹底的な介入が実施された。出版の自由は相当程度奪われたのである。そのなかでも出版事業は続き、書籍・雑誌ともに刊行は続けられた。

出版統制の時代は、昭和一五年頃からはじまり、昭和一七年以降に厳しさを増した。ベストセラーが出にくく、出しにくい時代であったことは間違いない。それでもこの特殊な状況下、評判を得て多くの読者に普及した本も登場していた。最も売れたという意味で「ベストセラー」としてもよい。それらは本章後半で扱うことになる。

さてまず昭和一二年（一九三七）である。この年七月七日に北京南西にある盧溝橋で日中両軍が戦闘状態となった。本来、局地解決すべき小事件にすぎなかったが、日本政府は出兵を表明、中国側も態度を硬化させる。そこから日本は、中国との八年にわたる全面戦争へ突入していくのだった。

戦争のはじまりが七月で、拡大は秋であったため、年内は戦争状況が書籍出版に反映されるのはまだ早い。実際、昭和一二年のベストセラーには、「戦時」へと移りゆく時代状況を感じさせない、昭和文学を代表する名作が集まった。川端康成『雪国』、永井荷風『濹東綺譚』、志賀直哉『暗夜行路』である。

永井荷風『濹東綺譚』

これら三書の登場は、プロレタリア文学の退潮を機に昭和八年頃から三〜四年続いた「文芸復興」の潮流が、あたかも本格的な熟成収穫期に至ったかのごときであった。もちろん三書はそれぞれの事情から、この年にたまたま上梓されたわけだが、「戦時」のはじまりに、「戦時」を超越する普遍性を宿した作品がかくも見事に揃ったのは、時代への皮肉といえなくはない。

『雪国』は川端文学の集大成ともいえる作品である。昭和一〇年から『文藝春秋』『改造』などに連作形式で発表、昭和一二年六月に創元社から書籍化刊行された。のち戦後になって終わりの部分を改訂し、現在のかたちとなったのだが、昭和一二年版は文芸懇話会賞を受賞しており、この段階でも充分に評価を得ている。[*1]

『濹東綺譚』は朝日新聞連載ののち、昭和一二年八月、岩波書店から書籍化刊行された。『つゆのあとさき』（昭和六年）からはじまり『ひかげの花』（昭和九年）を経て達成された荷風文学の結実の書である。

『暗夜行路』は、雑誌『改造』で大正一〇年（一九二一）一月号から断続的に連載され、昭和一二年四月号で完結した。前篇はすでに大正一一年、新潮社より刊行されていたが、後篇は、改造社『志賀直哉全集』の第八巻（昭和一二年一〇月一六日刊）としてはじめて書籍化され、同第七巻（同年九月一八日）の前篇とともに、はじめて全像が通読できるようになった。

これらはそれぞれの作家の代表作であり、くりかえし各種の版本で刊行された。『本の百年史』はこれらを〈長期ベスト・セラー〉と称すべきものと記している。[*2]

戦時下の翻訳書ベストセラー

日中戦争開戦という時代状況は次第に、ベストセラー書の登場事情に反映されてくるが、パール・バック著、新居格訳『大地』をまず取りあげておかねばならない。この本は元々、初訳が昭和一〇年九月に第一書房から刊行されている。続いて第二部「息子達」と第三部「分裂せる家」が翌昭和一一年九月と一二月に出た。このときはそれほどの売上げではなかったが、日中戦争のはじまった昭和一二年七月に『パアル・バック代表選集』に収められて再刊されると、広く普及してベストセラーになった。[*3]

戦っている相手を知りたいという読者の要望に応えたこともあろうし、一方、バックのこの小説を原作にしたアメリカＭＧＭの映画『大地』（監督：シドニー・フランクリン）がちょうど公開されて、評判をとったことも影響している。

日中戦争勃発を受けて、昭和一二年は後半期に外国映画の輸入が一時禁止された。しかし映画『大地』は特別上演というかたちにて、歌舞伎座で上映された。このときの宣伝文は、〈見よ、支那四億の民衆の現実生活！　之が本当の支那だ！　今こそパアル・バックの偉大な支那小説が全日本人の支那認識を根本的に立て直す〉というもので、大々的に打たれた。[*4]

これが本の評判に波及していく。太平洋戦争期、敵性語と称して英語が禁じられ、映画も入ってこなくなったことに比して、日中戦争初期は、戦っている相手を知ることが容認されていたばかりか、それを描いた映画作品が堂々と大宣伝され、原作本はベストセラーになったのだから、戦時といえどもまだ「開かれた」時期だったのである。

なお、『東京堂百二十年史』は、同時期の翻訳もののなかで、マーガレット・ミッチェル著、大久保康雄訳『風と共に去りぬ』（昭和一三年、三笠書房）が〈際立って売れ〉、エーヴ・キュリー著、川口篤・河盛好蔵・杉捷夫・本田喜代治訳『キュリー夫人伝』（同年、白水社）、ポール・

ブールジェ著、広瀬哲士訳『死』（昭和一四年、東京堂）、アンドレ・モロア著、高野弥一郎訳『フランス敗れたり』（昭和一五年、大観堂）などがこれに続いたと記している。[*5]
『風と共に去りぬ』は各巻の表紙を黄、赤、緑とした全三巻で、のち昭和一五年に四冊本で普及版も出ている。[*6]

マーガレット・ミッチェル『風と共に去りぬ』

昭和一〇年代に翻訳書のベストセラーが多いのは、戦時であることを考えると意外に思われるかもしれない。とはいえ、戦雲がアジアだけでなく世界をおおう時期、さかんな海外報道があって、日本の国民はかえって世界へと目を向ける機会が多くなった点はあり得よう。海外事情を知っておきたい要求が読者に広く生まれ、翻訳ものの人気に結びついたのである。
『キュリー夫人伝』は昭和一三年一〇月の刊行で、四六判フランス綴で六四八頁の厚さながら、一円八〇銭という比較的廉価で販売されたのは普及の一つの要因となった。〈一年たらずのうちに五十版を重ねて、注目すべきベスト・セラーとなった〉と、『本の百年史』は特記している。[*7]
端的な一字題の本『死』は、第一次世界大戦時の陸軍病院を舞台に、死を迎える者のさまざまな様相を描いた心理小説である。初版は二〇〇〇部にすぎなかったが、発売まもなく正宗白鳥が読売新聞で〈味い《あじわ》深い戦争文学〉と高く評価したこともあって、初版は売り切れ再版三〇〇〇部、三版五〇〇〇部と重版が続く。これら重版も半月で捌《は》ける勢いであった。[*8]
東京堂は、当時の有力作家や一流の学者、評論家に『死』を寄贈するとともに、往復葉書を出して読後感を書いてもらい、それを集めてポケット判のパンフレットにした。これは主要な小売書店の店頭に積まれ、宣伝材料として大いに活用される。また、朝日新聞の題字脇に三段通し広告を打って、そこに名士の読後感をずらり並べた。これら販売・宣伝上の取り組みが功を奏して、本の売上げに勢いがつき、とうとう短期間のうちに二〇万部を突破することになった。[*9]

昭和一四年（一九三九）九月、欧州では第二次世界大戦が始まり、はじめはヒトラードイツが快進撃をする。一九四〇年六月一四日、ドイツ軍はパリに無血入城し、一六日にはフランスのポール・レノー内閣は総辞職、後継のフィリップ・ペタン元帥はドイツへの降伏を決断した。『フランス敗れたり』はその時勢下である昭和一五年一〇月に刊行された。時宜に適《かな》った内容と端的な表題が相まって売れ行きは好調で、〈半年に二百版を重ねるという評判をとった〉という。[*10]

ナチスドイツの快進撃という国際情勢を背景にしたベストセラーとしては、ヒトラー著、室伏高信訳『我が闘争』も挙げねばならない。「戦時体制版」と称する軽装廉価本で、昭和一五年六月一五日の刊行。版元である第一書房の出版部便りには、〈この書が発行されるや、初刷二万五千部、再刷二万部、三刷七千部とまたたく間に売切れ、つづいて第四刷二万五千部が製本以前に予約ずみになった〉と記されている。[*11]そして、日独伊三国軍事同盟が締結された昭和一五年九月二七日には、八刷七万部の発行がおこなわれ即日完売、昭和一六年一〇月三〇日の一五版段階での合計部数は三六万九〇〇〇部へと達した。[*12]

なお同じ原書の翻訳として、別に、昭和一七年刊の真鍋良一訳『吾が闘争』（上下、興風館）があり、〈これも相当に売れた〉という。[*13]

三人の人気作家、そして生活記録の本

昭和一二年に文芸書の名作が揃い、評判になった点は前記したが、どれもじっくり売れていくロングセラー・タイプだった。

一方、同年刊で短期に大部数へ至った小説というなら、島木健作の『生活の探求』がこれにあたる。著者島木は札幌市生まれで、本名は朝倉菊雄。農民運動に身を投じたのち、逮捕され転向した。仮釈放後は小説を発表して注目され、左派からの「転向作家」として有力な存在になっていく。『生活の探求』は転向者の生き方を探った作品で、河出書房『書きおろし長篇小説叢書』の一冊として、昭和一二年一〇月に刊行された。

これが戦時という状況下、〈方途を失っていた知識人にたいする力強い呼びかけとなり、ベスト・セラーとなった〉のである。七〇～八〇万部と抜きんでた部数を売上げた。[*14] 同書のヒットを受け、河出書房は翌昭和一三年六月、島木健作による『続・生活の探求』を追加刊行している。正篇の人気を受けて、こちらも四〇～五〇万部に至ったという。[*15]

『本の百年史』は昭和一〇年代を代表する三人のベストセラー作家として、石川達三、島木健作、石坂洋次郎を挙げている。島木は上記した。石川はすでに『蒼氓』で登場しているが（三〇九頁）、のち、水没しゆく村の悲劇を描いた『日蔭の村』（昭和一二年、新潮社）などを経て、昭和一三年一一月刊の『結婚の生態』を本格的なベストセラーに押しあげた。

石川達三は従軍作家として中国へ渡り、その見聞をもとに昭和一三年三月、『中央公論』に発

表した「生きてゐる兵隊」が新聞紙法違反、安寧秩序紊乱の罪で起訴される事件を引き起こした。その後に発表されたのが『結婚の生態』なのである。事件に対する著者石川の心境が織りこまれているが、この本をベストセラーにしたのは、夫婦生活の機微を描いたところにあり、とりわけ女性読者を捉えたとされる。[*16] 題名も当時としてはセンセーショナルで、アイキャッチとなった。三年間に一六万部へと達している。[*17]

さて、「昭和一〇年代の三人」のうち残る石坂洋次郎は青森出身。慶應大学卒業ののち、国語教員を勤めるかたわら小説を書いた。秋田県横手中学教員時代の昭和八年五月、雑誌『三田文学』に「若い人」を連載開始、青年教師と美しい女子学生、女教師の三角関係的なドラマが注目され、青春文学の秀作登場といわれた。『若い人』は昭和一二年二月と一二月、改造社から正続二巻として刊行。とりわけ女性読者に人気を集め、一年たらずのうちに四〇版を重ねるベストセラーとなる。都合数十万部を出すに至った。[*18]

改造社は先行して、石坂の作『麦死なず』を昭和一一年一〇月に刊行し好評を得ており、『若い人』は石坂の人気上昇機運のなかで世にあらわれることになった。雑誌連載時から話題を集めており、成功する本となる要素は整っていたのである。

昭和一二年ではもう一作、幅広く普及した本があり、豊田正子著、大木顕一郎・清水幸治共編『綴方《つづりかた》教室』である。『日本出版販売史』は、この時期の出版界で、〈有名作家の著作の他に、素人ともいうべき新人の特殊な体験から生まれた作品や手記の類《たぐい》が、異常な反響を呼んだ〉と記している。[*19] その代表が『綴方教室』であり、後述する『小島の春』や『煉瓦女工』であって、どれ

豊田正子『続・綴方教室』

も数十版を重ねる人気作となった。[*20]

『綴方教室』は東京の葛飾区立本田立石尋常小学校の生徒、豊田正子の綴方作品集（作文集）である。編者の大木、清水は教師で、「生活を見つめ生活の中から描く」生活綴方運動の推進者だった。豊田は雑誌『赤い鳥』の綴方作品欄に生活記録を投稿して多数の入選を果たしており、主宰者鈴木三重吉から〈近来まれにみる精緻な作品〉との高い評価を得た。[*21]

昭和一二年八月に中央公論社から本が上梓されると、子どもの目に映った下町の庶民生活の実像と、貧しいなかでも明るく生きようとする少女の姿は、多くの読者に注目され共感を呼んだ。『綴方教室』は東宝で映画化され、それも本の人気を大きくするのにひと役果たした。作品が普及したことを受けて、中央公論社は豊田正子の作品を『続・綴方教室』（昭和一四年一月）、『粘土のお面』（昭和一六年一月）と続けて刊行している。[*22]

素人作者による生活記録としては、小川正子『小島の春』（昭和一三年一一月、長崎書店）も話題の本となった。ハンセン病患者の体験を描いた北条民雄『いのちの初夜』についてはすでに触れたが（三一四頁）、『小島の春』は、ハンセン病施設の長島愛生園で献身的に患者救済に努めた若い女医の手記である。『いのちの初夜』の評判を受けて、今度は医師の目から施設の実状を見つめる作品が世に出たのだ。作者のみずみずしい感受性が多くの胸を打ち、映画化のトピックもあってベストセラーへ至った。[*23]

昭和一五年五月に第一公論社から刊行された野澤富美子の短編小説集『煉瓦女工』も、生活記録の系統に位置づけられる作品である。野澤は神奈川県横浜市に生まれた。尋常小学校を卒業後に女中や女工として働きだすが、病弱のため長続きしなかった。一九歳のとき高浜虚子に見出され、短編小説「隣近所の十ヶ月」が『ホト、ギス』に掲載されてデビュー。「天才少女現わる」と世評を高め、同作を含む『煉瓦女工』のヒットへと結びついた。

『煉瓦女工』は、横浜鶴見の運河沿いの町を舞台に、家族の生活のため女工として働く少女の姿を、長屋の人びととの交流などを織り込みながら描いたもの。貧しい少女が生活の実相をリアルに描出した本として豊田正子『綴方教室』と通じており、その流れに位置するベストセラーといえよう。「戦時」日本では、多くの国民が厳しい暮らしのなか国家の戦争体制を支えていた。その時代において、貧しくとも健気に生きる少女の姿は、多くの読者に身につまされるものを感じさせ、心情を一体化させていったのだろう。『煉瓦女工』は刊行一年たらずで四〇〇台の後半まで版が達している。

本が人気となったことで、『煉瓦女工』は松竹で映画化された。監督は千葉泰樹。昭和一五年につくられたが、検閲により公開見送りとなり公開は戦後昭和二一年である。

豊田正子、小川正子、野澤富美子と、素人に近い若い女性の書き手が著した生活記録の本が、「戦時」日本の最初の数年に人気を呼んだのは、出版史上も記憶せねばならない出来事で、同時期刊の似た系統の本（手記的な本）として、大嶽康子『病院船』（昭和一四年、女子文苑社）、平野婦美子『女教師の記録』（昭和一五年、西村書店）、大迫倫子『娘時代』（同年、偕成社）などがある。

日本赤十字社の病院船の内情を描いた『病院船』は、昭和一五年四月五日に一九五版まで達している。

火野葦平と時局ものの本

昭和一三年になると、前年に開戦となった日中戦争の影響がベストセラー史のなかに本格的にあらわれてくる。この年、戦争の現実を描く一つのルポルタージュ文学が人気を集めた。火野葦《あし》平《へい》『麦と兵隊』である。火野は福岡生まれで本名玉井勝則《かつのり》。家業である港湾荷役業玉井組を継ぎ、労働運動も経験している。作家をめざして旧制中学生の頃から投稿をはじめ、早稲田大学中退のち応召されて中国戦線に従軍する。「糞尿譚」で第六回芥川賞を受賞、小林秀雄が陣中で火野に授与したエピソードはよく知られている。

『麦と兵隊』は、その火野が、伍長として徐州会戦をたたかった経験をもとに書いたもの。『改造』昭和一三年八月号に発表されて話題を呼び、同年九月一九日には早くも改造社から書籍化刊行となった。『日本出版販売史』はこの作品について、次のように記している。

〈一兵士として参加した大陸の戦場、銃火の中の人間像を如実に伝えて、嵐のような反響を呼び、同年改造社から単行本として発売されると、即日数万部を売りつくし、増刷に増刷、ついに百万部を突破したといわれる。[*24]〉

従軍日記の体裁で徐州会戦の実情を記録したこの戦記文学が、どうしてこれほど評判になったのか。中国大陸では戦火が広がっており、日本では多くの家族がそこへ兵士を送っていた。父や子、夫が戦地でどのように過ごしているか。その実状を知りたがる国民の要望は大きかったのである。『麦と兵隊』はこれに応えることでベストセラーとなったという面を持つ。作品としての面白さもさることながら、作中では食べ物、排泄（トイレ）、寝床の様子、ノミや蚊に悩まされる姿、故郷への思いや戦友への愛情など、兵士の具体的な日常が生き生きと描かれており、多くの読者を引き込んだ理由とされる。[*25]

『麦と兵隊』は国内人気だけにとどまらない。世界の主要言語に翻訳されて海外でもよく売れたのだった。〈当時、世界もまた戦乱の予感のなかにあり、戦場における男たちの姿を描いた叙事詩は、ひろく心をうつ要素を孕んでいたのだろう〉と村上兵衛は評している。[*26]

火野は続いて杭州湾敵前上陸戦の様子を「土と兵隊」に描き、昭和一三年の『文藝春秋』一一月号に発表。同作は一一月二四日にはもう改造社から書籍化されている。さらに杭州警備駐留記を「花と兵隊」として朝日新聞夕刊に発表、昭和一四年八月一一日に改造社から書籍化刊行となった。『麦と兵隊』『土と兵隊』『花と兵隊』は三部作と称され、昭和一四年度の朝日文化賞を受賞した。[*27]作品の評価とともに、部数上でも〈近代戦争記録文学の最大の収穫とも称されるべき〉存在になったのである。[*28]

火野葦平『麦と兵隊』

『麦と兵隊』『土と兵隊』のヒットもあって、同書刊行の昭和一三年は、兵士自身の体験を描いた作品が何点か上梓されている。ベストセラーとまではいかなかったが、一定の人気を集めた作品には、棟田《むねた》博『分隊長の手記』、上田廣『黄塵』、日比野士朗『呉淞《ウースン》クリーク』などがある。三書の著者のうち、棟田博はのち本章でベストセラー作家として登場する。

火野三部作などを通して見てきたように、「戦時」が一気に深まる昭和一三年以降、日本の出版界では売れ筋本に時局を反映した作品が目立つようになる。前記した翻訳書『フランス敗れたり』『我が闘争』もこの部類に入れることができ、国内ものとしては徳富蘇峰『昭和国民読本』（昭和一四年、毎日新聞社）と大川周明《しゅうめい》『日本二千六百年史』（同年、第一書房）が、ベストセラー史上言及すべき本となる。

前者は、明治以来ジャーナリズムの一線で活動してきた蘇峰の書。こなれた筆によるパンフレット的読本で、〈五十万部の記録を作った〉という。[*29]

後者は、神武天皇即位から二六〇〇年となる昭和一五年を迎えるタイミングで、昭和一四年七月に上梓された。表題が示す通り歴史書であり、旧著の再刊だった。第一書房から、『我が闘争』と同じ「戦時体制版」として七八銭で刊行され、〈二年たらずの間に、三十万部を売りつくした〉という。[*30]

著者大川は山形県生まれで東大卒。北一輝と並ぶ国家改造運動の指導者として名が知られている。軍部と深い関係を持ち、三月事件、十月事件に参画、また五・一五事件に関与した。非常時・戦時における右翼的な活動から、戦後、A級戦犯とされた。大川の歴史書には『日本二千六百年史』のほか、『近世欧羅巴植民史』などもある。

なお、第一書房「戦時体制版」（用紙節約を背景とした軽装廉価本）の初発になったのは、昭和一三年九月刊行の杉浦重剛『選集倫理御進講草案』だった。同書は昭和天皇への御進講《しんこう》（天皇や身分の高い人に学問を講義すること）のための草案をまとめたもの。著者杉浦は衆議院議員を経て、東宮御学問所御用掛となる。その著『選集倫理御進講草案』は多くの部数が出たようで、[*31]時代特有のベストセラーといえよう。

時局関係の本は当時、数多く出版されたが、広く普及した本としてはほかに、児玉誉士夫《よしお》『獄中獄外』（昭和一七年、アジア青年社）が挙げられる。[*32]児玉は福島県出身。若い頃より右翼団体で活動し、戦中から戦後にかけて、政財界の黒幕あるいはフィクサーとしてふるまった人物として知られる。毀誉《きよ》褒貶《ほうへん》は激しいが、どこか魅力のある人物だったことは、この府中刑務所での手記が大衆的人気を博したことからも察せられる。

日中戦争の前、出版界は低迷の時期を迎えていたが、日中戦争が起こるとそこから脱して〈円本以来の活況を呈する〉状況となったのは、『新潮社80年図書総目録』にあるのを、『講談社の80年』が引用するほどで、[*33]上記のベストセラー群を見ても、その様相は推し量れる。なお、『東京堂百二十年史』は日中戦争の翌昭和一三年から書籍の取引が増加したことを記し、それは〈年々増加し、十五年度には六千点を超えるという現象を呈した〉と述べる。戦時下で紙も足りず印刷もままならないなか、書籍出版界は〈円本以来の好況〉といわれる時期を出来《しゅったい》させたのだ。[*34]

出版物を販売する書店の数も増えている。『日本出版販売史』に収録された全国書籍雑誌商組合員数の推移を見ると、全国書店数の大勢は知れる。大正八年が五九三六で、大正時代は増加するも四桁にとどまる。昭和になると、昭和二年に一一五五七と一万店を突破し、昭和八年に一五

一八一、昭和一〇年には一四九七四となるものの、以降、昭和一六年まで一万五〇〇〇を超える数で推移している。[*35] 大正中期から実に三倍の伸びを示したわけで、書籍や雑誌は読者の手に入りやすくなり、結果、読書人口も増加していった。非常時・戦時と時代が移り変わっても、出版界の拡大が見てとれる。ここからも〈活況〉〈好況〉の様相がうかがい知れよう。

なお、昭和一三年には「必要な知識をわかりやすく解説する」岩波新書が創刊されている。同年はヒット作こそ出なかったが、昭和一五年に三木清『哲学入門』というベストセラーが生まれた（後述）。

日中戦争期の小説①――『天の夕顔』、谷崎源氏、吉川三国志

昭和一三年から本格化する戦時下の「活況的」出版状況だが、火野葦平の戦争文学のほかにも、文芸作品のベストセラーがいくつか生まれている。戦争時代になって、かえって小説が好まれたというのは、日本人の精神性にも関わる特色ある現象だといってよいかもしれない。

昭和一三年には中河与一《なかがわよいち》『天の夕顔』が評判をとった。青年の、年上の人妻へのプラトニックな愛情を叙情的な文体で綴った小説で、バルザック『谷間の百合』に匹敵する純愛小説だと、永井荷風に激賞された。海外での評価も高く、アルベール・カミュ（『異邦人』『ペスト』などの作品で有名。一九五七年ノーベル文学賞受賞）が絶賛したことでも知られる。

『天の夕顔』の著者中河は香川の生まれ。川端康成や横光利一らとともに『文芸時代』を創刊し、新感覚派の旗手として作家活動をおこなった。のち戦時状況を迎えるなか、今度は日本浪曼派の

運動に参加している。

「天の夕顔」は昭和一三年一月号の『日本評論』に発表され、同年九月に三和書房から書籍化された。殺伐とした戦時下にこうした清らかでロマンチックな作品も世に送られ、青年男女を中心に読者を集めてベストセラーになったことは、日本出版界の幅広さを示すところであろう。『天の夕顔』、また『小島の春』『結婚の生態』などを見ていけば、昭和一三年は戦時深化の年ながら、ベストセラーは必ずしも戦争がらみの本ばかりではないと判る。

続く昭和一四〜一五年にしても、戦時一色には染まっていない。特徴的な現象として、文豪の大長編が好評スタートとなった点が挙げられる。

谷崎潤一郎は時流に左右されず独自の文学世界を守り通した作家といえるが、昭和一四年一月に刊行がはじまった『源氏物語』(全二六巻)は、古い日本貴族の物語の新訳である(昭和一六年七月完結)。中央公論社はこの仕事に取り組む谷崎に対して月々五〇〇円を支払い、執筆に専念してもらうように気遣った。[*36]

『源氏物語』(「谷崎源氏」と称された)は出版されるやいなや、一挙に五万部の追加注文を受けるなど大きな注目を浴びた。用紙事情が逼迫《ひっぱく》するなかゆえに、版元の中央公論社は紙の確保に苦労したという。[*37] 人気と実力を兼ね備えた谷崎が「源氏」に取り組んだわけだが、中央公論社の営業部長は、五万部くらい出れば成功と踏んでいた。ところが第一回ですでに一七〜一八万部に達し、戦時にあって会社の営業基盤を強固にしたといわれる。[*38]

なお、『ベストセラー昭和史』は、谷崎の『陰翳礼讃』(創元社)をベストセラーのリストに入れている。[*39] この名随筆は元々雑誌『経済往来』の昭和八年一二月号と昭和九年一月号に発表されたものだが、書籍化刊行されたのは、『源氏物語』の刊行開始を見た昭和一四年の一二月だった。「谷崎源氏」の成功を受けての取り組みと考えられる。

吉川英治の『三国志』(全一四巻)は、昭和一四年八月から昭和一七年一〇月までの三年以上にわたり日本経済新聞に連載された作品の書籍化である。古代中国での群雄割拠を描き、魅力的な武将・政治家像が多くの読者に受けた。とりわけ、旧来敵《かたき》役だった魏の曹操を、苦悩する英雄として描写したところが新しさと魅力になった。

吉川版『三国志』は、『宮本武蔵』のヒットを受け、その普及版刊行が終わるのを待って、同じ講談社から刊行開始された。昭和一五年五月に「その一」が出ており、戦時状況が厳しくなるなかでも刊行が続く。結局、全巻が完結するのは戦後の昭和二一年五月だった。中国大陸の戦場を駆け巡る勇者たちの人間絵巻は、大陸各地で日本軍が戦っていた時期に人気を高めただけではない。『三国志』は戦後に全巻が一気に増刷され、このときもまたベストセラーになっている。[*40]

日中戦争期の小説②――転向作家、農民文学作家、『旅愁』

昭和一四〜一五年の出版界では、転向作家・高見順の作品が二作立て続けにベストセラーになったのも目立つところだ。プロレタリア文学から転向した作家が商業的な成功作を放つのは、昭和一二年に島木健作という前例がすでにある(三二四頁参照)。

高見順は福井に生まれ、本名は高間芳雄。東大英文科在学中、プロレタリア文学に目覚めて左翼芸術同盟に参加した。二六歳のときに治安維持法違反の疑いで検挙、半年の勾留のすえ、転向を表明し釈放されている。以降の高見順の小説は「転向文学」と呼ばれた。二八歳のとき「故旧忘れ得《う》べき」で第一回芥川賞候補となり、作家としての地位を確立する。なおこのとき受賞したのはブラジル移民団を描いた石川達三「蒼氓」で、前述している（三〇九頁）。

『故旧忘れ得べき』は左翼運動に献身した若者が転向するまでを描いた自伝的小説で、昭和一一年一〇月に人民社からまず刊行された。人民社は左派系の雑誌『人民文庫』の発行所である。その後、昭和一四年一二月、普及版が『昭和名作選集』の第一九篇として新潮社から刊行され、発行二〇日で二六版まで達する勢いとなった。[*41]

高見順は続いて、翌昭和一五年四月、同じ新潮社から『如何《いか》なる星の下《もと》に』を刊行する。浅草を舞台にして、小説家の「私」がレビューの踊り子に思いを寄せるさまを描いた作品で、『故旧忘れ得べき』に劣らぬ人気を博した。[*42] 戦後の昭和三七年、豊田四郎監督により映画化されている。

昭和一四～一五年に刊行（開始）された小説の話題作としてはほかに、ともに長編小説で、和田伝《でん》『大日向村《おおひなたむら》』（昭和一四年、朝日新聞社）と横光利一《りいち》『旅愁』全四冊（昭和一五年、改造社）がある。

和田伝『大日向村』

前者『大日向村』は長野県南佐久郡にあった大日向村の、満州への分村開拓移民の経緯を、ルポルタージュとフィクションを交えながら小説化したもの。この作品が多くの一般読者の関心を呼んだ事情については、〈日中戦争の進行に伴って兵士の圧倒的多数を送り出している農村への関心が高まっていた〉背景が挙げられよう。[*43]

　この時期、農村の「生活」を描いた作品として、『大日向村』のほか、同じ和田伝の『沃土《よくど》』（昭和一二年、砂子屋書房）、伊藤永之介の『梟《ふくろう》』（昭和一二年、版画荘）、同『鶯《うぐいす》』（昭和一三年、改造社）などの佳作が出版されている。読者の厚い支持もあったからだ。〈近代の歴史において、実はこの時期ほど農村が好んで小説の素材に選ばれた時期もほかにはなかったのである〉と『日本近代小説史』も指摘している。[*44]そうした潮流のなかから『大日向村』も登場したのだ。

　著者和田伝は神奈川県南毛利の出身、早大仏文科卒。本名は伝《つとう》である。第一回新潮社文芸賞を「沃土」で受賞、農民文学作家と位置づけられた。有馬農相の呼びかけで昭和一三年に発足した農民文学懇話会の初代幹事長にも就任している。

　横光利一の『旅愁』は東京日日新聞などに断続的に発表された。著者の渡欧旅行体験を題材とした長編で、昭和一五年六月から戦後の昭和二一年七月にかけて改造社から上梓となる。戦中も話題作としてよく読まれたが、戦後の昭和二七年一一月、『旅愁』が全篇収録された角川書店の『横光利一集』（『昭和文学全集』の第一回配本）が二〇万部に達する成果をおさめ、[*45]これらを併せればベストセラー作品ということもできよう。

　横光利一は福島県出身で早大中退、本名は利一《としかず》。川端康成らと雑誌『文芸時代』を創刊し、新感覚派の旗手といわれた。「日輪」「上海」「機械」などの作品で注目され、『旅愁』を発表した昭和一〇年代には、志賀直哉とともに「小説の神様」と見なされる。その横光は戦後まもない昭和二二年、五〇歳で逝去し、『旅愁』は未完となった。

科学啓蒙書と哲学書

戦時状況も深まる昭和一四年、異色の翻訳書ベストセラーが生まれている。ランスロット・ホグベン著、今野武雄・山崎三郎訳『百万人の数学』（上下二巻）である。日本評論社から、上巻が昭和一四年二月、下巻は昭和一五年三月に刊行された。[*46] 戦争は爆薬や燃料の知識、兵器の操作や管理、戦場把握のための地理学、気候学など、さまざまな自然科学の知見が総動員される。したがって戦争遂行の時代は、精神主義ばかりがまかり通っていたわけではなく、科学振興が叫ばれることもあった。すべての自然科学領域の基礎学問である数学力の増進は、時代の要請になっていたのだ。

『百万人の数学』は表題が示す通りの啓蒙的な数学入門書で、「アキレスと亀の話」など親しみやすい話を組み合わせ、数学の考え方が自然に身につくようになっている。原書をアインシュタインが推奨した点も評判を得るのに役立った。

この本が読書人から好意的に迎えられたのを受け、同じランスロット・ホグベンの原著で、石原純監修、今野武雄訳による『市民の科学』が続けて日本評論社から翻訳刊行されている。全三巻の予定だったが、上巻が昭和一七年に出て戦中はここまでであった（戦後改めて六人の分担訳で六分冊にて刊行されている）。科学啓蒙書として『百万人の数学』とともに多くの読者を得た。なお、この時期の自然科学書としては、日本のもので吉田洋一『零の発見』（昭和一四年、岩波新書）が名著とされている。

当時の出版界では一方で、哲学書にも売れる本が出た。三木清『哲学入門』と田辺元《はじめ》『歴史的現実』であり、ともに岩波書店から昭和一五年に刊行されている（前者は岩波新書）。『哲学入門』は三月の刊行、出版とともに一〇万部を超える好評作となった。[*47] 岩波書店の元役員で『広辞苑』第四版の編集委員も務めた中島義勝は昭和一〇年代の岩波新書について、「戦争の中の岩波新書」で論じている。それによると、三木清は当時、岩波書店の顧問格であり、新書の発足にあたっても相談相手だった。[*48]『哲学入門』は元々新書第一陣の一冊に入る予定だったが、なかなか実現できない。そこで社内の若者などを集めて三木に入門の講義をしてもらい、それを原稿化、推敲のうえようやく出来上がったと、小林勇が『遠いあし音』（文藝春秋新社、一九五六年）で記している。[*49] 口述が元になって成されたものであった。解りやすさはそこから発しているのかもしれない。

なお、中島の同論文には、昭和二四年刊行までの岩波新書について、一九九七年八月時点での累計部数の表が付載されており、『哲学入門』は七九版七九万二〇〇〇部まで進んでいる。息長いロングセラーだといえよう。戦後の一定期間も含めた数字なので昭和一〇年代時点と事情は異なるはずだが、参考までにこの表から紹介しておくと、昭和一〇年代刊行作ベスト五は、斎藤茂吉『万葉秀歌 上』（昭和一三年一一月刊）が八五版一〇三万五〇〇〇部で首位。吉田洋一『零の発見——数学の生ひ立ち』（昭和一四年一一月刊）八七版九一万四〇〇〇部がこれに続く。三位は斎藤茂吉『万葉秀歌 下』（昭和一三年一一月刊）で八一版八四万部。次いで四位が三木清『哲学入門』、五位はアインシュタインとインフェルトの著、石原純訳の『物理学はいかに創られたか上』（昭和一四年一〇月刊）で七八版七二万二五〇〇部となっている。[*50]

さて、三木清は続けて翌昭和一六年の八月、創元社「創元選書」シリーズから『人生論ノート』を刊行した。これは『文学界』で昭和一三年六月から昭和一六年一〇月まで、断続的に連載された随想をもとに一書としたもの。発売まもなく二〇万部以上に達するベストセラーとなった。[*51]本の続けざまの成功は三木哲学ブームを招いて、同時期の『哲学ノート』（昭和一六年一一月、河出書房）、『続哲学ノート』（昭和一七年四月、同）もよく売れたという。

著者三木清は兵庫県揖保《いぼ》郡出身。京都帝大卒で、西田幾多郎、ハイデガーといった有数の哲学者に師事している。マルクス主義に近づいて哲学を論じたが、昭和五年に治安維持法違反で検挙され、昭和二〇年に再検挙。戦争が終わってまもない昭和二〇年九月二六日、衛生状態の悪い豊多摩刑務所で獄死（病死）した。

三木清『人生論ノート』

田辺元の『歴史的現実』も、好評を得て刊行の昭和一五年に一一万部へと至った哲学書である（岩波書店の同年売上げ首位）。[*52]この本は、「田辺元述」との表記からもわかるように、昭和一四年におこなわれた京都帝大学生課主催の「日本文化講義」（六回連続）の速記録であった。[*53]一般相手に語られた公開講義を収録したものだが、生死を超えることを説いた哲学的論議で読みやすいわけではなく、しかも用紙割当が厳しかったなかでのこの部数は意味が大きい。

著者田辺元は東京生まれ。東北大講師・京大の助教授を経て、西田幾多郎の後任として京大教授に就任する。カント主義からへーゲル研究へと進み、戦後は宗教哲学を研究した。

昭和一五年には手記で話題作も出ている。斎藤瀏『獄中の記』（東京堂）である。著者斎藤は当時、退役の陸軍少将。軍人でありながら佐佐木信綱の門下にあって短歌人として知られ、歌人将軍とも称されていた。

その斎藤は二・二六事件が起こると青年将校に同情し、獄に投ぜられた経緯がある。このときの日記が『獄中の記』となる。元々『東京堂月報』昭和一五年一月号に載った随筆で、加筆のうえ一書と成った。B六判並製、三二〇頁。著者自作のスケッチも二葉入った本として、同年一二月に刊行される。大手取次ながら一方で自ら出版もおこなっていた版元東京堂は、売れると踏んで初版から多めにつくった。本の認知を高めるために各方面への寄贈作戦をおこない、また、新聞広告を積極的に打っている。[*54]

こうした取り組みも効果を発揮して『獄中の記』は刊行時から反響大きく、書評も多数あらわれた。なかでも櫻井忠温（明治時代の大ベストセラー『肉弾』の著者）の〈泣きながら、泣きながらこの書を読んだ〉という一節を含んだ評は効果的だった。『獄中の記』はますます世評を高め、一年たらずで二〇万部近くを売り尽くす。東京堂では〈ほとんど毎回、八千とか一万とかいう数を増刷しなければ追いつかず、検印を押すのに手が痛くなるので、手動式ゴム印をつくった〉ほどであった。[*55]

昭和一六年の話題作

続く昭和一六年（一九四一）は改めていうまでもなく、一二月八日に太平洋戦争の開戦があった年である。日中戦争を遂行するに加え、世界大戦参戦に至る緊張の一年となった。日ソ中立条約調印（四月）、アメリカ政府が在米日本資産の凍結令を公布（七月）、日本軍がフランス領インドシナへ進駐を開始（同）、東条英機内閣成立（一〇月）、御前会議で対米英蘭開戦を決定（一二月一日）、真珠湾攻撃（一二月八日）、戦艦「大和」竣工（一二月一六日）、日本軍が香港島を占領し香港のイギリス軍降伏（一二月二五日）というのがこの年の出来事である。

戦時色が一層強まり、国民生活では統制が強まった。米の配給制度が始まり（四月）、一般車のガソリン使用が禁止される（一〇月）。酒類、衣料品から木炭や食用油、みそ醤油などの家庭用品に至るまで、さまざまなものが配給制となる。当然、出版に対する締めつけも厳しくなった。その内容は出版統制を扱う次項で述べる。

出版史に関わる昭和一六年の出来事として、「のらくろ」の連載終了に触れておくのは必要であろう。昭和六年から『少年倶楽部』で連載が始まった田河水泡の漫画「のらくろ」。昭和七年に『のらくろ上等兵』（講談社）がベストセラーになったことは前述した（二九二頁）。この「のらくろ」が、『少年倶楽部』昭和一六年の一〇月号をもって突然終了となる。内務省の役人から、「この戦時中に漫画などというふざけたものは掲載を許さん」と圧力があったからだといわれる。「のらくろ」は昭和一四年五月号ですでに猛犬連隊を依願退官、満洲開拓に出かける「探検隊」員となっていたにもかかわらず。

最後の「のらくろ」は、たった二ページ。〈のらくろ探検隊はこれでおわりました。ながい間御愛読下さってありがとうございました。〈作者〉〉と末尾に出てくる。
さて、その昭和一六年に刊行されて話題作となった本としては、吉川英治『新書太閤記』、高村光太郎『智恵子抄』、山本有三『路傍の石』、下村湖人『次郎物語』、三木清『人生論ノート』の五書が挙げられる。これらのうち『路傍の石』と『人生論ノート』についてはすでに述べた。「新書太閤記」は昭和一四年一月一日から読売新聞で連載された作品である（昭和一九年まで連載は続き、未完で終わった）。『太閤記』はすでに矢田挿雲の本がベストセラーになっている（三一〇頁参照）。秀吉人気は昭和期に入り国民の間に広がっていたのだ。その下地があり、加えて、国民作家となった吉川英治が『三国志』に続いて世に送る歴史小説ということで、「新書太閤記」は早くから読者の期待を高めていた。
『新書太閤記』は昭和一六年四月、新潮社から書籍化刊行となる。その後、戦争時代のなか昭和二〇年二月まで、九巻にわたって刊行が継続された。まさに出版統制期のさなかであり、しかも統制は年々強化されていく情勢下にあったが、『新書太閤記』については〈国策の線に沿った出版である〉と新潮社は主張し、初版七万部の用紙配給を受けることになった。〈空襲の激化されるまでに一巻より七巻までは、いずれも二十万部を売り尽した〉という。[*56]
中国大陸から南方へと戦争が拡大されていく時代に、〈かつて〉朝鮮半島から支那大陸への「雄飛」を夢見た秀吉の生涯は合致したのだろう。〈国策の線に沿った〉というのは、そういった観点から導き出されたわけで、かくして吉川の秀吉もの『新書太閤記』は特別扱いをされ、初版段階で七万から一二万部もの用紙配給を得た。それもあって、全九巻の総発行部数は昭和二〇年までに一四五万六〇〇〇部へ達している。[*57] 通常の単行本新刊がせいぜい五〇〇〇から六〇〇〇部しか許可されなかった時期ながら、例外的に大部数本が世に送られたのだ。出版界全体を見わたして、同書は戦時期最後の大ベストセラーと称してもよかろう。[*58]

山本有三『路傍の石』は前述もしているが、『女の一生』『心に太陽を持て』『真実一路』でベストセラーの常連作家となった山本の自伝的要素を含んだ小説である。尋常小学校六年生の愛川吾一が、貧乏と逆境に耐え、世の荒波にもまれながら成長していく姿を描く作品だった。貧しい少年少女が健気に生きる姿を描いたベストセラーは、豊田正子『綴方教室』、野澤富美子『煉瓦女工』があり、この時期、目立っている。前述もしたように、戦時下に庶民生活が苦しくなり、そのなかで「貧しさのなか健気に生きる子ども」の物語が共感を呼んでいたのだ。山本有三『路傍の石』のヒットもそうした流れに繋がるものといえる。

高村光太郎『智恵子抄』（竜星閣）は昭和一六年の特異なベストセラーである。小説でも評論でもノンフィクションでもない。『智恵子抄』は精神を病んだうえに逝去した妻・智恵子の思い出を綴る詩集だった。詩二九篇、短歌六首を収録し、さらに「智恵子の半生」ほか二篇の回想記を収めている。智恵子との結婚生活、その狂気の時期、死後の追慕をうたったまさしく愛の詩集で、同年八月に上梓となった。

高村光太郎『智恵子抄』

詩集や短歌集は売れないとされてきたが（もっとも、明治時代には与謝野晶子の歌集や島崎藤村の詩集が、大正時代には石川啄木の歌集が好評を博している）、『智恵子抄』は多くの人に読まれ、また愛詠されて、戦時ながら一六〜一七万部まで部数を伸ばし、戦後も入れると五〇万部へと達した。[*59] 日本での詩歌集のベストセラーには、昭和の終わりに刊行された俵万智『サラダ記念日』（一九八七年五月刊）がある。初版三〇〇〇部で二八〇万部まで売れたこの大ベストセラーについては、別巻現代篇第五章で扱っている。

高村光太郎は詩人・彫刻家。彫刻家高村光雲の子として東京に生まれた。東京美術学校彫刻科卒業後、欧米へ留学してロダンに傾倒。帰国後に美術と詩で活動する。彫刻の代表作として「手」「老人の首」があり、詩の成果は、第一詩集『道程』とこの『智恵子抄』が名高い。太平洋戦争を聖戦と受けとめて戦争協力詩を書き、そこへの責任意識から戦後、岩手県花巻郊外で独居自炊の生活を送ったことでも知られている。

昭和一六年の話題作として、さらに、下村湖人《こじん》の自伝的要素を含んだ長編『次郎物語』を加えておきたい。山本有三『路傍の石』とともに少年向き成長文学の双璧とされる作品で、人気の点でも『路傍の石』に匹敵するものだった。

昭和一一年から大日本連合青年団の機関紙『青年』にまず連載され、昭和一六年二月に小山書店から上梓となる。『次郎物語』は刊行まもなく大きな反響を呼ぶ。それもあって、第二部から第五部までが順次続刊され、戦後に及んだ（第七部まで予定されていたが、著者逝去により未完）。映像化が数多くなされ、そちらも好評を博したことで、本はロングセラーになった。

著者下村湖人は佐賀に生まれ、旧姓内田、本名は虎六郎《ころくろう》。東京帝大英文科を卒業後、郷里佐賀県の中学英語教師や中学校長、台北高等学校校長などを務めた教育者で、退職のち昭和八年より大日本連合青年団講習所所長となる。その頃から小説や人生論を発表して、青少年を中心に多くの読者を得た。理想主義的な教育者の信念をもって綴られた『次郎物語』は、下村の出世作にして代表作である。

出版統制

太平洋戦争開戦（昭和一六年一二月）の前年昭和一五年（一九四〇）頃から、日本では出版物統制の時代がはじまった。先だって、昭和一三年の「雑誌浄化運動」を取りあげておきたい。これまで見てきたように、書籍のベストセラーは新聞や雑誌での連載が元になっている場合が多く、昭和に入ってもその傾向は大きい。雑誌への介入は、書籍の、とりわけベストセラー書の産生事情に関与が深い。

昭和一三年五月、内務省は主な婦人雑誌の発行元を個々に呼び出し、「時局下の編集態度についての希望」を申しわたした。そこでは〈小説中に人妻の恋愛事件を取扱ったもの、あるいはフラッパー娘の登場などは、古来特有の美風良俗を害するものと考えられる〉、〈上流家庭の生活を題材とする頽廃的読物は、銃前銃後の国民が緊張している際に面白からず〉などとある。[*60]

内務省はさらに同年九月、大衆娯楽部門の雑誌に対して一層の健全化を要望する。そのさい「好ましからざる読物」とされたのは、次の内容をもつ作品であった。[*61]

〈恋愛小説、なかんずく貞操観念を軽々しく取扱ったり、姦通や恋愛遊戯を主題としたもの。〉
〈股旅《またたび》小説で、女の問題、賭博、縄張り争いの殺傷事件を主とし、十年一日の如く何らの批判も

なく興味本位で大衆を刺激し、いたずらに殺伐な気風を起させるだけのもの。〉
〈有名人の心中や越境事件などの如きを煽情的に取扱ったものや、変態性欲、同性愛など社会風教上悪影響あるものを興味本位のみで取扱ったもの。〉
〈君、僕、彼氏など、女学生の言葉づかいに悪影響を与える言葉を使うもの。〉
〈自由主義、放縦主義を礼讃したもの。〉

これらの「例示」を眺めていくと、当時、当局を苛立たせるほど目立ち、大衆的人気を呼んでいた（らしき）作品の特徴が判り、ベストセラーの内実を考察するためにも興味深い。逆説的ながら、「売れる小説」はどういう要素を持つのか、時代を超えて示唆に富むものがあるのだ（もっとも、これらを取り込めば自動的に「売れる」ほど、読者大衆という存在は単純ではないが）。

さて、〈時局下〉において、出版への締め付けは徐々に厳しく、また、細部まで目が光るようになってくる。「浄化運動」のように編集への介入から一歩も二歩も進んで、今度は資材の統制がおこなわれるようになった。用紙は出版事業にとって死活の存在であり、これを統制する動きは、昭和一五年五月、内閣に新聞雑誌用紙統制委員会が設立されてから本格的となる。[*62]

さらに政府当局は、出版新体制を目指し、出版統制を厳重に推し進めるため三つの組織を発足させる。

昭和一五年一二月六日に内閣情報局が設置された。この部署は内閣総理大臣の管理下に属し、国家的情報・宣伝活動の一元化および言論・報道に対する指導と取り締まりを遂行した。[*63] 内閣情報局は戦時日本にそぐわない書き手に対して、執筆禁止の命令を出すことができたのである。また、気に入らない記事が載った雑誌や書籍を発売禁止とすることもできた。

もちろん言論・出版の規制は明治時代から存在している。新聞紙法第二三条、出版法第一九条を根拠に、「安寧秩序紊乱」「風俗壊乱」などを理由に内務大臣による発売頒布禁止（発禁）が出されたことは、出版史上、例示に事欠かない。取締はすでに長年にわたって「弾力的」に実行されて来ており、拡大沈静を繰り返していた。これに対して、内閣情報局の登場は総合的な言論統制時代の幕開けとなり、それまでとは次元の違う統制状況をもたらした。

出版新体制のための二つ目の組織は、日本雑誌協会・東京出版協会等の出版関係諸団体を合せて昭和一五年一二月に設立となった、日本出版文化協会（文協）である。昭和一六年六月、出版用紙配給割当規定が施行され、これにより、出版事業者が事前に提出した出版企画届は文協が査定し、そのうえで用紙を配給する制度が確立する。文協で認められたものだけが出版を許されるというべき事態が訪れたのだ。[*64] 日本出版文化協会は、内閣情報局の監督下で出版統制の実施機関として機能したのである。昭和一八年三月には、特殊法人日本出版会として改組されている。

紙の割当てが厳しくなると、当然のことながら、自由な部数では刷れなくなる。新刊書の発行部数は、売れそうなものでも五〇〇〇部前後に抑えないといけなくなった。[*65] 用紙の割当て制は出版社活動への重い制限となる。本を出したくても刷る紙がなければ刊行はできない。その割振りの権限は内閣情報局が握っていた。出版社はその意向を汲んで活動せざるを得なかったのである。

ベストセラーはとりわけ出にくくなった。もちろん内容によっては破格の用紙が割り当てられる場合もあったのは、『新書太閤記』のところで前記している。ただそれも例外であり、統制がゆるむ局面があったわけではない。

出版新体制のための三つ目の組織は、昭和一六年五月五日に創立された日本出版配給株式会社（日配《につぱい》）で、当時の四大取次（東京堂・東海堂・北隆館・大東館）をはじめとした取次各社の統合である。加えて、書店を統制するための書籍雑誌小売商業組合が都道府県単位に結成され、日配が一元管理するようになった。企画、編集や製作、資材への統制から、ついに出版流通機構をも統制の対象とされたのだ。かくして「情報局→文協→日配」という統制体制ができ上がる。

こうした動きを背景に、太平洋戦争がはじまり厳しい総力戦下となる昭和一七〜二〇年、出版統制はそれまでと比べものにならないほど厳重になる。

日本出版会は出版物の事前審査をさらに強化した。企画届の提示とともにゲラの事前提出が実施される。[*66] 用紙割当は一層厳格となり、用紙自体の不足も深刻になった。昭和一八年には書籍の「売切買切制」も全面的に導入され（その結果、日配の返品率は一％以下となった）、昭和一九年は月間平均出版点数が約二三〇点と過去最低レベルに激減する。[*67]

翻訳ものを例に事情の一端を示してみよう。日独伊三国同盟は昭和一五年九月二七日に締結された。その後は、同盟国ドイツ、イタリアのものはごくわずかに翻訳が許されても、他の国が原著の本は刊行が難しくなってきた。なお、ドイツものといっても、新潮社の社史（『新潮社八十年図書総目録』）によれば、昭和一七年に刊行中止とされた本のなかに、高見順『故旧忘れ得べき』などのほかに、トーマス・マン（ドイツの小説家、ノーベル賞を受賞）の『ロッテ帰りぬ』『混乱と若き悩み』がある。[*68] 戦争推進にそぐわない内容だったからというのと、なによりマンがナチスを批判し、スイスやアメリカに亡命したことが刊行中止の決定的理由だった。

さて、日本出版会は事前審査、用紙割当による統制にとどまらず、さらに出版社の整理統合を進める。三六六四社（うち、書籍のみ発行するものは二二四一社）あった着手前の出版社は二〇三社にまで絞られた。[*69] 残るべき出版社が選び出され、それを中心に数社が合併するなどの方式が採られたのである。統合された会社は残った会社に自社の紙の割り当てを買収させる形がとられた。

ゆえにこの時期のベストセラーは、年間ベースで数万からせいぜい一〇万部クラスにとどまる。またベストセラーの意味も、他の時代とは異なると考えなければならない。ただし読者大衆は、厳しいチェックを経て出版された本に対しても、基本的には、必要と考え、面白いと思えるものでなければ、金銭を出して購入とはならなかったはずである。戦時の出版統制の問題を、そういった一般読者の存在という観点を除いて、統制当局と、それに抵抗あるいは順応（消極・積極などさまざまだろうが）する版元、著者の物語のみに焦点を当てると、少なくとも出版史理解の点では、大事なところが抜け落ちるおそれがあり得る。

なお付言すれば、出版統制期ゆえにかえって、軍関係の冊子の類いはかなりの部数が出た。たとえば、内閣情報局につとめていた鈴木庫三の『国防国家と青年の進路』（昭和一六年、講談社）、同じく松村秀逸の『宿敵米英ヲ撃テ』（昭和一九年、漫画社）などだが、読者配布もかなりあったと考えられ、当時としては相当な部数（『宿敵米英ヲ撃テ』は一〇万部）ながら、これらはベストセラー史に挙げうる作品とはいいがたい。

太平洋戦争期の話題書①――軍国ものの本

上記もしたように、出版統制が厳重となった太平洋戦争期は、出版事情が特殊であって「売れた本」も意味合いは違う。ただそれでも、刊行元の社史などに名をとどめ、一定程度のヒット作・話題作と見なしうる本はある。塩澤実信編著『ベストセラー昭和史』、瀬沼茂樹『本の百年史』、橋本求『日本出版販売史』なども頼りに、いくつかの書籍を当時の「ベストセラー」として示すこととしよう。

軍人や軍属の戦記や手記は膨大な数にのぼったが、そのうちよく普及した本として、草場榮の手記『ノロ高地』がある。ソ連と交戦した国境紛争ノモンハンの戦いを扱ったもので、「ノモンハン戦車殲滅戦記」との角書きがある。著者は当時の陸軍中隊長であった。

『ノロ高地』は英米への宣戦布告一八日前にあたる昭和一六年一一月二〇日、鱒《ます》書房から刊行され、太平洋戦争初期に売上げを伸ばした。刊行翌年には四五〇版に達したというから、勢いのほどが知れる。東京堂から日配に転じ取次の現場を歩んだ松本昇平は、『ノロ高地』について、〈取次から日配にもち越したベストセラーの第一号というべき売れ足の早いものであった〉と回顧している。[*70]

なお鱒書房だが、敗戦まもない時期に、今度は戦中日本の裏面史を書いた『旋風二十年』をベストセラーにしており（現代篇第一章参照）、したたかな版元といえよう。この出版社は昭和初期に創業、創業者は札幌生まれの増永善吉で、戦時下の出版社整理のさいは五社を統合した東京出版を設立し社長になっている。潮《うしお》書房創業者の増永嘉之助はその弟である。[*71]

昭和一七～一九年ではやはり戦争ものの本がさかんで、大東館取締役から日配に転じた藤井誠治郎は、なかでも評判になったものとして、岩田豊雄『海軍』（昭和一七年）、丹羽文雄『海戦』（同年）、清閑寺《せいかんじ》健《けん》『江田島』（昭和一八年）、山岡荘八《そうはち》『御盾《みたて》』（昭和一九年）を挙げている。[*72]『海軍』は、昭和一六年一二月八日の真珠湾攻撃のさい、特殊潜航艇で突入して「軍神」と呼ばれた横山正治少佐をモデルにした小説で、海軍の青年群像を描いたところも人気の理由だった。著者は獅子《しし》文六《ぶんろく》で、彼はこの小説を本名で発表したのである。

獅子は横浜生まれ。慶應義塾大学中退のち演劇研究のため渡仏して三年間滞在した。帰国後の昭和四年、新劇協会に参加して演出家となり、昭和一二年には文学座の創立に関わるなど演劇人として活躍する。一方、昭和九年から獅子文六の筆名で小説を発表、「金色青春譜」（昭和九年、『新青年』）などを経て、昭和一一年七月から翌一二年一月まで報知新聞に小説「悦ちゃん」を連載した。これが読者の評判を呼び、同年三月に講談社から書籍化刊行されるとよく売れた。「悦ちゃん」の成功で獅子は流行作家の一人と認められる。

その獅子（岩田名義）の『海軍』は昭和一七年七月から一二月まで朝日新聞に連載され、朝日の発行部数はこの連載の人気で伸びたという。[*73] 同年度の朝日文化賞を受賞、書籍の版元も朝日新聞社である。手練《てだ》れの筆が真珠湾攻撃という国民の一大関心事を題材に、しかも「軍神」の海軍生活を描いたのだから、人気を得る条件は揃っていた。出版統制下、用紙の割当も受けやすい作品だといえ、比較的大きな部数を出せた。

丹羽文雄『海戦』は、昭和一七年八月八日深夜の第一次ソロモン海戦を描いた記録文学。日本海軍が多大な戦果をあげ、国民的喝采が起こった戦いを題材にしており、著者も大衆小説が巧みな作家で、こちらも人気を得る条件は充分だった。

丹羽文雄は三重・四日市生まれ。早稲田大学卒業後、一度は帰郷して僧職についたが、昭和七年発表の「鮎」が永井龍男に認められて再上京、次々と話題の小説を発表して人気作家となる。丹羽は作家として脂《あぶら》の乗った三七歳のとき、旗艦「鳥海」に乗りこみ、第一次ソロモン海戦に報道班員の身分で従軍した。そのさい被弾して全治三か月の重傷を負っている。このときの体験から生まれたのが小説『海戦』だった。丹羽の従軍記は九月一日、先行して朝日新聞や大阪毎日新聞に掲載され、すでに注目を集めていた。これらを経て「海戦」は、『中央公論』昭和一七年一一月号に掲載。翌一二月に中央公論社から書籍化刊行に至っている。

『海戦』には実際の戦闘だけでなく、兵士たちの日常、また戦傷者の姿も描かれており、読者の興味を呼び込んだ。出版統制下ながら中央公論社版で五万五〇〇〇部が発行された。ほかに、『ソロモン海戦』という書名で他の短編も加えた版が満洲で出版され(国民画報社)、こちらは初版が五〇〇〇部だったという。[*74]さらに児童向けの「少国民版」も出されていた。

付言すれば、『海戦』と同時期に発売された同じ丹羽の『報道班員の手記』(昭和一八年四月、改造社)は、戦争の裏面に触れたことで発禁処分となっている。

清閑寺健の『江田島』は、千葉県の農民の子どもが海軍士官の養成機関・江田島海軍兵学校に学ぶ経緯を描いた小説である。著者は埼玉生まれで、本名野口武雄。軍事ものを得意とした作家で、なかでも「軍国の母」を描いた作品で知られていた（『軍神を生んだ母』など）。一方、講談社の『少女倶楽部』にスポーツ読み物を載せることもあった。

『江田島』は海軍兵学校の生活を題材に、筆のこなれた大衆作家が成した成長小説で、小学館から昭和一八年に刊行されると好評を博した。[*75] なお作者清閑寺は戦後になり世が変わると、子ども向けの偉人伝を書くようになる。

山岡荘八『御盾』は日本軍（とくに海軍）の立場を日本の近代史のなかから描いた小説。アメリカの反日政策とそれに対する日本の対抗という観点で書かれ、それが時勢に合うものだった。著者は新潟生まれで、本名藤野庄蔵。高等小学校を中退し上京。逓信《ていしん》講習所に学んだのち、郵便局員、雑誌編集者などを経て、昭和九年頃から小説を書き始める。時代小説作家・長谷川伸《はせがわしん》に師事した。昭和一七年、『海底戦記』ほかの従軍記で野間文芸奨励賞を受賞している。

『御盾』は三部作で「兵学校の巻」「猛訓練の巻」「黎明の巻」から成る。昭和一八年から雑誌『キング 改題 富士』に連載され、昭和一九年に講談社から書籍化刊行となった。実力ある大衆小説作家であり、また、従軍作家として協力的だった山岡の書ゆえに出版統制下でも用紙で優遇を受け、それもあって広く普及した。当時のベストセラーだったと『本の百年史』は記している。[*76]

これら四書に加えて当時好評を得た軍国ものの本として、以下が挙げられる。

棟田博の二書、『台児荘《たいじそう》 続々分隊長の手記』（昭和一七年）と『軍神加藤少将』（昭和一八年、講談社）、および山岡荘八の『元帥山本五十六《いそろく》』（昭和一九年）である。[*77]

『元帥山本五十六』は、表題の通り海軍の山本五十六を描いた作品。『御盾』に続いて講談社から刊行され、こちらも一定の好売上げを果たした。連合艦隊司令長官としてハワイ・真珠湾攻撃作戦を指揮した山本五十六は、太平洋戦争期、日本の国民的英雄であったうえに、昭和一八年四月、南太平洋ブーゲンビル島上空で前線視察中、搭乗機が米軍機に撃墜されて戦死するというショッキングな事件が起きて、「悲劇の元帥」になっていた。その山本を人気作家が描いたわけで、読者の関心を呼ぶ理由は整っていたのである。

なお、著者山岡は、戦時中の言動とともに、『御盾』や同書などの時局小説で目立つ作家活動をしたことから、戦後しばらく公職追放となっている(昭和二五年に解除)。

『分隊長の手記』と『軍神加藤少将』の著者棟田博は岡山出身。早大中退のち日中戦争で召集され、昭和一三年の徐州作戦で負傷する。この体験をまとめたのが『分隊長の手記』である。昭和一四～一五年、新小説社から正続で上梓されるとたちまち好評を得た。

棟田は続けて、「分隊長の手記」の第三作『台児荘』を同じ新小説社から昭和一七年に刊行、野間文芸奨励賞を受賞している。同書は日中戦争の激戦・台児荘の戦いを描いた小説で、こちらも人気作として広く読まれた。さらに翌昭和一八年、講談社から『軍神加藤少将』を上梓し、同じく部数的成果を得ている。

棟田博は戦後になって、兵営生活をコミカルに描いた『拝啓天皇陛下様』を発表。同作は渥美清主演の映画にもなっており(松竹)、現在ではこの作品で残っている作家といえよう。

太平洋戦争期の話題書②――『姿三四郎』から『おばあさん』まで

昭和一七～一九年の話題作には、戦争を直接扱ったのとはひと味違う本もある。昭和一七年の児玉誉士夫『獄中獄外』とランスロット・ホグベン『市民の科学』（上巻）、昭和一八年の山本有三『米・百俵』については既述している。

これらに加えて以下の四書を、『ベストセラー昭和史』に基づき、当時の好評書として挙げておきたい。[*78] 富田常雄『姿三四郎』（昭和一七年）、藤澤桓夫《たけお》『新雪』（同年）、芹沢光治良《こうじろう》『巴里《パリ》に死す』（昭和一八年）、獅子文六『おばあさん』（昭和一九年、新潮社）である。

富田常雄『姿三四郎』は柔道小説。主人公・姿三四郎は、明治初期、一七歳で会津から上京、矢野正五郎《しょうごろう》の紘道館《こうどう》で柔道の修業を続け、道場四天王の一人となる。その男の物語が同書だった。主人公三四郎のモデルは講道館の西郷四郎とされる。西郷は当時の柔術諸流の強豪と試合して彼らを破り、講道館柔道の真価を世に示した柔道家として知られている。

富田の『姿三四郎』は昭和一七年九月に錦城出版社から刊行された。『本の百年史』は当時のベストセラーと記している。[*79] 昭和一八年、黒澤明によって映画化がなされ（監督デビュー作である。三月公開、東宝映画）、本の話題づくりにひと役買った。映画では藤田進が三四郎を演じている。著者富田常雄は、講道館の著名な柔道家・富田常次郎の子として東京に生まれた。明治大学商学部卒業後、はじめ演劇運動に参加したが、柔道小説であるこの『姿三四郎』の成功から大衆文学へと転じていく。戦後の昭和二四年、「刺青」と「面」で直木賞を受賞した。

藤澤桓夫の小説『新雪』は、太平洋戦争期の異色のベストセラーといえよう。昭和一六年一一月二四日から朝日新聞で連載開始、翌昭和一七年四月二八日まで一五四回続いた。連載がはじまってまもなく太平洋戦争開戦となっている。書籍は新潮社からの刊行となった。

物語はモンゴル語の権威を父に持つ保子、保子の父の弟子・信夫、国民学校の教師良太、眼科医の千代という四人の恋愛模様を軸に展開する。連載開始日が太平洋戦争開戦直前であり、連載中は各地で戦闘があり、その報道もさかんだったにもかかわらず、『新雪』からは戦争の影がさほど伝わってこない。こういった作品にも一定の用紙割当がなされたことは、出版統制の現場状況が決して単線的ではなかった実状を示唆している。

藤澤桓夫は大阪生まれ。漢学者の家に生まれたが都会的な新感覚派の作家として活動をはじめ、プロレタリア文学運動を経て、新聞小説などで人気作家となる。昭和八年以降は大阪にあって、とりわけ戦後は織田作之助や司馬遼太郎、田辺聖子、庄野潤三などとの交流を通して、大阪文壇の中心的存在になった。

芹沢光治良『巴里に死す』もまた、太平洋戦争期の出版物であるにもかかわらず、戦争の匂いを感じさせない小説だといえる。昭和一七年より『婦人公論』に連載され、昭和一八年に中央公論社から刊行された。

作品の舞台は一九二〇年代（大正時代）のパリ。女性主人公は夫に伴われた留学先で子どもを得るが、結核に倒れる。病床にあって娘に宛てて綴った三冊のノートをめぐって、死と愛を描くドラマが展開されるのが、『巴里に死す』の内容である。のちフランス語訳され、ヨーロッパでも評価された。

著者芹沢は静岡県沼津の生まれで、家は代々の網元だった。東大卒業のち農商務省に入省。二九歳のときにパリ大学に留学するが、卒業間際に肺結核で倒れ、しばらくフランスやスイスの高原療養所で過ごす。三四歳のとき小説「ブルジョア」が雑誌『改造』の懸賞小説に当選、これを機に作家として本格的な活動をはじめた。『巴里に死す』は自身の結核罹患体験を基にした作品で代表作である。

『おばあさん』（新潮社）は、岩田豊雄の名で昭和一七年に『海軍』を出した獅子文六が、本来の筆名で昭和一九年に刊行したもの。『海軍』とは一転した家庭小説で、『主婦之友』にて昭和一七年二月から昭和一九年五月まで連載されたうえでの書籍化だった。

作品は時を昭和一六年の一年間に設定し、東京杉並の、中流の上の家庭で隠居生活を送るひとりの「おばあさん」の姿を描く。のちのNHKテレビドラマ、「信子とおばあちゃん」の原作でもある。こうした小説が戦争末期の日本で、しかも出版統制が厳しく本の刊行自体も少なくなった時期に刊行されたことそのものに目が引かれるし、それが〈もっとも人気のあった家庭小説〉だったことは二重に興味深い。[*80]

これらのほか、昭和一六年から巻数が続く吉川英治『新書太閤記』も、この時期（昭和一七〜二〇年）のベストセラーに数えられる。

火野葦平『陸軍』

昭和二〇年（一九四五）の敗戦のまさにそのとき、一つのヒット作（数万程度の刊行なれども）があらわれた。『陸軍』（朝日新聞社）である。「陸軍」は、岩田豊雄の「海軍」に続き、昭和一八

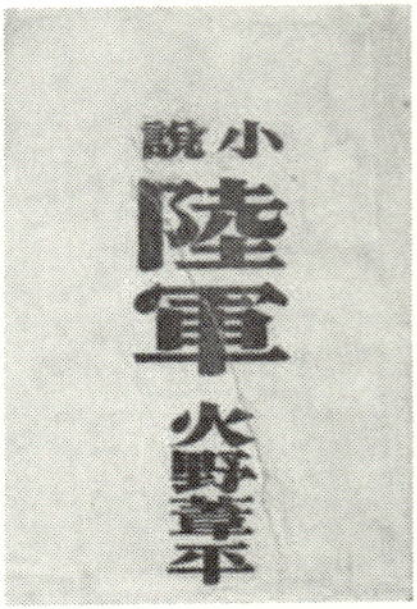

火野葦平『陸軍』

年五月一日から昭和一九年四月二五日まで朝日新聞に連載された小説だったが、ベストセラーとなった『海軍』とは裏腹に、『陸軍』のほうは時期的に終戦直前の書籍化刊行となり、結果として、投げ売りの運命を辿った。書籍出版史上類例なき現象であり、また敗戦という事態を象徴する出来事なので、本章の最後に紹介しておきたい。著者の火野葦平は『麦と兵隊』などのベストセラー作者として、既出している（三二八頁）。

本作品は、明治維新のさい長州奇兵隊に参加した一家の、のち三代にわたる陸軍との因縁を描いた大河的小説であった。明治四年から七〇年に及ぶ陸軍の歴史を、その底辺を支える兵士たちの軍隊生活の視点から描いており、戦中文学の一大雄篇といえる。

作者火野自身は、本書の「後書」で、〈この作品を書くことは私にとっては自らのひそかな誉《ほまれ》をたしかめるよすがともなり、また、或《あ》る意味では修練ともなり、錬成でもあった。今日に生きる文学者としての覚悟を、私は必死になって、真に日本人たるの道に合致せしめたいと願った〉と記している。そして、〈かかげた「陸軍」という題が羊頭狗肉《ようとうくにく》であったとは思っていない。陸軍そのものを書くよりも、その中に顕現された精神のありどころを確かめることに、眼と心とを集中した〉とも。

こうした姿勢から生まれた小説の単行本が、ちょうど敗戦時の上梓となったために、どういった扱いを受けたのか。『ベストセラー昭和史』は次のように事情を短記している。

〈敗戦が近づく数日前から、朝日新聞社裏では、大八車を屋台代わりに使って、火野葦平の『陸軍』を山積みにして投げ売りしていた。八月二十日発行予定を十日も繰り上げて三万部も刷った『陸軍』を、その〝組織〟が解体する寸前に、（版元は）叩き売りしていたわけである。[*81]〉

皮肉、そして、（この期に及んでの）したたかさ――。

いずれにしても、戦争最終期、用紙も印刷製本も全てが「末期的」だった状況で、相対的には相当な部数といえる三万部を売ったという一事は、本の歴史のなかで、記憶の一つにとどめておいてもいいはずだ。

なお『陸軍』は戦中、映画になっている。昭和一九年一二月、陸軍省後援の「情報局国民映画」として公開された。気の優しい息子を励まして強い男に育てようとする「軍国の母」を田中絹代が印象的に演じている。戦意昂揚映画のはずであったが、監督を木下恵介にゆだねたこともあって、時代を超えて鑑賞にたえうる作品となった。

そうした映画に仕上がったのは、火野葦平の原作自体に、「時局」を超えた何らかのものが宿されていたからではないか。そう考えれば、奇妙な運命の一冊ながら、皮肉というだけでは済まされない本だというべきかもしれない。

（1）前掲『日本近代小説史』一四四頁。
（2）前掲『本の百年史』二四八～二四九頁。
（3）同上書、二四三頁。
（4）同上書、二四三～二四四頁。

(5) 前掲『東京堂百二十年史』二九二頁。
(6) 前掲『本の百年史』二四四〜二四五頁。
(7) 同上書、二四五頁。
(8) 前掲『東京堂百二十年史』二九六〜二九七頁。
(9) 同上書、二九七頁。
(10) 前掲『本の百年史』二四五〜二四六頁。
(11) 前掲『ベストセラー昭和史』七六頁。
(12) 同上書、同頁。
(13) 前掲『本の百年史』二四六頁。
(14) 同上書、二五二頁。
(15) 同上書、同頁。
(16) 前掲『ベストセラー昭和史』六五頁。
(17) 前掲『本の百年史』二五四頁。
(18) 同上書、二五一頁。
(19) 前掲『日本出版販売史』五〇五頁。
(20) 同上書、同頁。
(21) 前掲『ベストセラー昭和史』六一〜六二頁。
(22) 前掲『本の百年史』二六四頁。
(23) 同上書、二六三頁。
(24) 前掲『日本出版販売史』五〇四頁。
(25) 前掲『ベストセラー昭和史』六四〜六五頁。
(26) 火野葦平『陸軍』(下巻) 中央公論新社 (中公文庫)、二〇〇〇年収録、村上兵衛「解説」。
(27) 前掲『本の百年史』二五七頁。
(28) 前掲『日本出版販売史』五〇四頁。
(29) 同上書、五〇五頁。
(30) 前掲『本の百年史』二七四頁。
(31) 同上書、同頁。

(32) 同上書、同頁。
(33) 前掲『クロニック講談社の80年』二〇五頁。
(34) 前掲『東京堂百二十年史』二九一頁。
(35) 前掲『日本出版販売史』五二七～五三一頁。
(36) 前掲『中央公論社の八十年』二六二頁。
(37) 前掲『ベストセラー昭和史』七一頁。
(38) 前掲『中央公論社の八十年』二六七頁。
(39) 前掲『ベストセラー昭和史』二七五頁。
(40) 前掲『本の百年史』二六八頁。
(41) 同上書、二四九頁。
(42) 同上書、同頁。
(43) 前掲『日本近代小説史』一五一頁。
(44) 同上書、一五一～一五二頁。
(45) 前掲『本の百年史』二九九頁。
(46) 同上書、二七五頁。
(47) 同上書二一一頁。
(48) 中島義勝「戦争の中の岩波新書」、日本出版学会・出版教育研究所共編『日本出版史料』第三巻収録。同書、七二頁。
(49) 同論文、掲載書、同頁。
(50) 同論文、掲載書、一〇六～一〇九頁。
(51) 前掲『本の百年史』二七二頁。
(52) 佐藤卓己『物語 岩波書店百年史 2 ――「教育」の時代』岩波書店、二〇一三年、一五三頁。
(53) 同上書、一五三～一五四頁。
(54) 前掲『東京堂百二十年史』二九八頁。
(55) 同上書、二九八～二九九頁。
(56) 河盛好蔵「新潮社七十年」、新潮社編『新潮社一〇〇年』新潮社、二〇〇五年収録。同書、一〇八～一〇九頁。
(57) 前掲『ベストセラー昭和史』八一～八二頁。
(58) 前掲「新潮社七十年」、掲載書、一〇九頁。

(59) 前掲『本の百年史』二七〇〜二七一頁。
(60) 前掲『日本出版販売史』四八六〜四八七頁。
(61) 同上書、四八七頁。
(62) 吉田則昭『戦時統制とジャーナリズム』昭和堂、二〇一〇年、一八四頁。
(63) 国立国会図書館第一三五回常設展示「戦時下の出版」より。
(64) 前掲『戦時統制とジャーナリズム』一八六〜一八七頁。
(65) 前掲『ベストセラー昭和史』八一〜八二頁。
(66) 同上書、八九頁。
(67) 前掲『戦時統制とジャーナリズム』一九一〜一九二頁。
(68) 前掲『ベストセラー昭和史』九一頁。
(69) 前掲『日本出版販売史』五六三頁。
(70) 前掲『業務日誌余白』一一一頁。
(71) 稲岡勝監修『出版文化人物事典——江戸から近現代・出版人一六〇〇人』日外アソシエーツ、二〇一三年、三六一頁。
(72) 前掲『日本出版販売史』座談会での発言。同書、五九六頁。
(73) 前掲『ベストセラー昭和史』八九頁。
(74) 服部裕子「丹羽文雄の『少国民版 ソロモン海戦』論——原作との比較検討を中心に」、『日本福祉大学研究紀要——現代と文化』第一三〇号収録、同誌、六五頁。
(75) 前掲『本の百年史』二六一頁。
(76) 同上書、二六九頁。
(77) 前掲『ベストセラー昭和史』二七七頁。
(78) 同上書、同頁。
(79) 前掲『本の百年史』二六九頁。
(80) 同上書、同頁。
(81) 前掲『ベストセラー昭和史』九六頁。

参考文献

＊各項は編著者名の五十音順配列とした。刊行年表記は西暦としている。なお文献のなかには再刊・復刊の書籍もあるが、実際、参考に用いた版を記した。

【全般】

大橋信夫 編『東京堂百二十年史』東京堂、二〇一〇年
小林善八『日本出版文化史』日本出版文化史刊行会、一九三八年
塩澤実信 編著『定本 ベストセラー昭和史』展望社、二〇〇二年
柴野京子 監修・解題『「東京堂月報」復刻版（全一九冊）解説』東京堂出版、二〇一七年
出版ニュース社 編『出版データブック改訂版――一九四五～二〇〇〇』出版ニュース社、二〇〇二年
出版年鑑編集部 編『出版年鑑』出版ニュース社、一九五一年版～二〇一八年版―二
出口一雄 編著『出版を学ぶ人のために――出版ジャーナリズム文献綜覧』増訂新版、第一書店出版部、一九八〇年
瀬沼茂樹『本の百年史――ベスト・セラーの今昔』出版ニュース社、一九六五年
全国出版協会・出版科学研究所 編著『出版指標年報』全国出版協会・出版科学研究所、一九六〇～二〇一八年版
全国出版協会・出版科学研究所 編著『出版月報』全国出版協会・出版科学研究所、一九九七年一一月号、一九九九年九月号、二〇〇五年九月号、二〇〇九年六月号、二〇一一年六月号、二〇一四年七月二五日発行増刊、二〇一五年六月二五日発行増刊、二〇一八年七月二五日発行増刊、二〇一八年一二月号、二〇一九年一月号
日本出版学会 編『白書出版産業――データとチャートで読む日本の出版』文化通信社、二〇〇四年
日本出版学会 編『白書出版産業二〇一〇――データとチャートで読む出版の現在』文化通信社、二〇一〇年
日本出版学会・出版教育研究所 共編『日本出版史料』全一〇巻、日本エディタースクール出版部 発行、一九九五～二〇〇五年
日本書籍出版協会 編『日本出版百年史年表』日本書籍出版協会、一九六八年
橋本求『日本出版販売史』講談社、一九六四年

【個別研究・資料】

青木育志・青木俊造『青木嵩山堂――明治期の総合出版社』アジア・ユーラシア総合研究所、二〇一七年
青木保・川本三郎・筒井清忠・御厨貴・山折哲雄 編『大衆文化とマスメディア』（近代日本文化論第七巻）岩波書店、一九九九年

安倍能成『岩波茂雄傳』新装版、岩波書店、二〇一二年
安藤宏『日本近代小説史』中央公論新社（中公選書）、二〇一五年
飯塚浩一・堀啓子・辻原登・尾崎真理子・山城むつみ『新聞小説の魅力』東海大学出版会（東海大学文学部叢書）、二〇一一年
池内紀 編『日本の名随筆 別巻四九 奇書』作品社、一九九五年
石塚純一『金尾文淵堂をめぐる人びと』新宿書房、二〇〇五年
磯部敦『出版文化の明治前期――東京稗史出版社とその周辺』ぺりかん社、二〇一二年
伊藤秀雄『黒岩涙香』三一書房、一九八八年
稲岡勝 監修『出版文化人物事典――江戸から近現代・出版人一六〇〇人』日外アソシエーツ、二〇一三年
岩波書店 編『岩波書店百年（刊行図書年譜）』岩波書店、二〇一七年
岩見照代・北田幸恵・関礼子・高田知波・山田有策『樋口一葉事典』おうふう、一九九六年
巖谷小波 著者代表『明治少年文學集』（明治文學全集九五）、筑摩書房、一九七〇年
大室幹雄『志賀重昂「日本風景論」精読』岩波書店（岩波現代文庫）、二〇〇三年
岡野他家夫『日本出版文化史』原書房、一九八一年
小川菊松『商戦三十年』誠文堂、一九三二年
小川菊松『出版興亡五十年』誠文堂新光社、一九五三年
尾崎秀樹・西郷竹彦・鳥越信・宗武朝子『子どもの本の百年史』明治図書、一九七三年
尾崎秀樹・宗武朝子 編『日本の書店百年――明治・大正・昭和の出版販売小史』青英舎、一九九一年
木佐木勝『木佐木日記』上下、中央公論新社、二〇一六年
城戸又一・新井直之・稲葉三千男・河内汎・近藤光次・隅井孝雄・高木教典・高松洋二 編『講座 現代ジャーナリズム』時事通信社、一九七三〜七四年
栗田確也 編集兼発行『出版人の遺文』全八冊、栗田書店、一九六八年
慶應義塾 編『福澤諭吉全集』別巻、岩波書店、一九七一年
香内三郎『ベストセラーの読まれ方――イギリス16世紀から20世紀へ』（NHKブックス）日本放送出版協会、一九九一年
講談社八十年史編集委員会 編『クロニック 講談社の80年』講談社、一九九〇年
小島烏水『アルピニストの手記』平凡社（平凡社ライブラリー）、一九九六年
五十年史編集委員会 編集『日本出版取次協会五十年史』日本出版取次協会、二〇〇一年
小林善八『日本出版文化史』日本出版文化史刊行会、一九三八年
櫻井忠温 著者代表『明治戦争文學集』（明治文學全集九七）筑摩書房、一九六九年

櫻井忠温『肉弾』中央公論新社（中公文庫）、二〇一六年
佐藤義亮・野間清治・岩波茂雄『出版巨人創業物語』書肆心水、二〇〇五年
佐藤卓己『言論統制――情報官・鈴木庫三と教育の国防国家』中央公論新社（中公新書）、二〇〇四年
佐藤卓己他編『物語 岩波書店百年史』全三巻、岩波書店、二〇一三年
塩澤実信『昭和ベストセラー世相史』第三文明社、一九八八年
塩澤実信『出版社大全』論創社、二〇〇三年
時事新報社 編集兼発行『福澤全集緒言』時事新報社、一八九七年
柴野京子 監修・解題『「東京堂月報」復刻版（全一九冊）解説』東京堂出版、二〇一七年
清水幾太郎・城戸又一・南博・日高六郎 編『講座 現代マス・コミュニケーション』全三巻、河出書房新社、一九六〇～六一年
下中彌三郎伝刊行会 編『下中彌三郎事典』平凡社、一九六五年
社史編纂室 編『集英社90年の歴史』集英社、二〇一七年
庄司達也・中沢弥・山岸郁子 編『改造社のメディア戦略』双文社出版、二〇一三年
新潮社 編『新潮社一〇〇年』新潮社、二〇〇五年
鈴木省三『日本の出版界を築いた人びと』柏書房、一九八五年
鈴木徹造『出版人物事典――明治～平成 物故出版人』出版ニュース社、一九九六年
鈴木敏夫『江戸の本屋（上下）』中央公論社（中公新書）、一九八〇年
田中治男『ものがたり・東京堂史――明治、大正・昭和にわたる出版流通の歩み』東販商事、一九七五年
中央公論社『中央公論社の八十年』発行者・宮本信太郎、一九六五年
坪谷善四郎『博文館五十年史』博文館、一九三七年
坪谷善四郎『大橋佐平翁伝』栗田出版会、一九七四年
坪谷善四郎『大橋新太郎伝』博文館新社、一九八五年
十川信介 編『明治文学回想集』上下、岩波書店（岩波文庫）、一九九八～九九年
鳥越信 編著『はじめて学ぶ 日本児童文学史』（シリーズ・日本の文学史①）ミネルヴァ書房、二〇〇一年
長尾正憲『福沢屋諭吉の研究』思文閣出版、一九八八年
西川祐子『私語り 樋口一葉』岩波書店（岩波現代文庫）、二〇一一年
日本児童文芸家協会 編『児童文芸のあゆみ』日本児童文芸家協会、二〇〇五年
日本プロテスタント史研究会 編『日本プロテスタント史の諸問題』雄山閣、一九八三年
貘談生『現代流行作家の逸話』潮文閣、一九二二年

福島鑄郎・大久保久雄 編『戦時下の言論』上下、発行・日外アソシエーツ、発売・紀伊國屋書店、一九八二年
フレデリック・ルヴィロワ 著、大原宣久・三枝大修 訳『ベストセラーの世界史』太田出版、二〇一三年
平凡社教育産業センター 編『平凡社六十年史』、平凡社、一九七四年
堀啓子『日本ミステリー小説史――黒岩涙香から松本清張へ』中央公論新社（中公新書）、二〇一四年
前田愛・野口碩 校注『全集 樋口一葉③ 日記編』復刻版、小学館、一九九六年
牧野武夫『雲か山か』中央公論社（中公文庫）、一九七六年
松岡譲『漱石の印税帖』朝日新聞社（朝日文化手帖六一）、一九五五年
松原一枝『改造社と山本実彦』南方新社、二〇〇〇年
松本昇平『業務日誌余白――わが出版販売の五十年』新文化通信社、一九八一年
三木佐助『明治出版史話』ゆまに書房、一九七七年
箕輪成男『近世ヨーロッパの書籍業――印刷以前・印刷以後』出版ニュース社、二〇〇八年
箕輪成男『近代「出版者」の誕生――西欧文明の知的装置』出版ニュース社、二〇一一年
明治書院 編『明治書院百年史』明治書院、一九九七年
山崎安雄『春陽堂物語』春陽堂書店、一九六九年
横田冬彦 編『出版と流通』（シリーズ〈本の文化史〉四）平凡社、二〇一六年
吉川登 編『近代大阪の出版』創元社、二〇一〇年
吉田則昭『戦時統制とジャーナリズム――一九四〇年代メディア史』昭和堂、二〇一〇年
若尾政希 編『書籍文化とその基底』（シリーズ〈本の文化史〉三）平凡社、二〇一五年
和田芳恵『筑摩書房の三十年 1940―1970』筑摩書房（筑摩選書）、二〇一一年

＊これらのほか、対象書籍の実物を参照し、また、朝日新聞、読売新聞、毎日新聞、国民新聞、萬朝報等の新聞記事、『少年倶楽部』等の雑誌記事を参考としている（新聞は前身を含む）。加えて、『日本近代文学大事典』『新潮日本文学辞典』等を用いた。

＊『出版月報』の記事および一部資料の照会については公益社団法人 全国出版協会・出版科学研究所のご協力を得ており、感謝の意を表します。

おわりに

本書「序」でも触れたように、寡占化とそれに伴う巨身化を常態とする他のメディア産業に比して、出版は、「小さい」単位で運営され、それが星雲状に集まり形成されるのを特徴とする。多少は名の知れた版元でも、一般の企業尺度からすれば中小の規模であり、なかには一人で運営する最極小の版元も珍しくない。これらが日々興亡を繰り広げているのが、蔦屋重三郎の活躍した時代から変わらぬ出版のすがたといえよう。生み出される出版物も、かくしてごく「小さい」世界から登場するわけで、それが媒介物《メディア》として一定の、ときに相当の影響を世の中に及ぼすさまは、しばしば次のようなことばで語られてきた。すなわち、「たった二人で政権を倒すこともできる」と。

この場合、「二人」は著者と出版人（編集者）を意味するわけだが、誕生の地の小ささをあらわす象徴的な表現と考えれば、出版物の、とりわけ書籍の「はじまり」をうまく言い当てている。そして、ベストセラーとはとびきりの巨浪であって、まさに「政権を倒す」かのごとき劇的な出来事である。それを「たった二人」で巻き起こしたとなれば、ベストセラーとは属人性のきわみが呼び込んだ大活劇であり、ゆえに、破調の痛快と乱調の危険に満ちあふれ、制御できぬ魔力の魅力が渦を巻いているのだ。

本書（および別巻現代篇）の制作過程は、事実の確認と分析の手立てをめぐる、ときにシジフォスの徒労を味わいつつの、尋常ならざる作業量との格闘の跡であったと振り返らねばならない。それをどうにかやり終えたのは、筆者の精神力の非尋常のせいではなく、「二人」が描き出す属人的ドラマの愉快が、ときとして恩恵の光のように、五体を包む涼風のように、シジフォスの行路に訪れていたからである。

＊

日本において民間の営利出版が本格始動したのは寛永年間（一六二四～一六四四）といわれる。徳川政権期に入り社会が安定して、出版物の印刷製本、流通のしくみも整ってきた背景がある。その時期、版元（書肆といった。現在の出版社、印刷会社、取次書店を兼ねた形態）は急激に数を増やした。みな家族経営ないし小規模のグループ経営で、個性的な出版人が率いていた。出版物の数は急拡大し、ジャンルも仏教書、医学書、軍書、史書、漢籍など多様化する。当時は京都が出版の中心地であり、江戸や大坂での営業拠点は出店《でみせ》だった。やがて仮名草子といった娯楽物語や、世相批判の随想、実用書、知識情報書、恋愛もの、パロディー本等もさかんになったのは、読者層の増大と関心の幅広さに対応している。わが国のベストセラー史も、近代に入る前のこの時期に「歩みだし」がおこなわれたと見なしてよい。

当時最大のベストセラー書は『清水物語《きよみずものがたり》』とされ、著者は朝山意林庵《いりんあん》。朱子学者である。同書は〈京やゐなかの人々に二三千とおりも売れ申せし也〉（清水執行《しゅぎょう》『祇園物語』）と記されており、二〇〇〇～三〇〇〇部はこの時代では驚異的な部数だと鈴木敏夫著『江戸の本屋（上）』は評している（六七〜六八頁）。問答体の啓蒙書で、仏教をしりぞけて儒教の倫理観を教え説いた本であり、「これまでの考えはいけない、当代は新しい考え方で臨むべきだ」というわけである。

こうして見ていくと、不思議な感慨にとらわれる。

出立《しゆつりつ》の寛永年間から数えると、本書が扱った日本近代期は、二〇〇〇〜三〇〇〇年の後代である。さらにいえば、別巻現代篇の記述が終わる平成末・令和初まで数えると四〇〇〇年に垂《なん》なんとする年月が経過した。社会のすがたは幾つもの段階を踏み根底から変化した。しかし過去と近現代を比べるとき、ベストセラーの中身はどうであろうか。同じように、世相批判を含んだ生き方本があり、エンターテインメント小説があり、各種の実用書がある。売れ筋本のなかに、初発の『清水物語』と一脈通じる、「当代を生きるために合うのはこちら」系が目立たないことはない。人間は一面において変わり身が早い。が、別面において生きた本質は進歩も退歩もしない。考えてみればあたり前のことながら、そうした「当然」の再確認は、一五〇年の旅の終着によって得た果実といえなくはない。

＊

明治維新の二年前から昭和の大きな戦争が終わる日まで、『西洋事情』にはじまり『陸軍』に至る八〇年近い年月を本書は辿り終えた。近代の全域でベストセラー書（より正確には、時代のなかで話題となり、大きな普及を果たした本である）を縦走したことになる。

本書近代篇は戦時体制の圧倒とその終焉という、特殊な事情下の章で区切ることになった。とはいえ日本のベストセラー史は、『陸軍』刊行のわずか翌月、九月一五日に発行された『日米会話手帳』から新しい歩みを早くも刻みだす。社会のありよう、そして人々の価値観も変化をきたした戦後社会では、戦時ならあらわれなかった本が評判となったが、戦中にベストセラーを出した作者で吉川英治や山岡荘八は戦後もベストセラーリストに登場する。断絶と継続の様相が見られるわけで、それらの内実を描くのは続く別巻現代篇の役割となる。本書は独立した書籍として読めるようにした。とはいえ、「断絶と継続」を読み解いてもらうためにも、現代篇を手に取ってくだされればありがたい。実際、現代篇も合わせて「全史」としての叙述が成立している面もあり、併読を願いたく思う。

本書は蓄積された資料と先人の研究成果なくして成立しえなかったことはいうまでもない。出版にさいしては筑摩書房の松田健氏、石島裕之氏からご厚意を受け、加えて、現代篇で記したように多くの方々の助力を得ており、改めて御礼申しあげます。そして忘れることなく――ベストセラーになった本も、そうはならなかった本も、そして本書もまた、読者があってこそ、世に迎えられる。手に取り、頁を繰って、お読みくださった方すべてに謝意をお伝えいたします。

二〇一九(令和元)年六月

澤村修治

【ま行】

【や行】

【は行】

【た行】

【な行】

【さ行】

人名索引

【た行】

【さ行】

書名索引

澤村修治 さわむら・しゅうじ

一九六〇年東京生まれ、千葉大学人文学部卒業。出版社に勤務し、新書、選書の編集長などを経る。帝京大学文学部非常勤講師（出版史、日本文化）。著書に『唐木順三』（ミネルヴァ書房）、『天皇のリゾート』（図書新聞）、『宮澤賢治と幻の恋人』（河出書房新社）ほか。児童書に『宮澤賢治のことば』『八木重吉のことば』『幕末青春伝　西郷隆盛』（以上、理論社）がありともにSLBA選定図書。

筑摩選書 0177

ベストセラー全史《ぜんし》【近代篇《きんだいへん》】

二〇一九年七月一五日　初版第一刷発行

著　者　澤村修治《さわむらしゅうじ》

発行者　喜入冬子

発　行　株式会社筑摩書房
　東京都台東区蔵前二-五-三　郵便番号　一一一-八七五五
　電話番号　〇三-五六八七-二六〇一（代表）

装幀者　神田昇和

印刷 製本　中央精版印刷株式会社

ISBN978-4-480-01684-3 C0300

筑摩選書 0154

1968〔1〕文化

四方田犬彦 編著

1968～72年の5年間、映画、演劇、音楽、写真、舞踏、流行、図像、雑誌の領域で生じていた現象を前景化し、歴史的記憶として差し出す。写真資料満載。

筑摩選書 0155

1968〔2〕文学

四方田犬彦／福間健二 編

三島由紀夫、鈴木いづみ、土方巽、澁澤龍彥……。文化の〈異端者〉たちが遺した詩、小説、評論などを収録。反時代的な思想と美学を深く味わうアンソロジー。

筑摩選書 0156

1968〔3〕漫画

四方田犬彦／中条省平 編

実験的であること、前衛的であること、アンダーグラウンドであること。それが漫画の基準だった――。第3巻では、時代の〈異端者〉たちが遺した漫画群を収録。

筑摩選書 0176

ベストセラー全史【現代篇】

澤村修治

1945年から2019年までのベストセラー本をすべて紹介。小説・エッセイから実用書・人文書まで、著者と作品内容、出版事情などを紹介する壮大な日本文化史。

筑摩選書 X001

筑摩書房の三十年 1940-1970

和田芳恵

古田晁と臼井吉見。――松本中学以来の同級生ふたりが、文字通り心血を注いで守り育てた筑摩書房。その根の部分に迫った、作家・和田芳恵渾身の作の復刻版。

筑摩選書 X002

筑摩書房 それからの四十年 1970-2010

永江 朗

一九七八年七月一二日、筑摩書房は倒産した。新しいメディアを模索しながら、文庫・新書を創刊。営業と物流も変革し、再建をめざす必死のドラマの四〇年。